AIRPORT FINANCE AND INVESTMENT
IN THE GLOBAL ECONOMY

Anne Graham and Peter Morrell

グローバル経済における
空港のファイナンスと投資

アン・グラハム，ピーター・モレル［著］

木谷直俊・塩見英治［監訳］

創成社

AIRPORT FINANCE AND INVESTMENT IN THE GLOBAL ECONOMY
by Anne Graham and Peter Morrell
Copyright © 2017 by Routledge
All Rights Reserved
Authorised translation from the English language edition
published by Routledge, a member of the Taylor & Francis Group

序　文

　本著は，空港のファイナンスあるいは財務全般に関して幅広い人々の理解を目的としたものである。すなわち，空港に対する資材や資金提供者，投資家，学生だけでなく，増大しつつある空港の利用者，空港管理者も含めて空港ビジネスに関わりを持つ人々の理解を目的としている。このため，例えば，会計学，経済学などの詳細な説明は省かなければならないが，読者が複雑なテーマを理解するために一定の説明を行っている。こうした補足的な説明は経済学や財務における一般的な教材において使用されているもので，リスクマネジメント，企業財務，競争理論といった分野の基本的理解に役立つものである。

　財務あるいは経済学的なバックグラウンドのない人々あるいは財務などについてある程度の知識があり，空港分野の業務に新たに参入しようとする人々のためには，空港の財務や財務管理の各分野について十分に議論されることが望ましいのであるが，本著を理解するうえでは会計学，経済学，統計学などの特別の知識を必要とするものではない。いくつかのケース，特に，投資評価，資本の加重平均費用の決定などを扱った章では，数式が用いられているが，そのような場合でも，比較的単純な複利概念を基礎としている。

　序章は，比較対象となっている大きさが異なる主要地域および空港の動きと共に空港全体の財務状態の動きを示している。第2章は，空港の費用と収入について検討する。これは後の章の議論の基礎となっている。続いて，財務諸表の主要な項目に注目しながら，空港の財務諸表の分析が行われている。特にロンドン・ヒースロー空港の財務分析が行われている。ここでは，空港資産の取引のための意思決定の補助手段として空港自体，投資分析家，（ローンや社債の契約を行う）民間銀行および投資家に広く利用されている主要な財務比率の事例が示されている。

　次に，第5章では，第2章で述べられた材料を用いて，空港の効率性や生産性を評価するための多様なベンチマーキング（評価基準）について考察している。また，第3章で示された財務比率等の補足的説明がなされている。第6章

では，第3章で示された空港に関する多くの比率を用いて，空港の全体的あるいは部分的な評価についての多様な方法が示されている。これは，後の章の空港の民営化にも関連している。すなわち，1つあるいは複数の空港を所有する政府や，空港を購入しようとするバイヤーは空港の評価をしなくてはならない。

第7章では，空港に関する財務，投資の問題がますます重要になってくることが示され，短期または長期の財務および資産，安全問題を扱っている。第8章では民営化の問題が扱われている。国際的に見て，政府は国民の健康，国防，その他の社会的サービス等は主として公共セクター部門の業務であるとしているが，空港については民間部門によるファイナンス，経営を目指している。こうした民間部門への動きは，この産業の競争に関してさらに検討する必要があるとともに経済規制によって改善されるべきものがあるかどうかが問題となる。この2つのテーマが，本著の最後の2つの章で検討される。

本著を執筆する過程で実に多くの人々の支援を受けた。数年前からウエストミンスター大学およびクランフィールド大学のマスターコースの学生からの多くのコメント，間違いの指摘，あるいはその他の支援によって，こうしたテーマの研究のためのモチベーションを高めることができた。同じ時期に，ウエストミンスター大学およびクランフィールド大学でのショートコースの講座に参加された航空輸送産業の管理職の人々からも，航空輸送産業の観点から同様の支援を受けた。過去数年間にわたって，このコースのために貴重な時間を費やしてきた空港産業のシニアエキスパート，特に，クランフィールド大学の同僚であった Andrew Lobbenberg（現在は HSBC）と，以前は ACI の経済学ディレクターであったが，現在はモンテゴ・ベイ空港の管理職に就任している Rafael Echervarne に謝意を示さなくてはならない。

また，我々は空港産業の動向や本著に含まれているより専門的な内容に関する議論に関して協力を得た，かつての同僚にも感謝しなくてはならない。特に，本著の執筆動機を与えていただき，共著者になるはずであった Arther Vogel および忍耐強い支援と励ましを頂いた Routledge の Guy Loft には謝意を表するものである。最後に，この本の執筆中において忍耐強く生活の一部を犠牲にし，支援と理解を示してくれた Ian と Ruth にも感謝するものである。

監訳者の言葉

　今日，国際的に見て経済のグローバリゼーションと自由化の進展には著しいものがあり，それに伴う航空輸送と空港はますます重要となってきている。航空については規制を排除する自由化が進展しているが，空港についても経営のあり方の見直しや制度的改革が行われつつある。しかし，これまで国際的に見て，空港に関するファイナンスや財務管理等の文献は多いとは言えない。わが国でも，空港は空港制度特別会計のもとで一元的にとらえられるとともに，成田など一部を除き，空港の滑走路の本体，ターミナル，車の駐車場の運営が別個になされるといった特徴をみせてきた。そのため，特に地方空港の財務状態は近年まで明らかにされておらず，空港の財務に関する研究は多くない。しかし，2013年に「民間の能力を活用した国管理空港の運営等に関する法律」の成立によって空港管理と空港経営の分離を行い，民間資本による一体的な空港運営が可能となった（ただし，滑走路など本体の施設は国の保有と統制の制約が入るので完全ではない）。これは具体的には運営権を民間企業に売却するいわゆるコンセッション方式と呼ばれるものである。これまで，わが国の空港には，空港会社管理（成田，伊丹，関空，中部），国管理，地方自治体管理の空港があるが，このコンセッション方式による民営化が，前述の法律によって国管理空港である仙台空港で2016年7月から導入されている。2018年からは高松空港にも導入され，福岡空港，広島空港，静岡空港，新千歳空港等でも導入が検討されている。また，2018年から伊丹空港，神戸空港，関西国際空港の関西3空港が，オリックスなどの民間資本による一体的運営が行われることになった。さらに地方自治体管理の空港でもコンセッション方式による民営化が検討されている。こうしたことから，空港の経営のあり方やファイナンスあるいは財務の研究は重要となりつつある。このような中で，わが国で空港経営の問題を扱ったものとして近著では，一般財団法人関西空港調査会監修『空港経営と地域』（成山堂書店，2014年）がある。しかし，国際的に見た場合，1987年に民営化されたヒースロー空港をはじめとしてすでに100を超える空港が民営化されているし，民

営化にもいくつかのパターンがある。このような傾向を前提として，本著はより国際的な視野で，世界の空港の民営化やファイナンスあるいは財務に関わる諸問題について研究したものである。

本著の特徴の1つは，空港について近年出版された多くのアカデミックな研究と実証面における空港の財務管理・経営のギャップを埋めようとするところにある。第2に，本著は理論家だけでなく実務家にも理解できるように工夫されている。第3に内容的には，空港の民営化や経営にとって重要な空港のパフォーマンスの測定，ベンチマーキング，価値評価，ファイナンシャルコントロールおよびマネジメントの方法といった内容だけでなく，空港の民営化，空港の競争，スロットの配分問題等にも言及されている。

こうしたことから，本著は，わが国の空港関係者，研究者，学生，その他空港に関心のある人々にとっても興味深い出版物であるように思われる。

著者のアン・グラハム（Anne Graham）は，イギリスのウエストミンスター大学の航空およびツーリズムのリーダー（Reader）であり，わが国でもよく知られている航空・空港問題の専門家である。空港のマネジメント，空港の経済，規制のあり方やツーリズムと空港との関係などに造詣が深い。また，2013年から2015年まで Journal of Air Transport Management のチーフ編集者を務めている。共著者のピーター・モレル（Peter Morrell）も航空・空港問題の専門家であり，最近までイギリスのクランフィールド大学で交通経済学とファイナンスの研究部門の責任者であった。現在では同大学の客員教授であり，世界の多くの空港プロジェクトの指導者であるだけでなく Journal of Air Transport Management and Tourism Economics の編集委員でもある。

最後に，わが国の空港の現状を理解するために一部コラムを掲載している。また，訳者を代表して，多くの人々が本著に関心を持たれることを期待するとともに，出版に際して快諾いただいた創成社には心より謝意を表するものである。

2018年6月1日

木谷直俊
塩見英治

目　次

序　文
監訳者の言葉

第1章　序　論 ―――――――――――――――――― 1

1.1　はじめに　1
1.2　空港の運営を取り巻く環境　1
1.3　空港の貨客取扱量　6
1.4　空港投資　10
1.5　空港の財務特性　12
1.6　空港のビジネスモデル　16
1.7　要　約　23

第2章　空港の収入と費用 ―――――――――――――― 24

2.1　はじめに　24
2.2　収　入　24
2.3　費　用　37
2.4　空港の活動業務　39
2.5　貨客取扱量の大きさと種類の影響　44
2.6　他の重要な要素　48
2.7　要　約　49

第3章　空港の財務諸表 ――――――――――――――― 53

3.1　はじめに　53
3.2　財務会計，財務報告，財務管理の基礎　53
3.3　一連の財務諸表　58
3.4　空港の財務比率　73
3.5　要　約　82

第4章　空港の財務管理と財務規律 ―――――――――― 84

4.1　はじめに　84
4.2　予算策定とキャッシュ・フローの予測　85
4.3　財務計画　90
4.4　投資評価　94
4.5　財務上のリスク管理　104
4.6　ローンおよび流動資本の管理　106
4.7　要　約　109

第5章　空港のベンチマーキング ――――――――――― 112

5.1　はじめに　112
5.2　ベンチマーキングのタイプと利用　113
5.3　ベンチマーキングの概念　115
5.4　部分的なパフォーマンス指標　120
5.5　総合的なパフォーマンス指標　126
5.6　実際の適用例　128
5.7　要　約　134

第6章　空港の価値評価 ——— 137
- 6.1　はじめに　137
- 6.2　評価へのアプローチ　138
- 6.3　会計学に基づく企業価値評価　140
- 6.4　DCFモデル　144
- 6.5　市場ベースのモデル：倍率法　147
- 6.6　要約　152

第7章　空港の資金調達 ——— 154
- 7.1　はじめに　154
- 7.2　内部資金　155
- 7.3　短期の資金調達　158
- 7.4　株式による資金調達と株式上場　158
- 7.5　借入および債券による資金調達　164
- 7.6　格付機関の役割　177
- 7.7　リース　179
- 7.8　アメリカの空港に対するファイナンス　180
- 7.9　要約　181

第8章　空港の民営化 ——— 183
- 8.1　はじめに　183
- 8.2　空港に対する民間部門の関わりにおける発展　184
- 8.3　民営化のコンセプト　188
- 8.4　現在の状況　199
- 8.5　民営化の財務的な帰結　203
- 8.6　空港民営化の参加主体　206
- 8.7　要約　211

第9章　空港間競争 ——— 214
- 9.1　はじめに　214
- 9.2　空港間の競争　216
- 9.3　空港内の競争　226
- 9.4　競争と国家補助　230
- 9.5　要約　235

第10章　空港の経済的規制とスロット配分 ——— 238
- 10.1　はじめに　238
- 10.2　経済的規制の合理性　238
- 10.3　空港の経済的規制のフレームワーク　240
- 10.4　経済的規制のタイプ　244
- 10.5　空港の規制の仕組み　250
- 10.6　空港の経済的規制の経験　256
- 10.7　スロット配分のプロセス　263
- 10.8　要約　268

引用文献　271

第1章 序論

1.1 はじめに

　本章は，本著の導入部分であるとともに空港の財務に関する課題について述べる。まず，はじめに，政治的，経済的，技術的変化に注目しながら，空港の運営を取り巻く広範な環境について述べる。次に，国際的な空港における取扱量およびそのパターンを概観する。次節では，空港産業の一般的な動きを述べるとともに，空港の投資，空港の財務特性，空港のビジネスモデル等の概略を述べる。これらの議論は，空港財務の多様な側面を詳細に検討する他の章の前提となるものである。

1.2　空港の運営を取り巻く環境

　空港産業は，極めて重要な経済活動を行っており，1日24時間，1年365日稼働している。2014年には，6億7,000万人の旅客が世界の空港を利用して旅行し，1億200万トンの貨物が取り扱われた。離発着回数（movement）は合計で8,440万回であった（Airport Council International（ACI），2015a）。空港の運営のためには47万人の人々が働き，さらに，小売り，カーハイヤー，政府当局，フレイト・フォワーダー，ケータリング業務等で460万人の人々が働いている（Air Transport Action Group（ATAG），2014）。これには航空会社や空港の地上ハンドリング部門等で働く多くの人々は含まれていない。

　空港の役割は，当初の空軍や国防のための役割から現在の商業的な利用まで長年の間にいろいろと変化してきた。もっとも，今日，空港の運営事業者は，航空会社，乗客，貨物の荷主のニーズを満たすための一般的な諸活動（一部は

外注されることがある）に責任を持つが，空港が機能する上での外部環境が，空港の個々の運営の特性，空港の財務特性に重要な影響を与える。特に，どのようなものであれ空港の財務について考察する場合には，政治，経済，環境，技術的発展との関連で背後の重要な変化を理解する必要がある。

　これらの内で最も重要なものは航空の規制緩和である（International Transport Forum (ITF), 2015）。1978年にアメリカの国内市場で始まり，さらに米国の多数の国際路線で導入された規制緩和は，今日，世界の多くの地域に広がっていった。ヨーロッパは単一航空市場である。同じように，10カ国からなるASEAN諸国も単一航空市場である（完全に自由化されているわけではないが）。他の多くの国内市場（カナダ，インド，ブラジル，オーストラリア，マレーシアなど）も規制緩和された。さらに，特にアメリカやヨーロッパ諸国（2008年のUS-EUの協定を含む）だけでなく，アジア，中東，南アメリカなどにおいて多くのオープンスカイ協定が締結された。規制緩和は今後も進展するであろうが，規制緩和によっていくつかの航空会社，特に，湾岸エリアの航空会社が経験した高い成長率は，自由市場が全体としてベストなのか，競争市場は必然的に信頼しうるのかの議論を巻き起こした（DeWit, 2013）。

　規制緩和の大きな帰結は，航空会社が発着地点，多様な運賃，頻度，輸送能力，路線等について商業的な観点からより自由に選択できるようになったことである。これは多くの市場の成長をもたらすとともに市場においてより厳しい競争をもたらした（Doganis, 2010）。また，それは，空港間の競争の激化や航空会社に空港自身を売り込むための機会を増大させるとともに，個々の空港における航空サービスに大きな影響を与えた。規制緩和による他の重要な変化は，新しいあるいは従来とは異なる航空会社のビジネスモデルが生まれたことである。その最も典型的なものは，ローコストキャリヤー（LCC）である。それは空港に対して新しい挑戦を促し，空港のあり方が従来とは異なってきたことの大きな要因となっている。したがって，航空輸送産業のそうした変化は，空港の変革を促すとともに空港の財務に大きな影響をもたらした。

　さらに，航空輸送産業の所有のあり方に大きな変化が発生した（Morrell, 2007）。歴史的に，世界のほとんどの主要航空会社は，主として，国家の威信，

国防，経済発展や観光の成長といったより幅広い目的を満たすために，国家所有であった。しかし，多くの国でそのあり方に変化が生じ，従来の国有航空会社は全体的にあるいは部分的に民営化されてきた。それは航空会社と空港との関係にも影響を与えるものであり，特に，料金あるいはいわゆる航空系の料金に大きな影響を与えた。

　航空輸送産業の革新に伴って，空港の所有あるいは運営についても変化が生じた。多くの国で，空港は公的所有部門という特性から空港管理について新しい時代に入ってきた。すなわち，多くの空港は民間部門によって所有され運営される国際的な企業になってきた。最初の主要な民営化は1987年に民営化されたイギリスのBAAであるが，それ以来，民営化の傾向が進んでいる。民営化によって，民間空港は，他のビジネスと同じように商業および財務規律に従わなければならないので，空港の財務に多くの変化をもたらしている。空港が民営化されない場合でも，空港はますます法人化され，パラダイムの変化をもたらす多様な機会と挑戦を伴うダイナミックで商業志向的なビジネスとしてみなされつつある。新しい資金源が利用可能となり，店舗，食品・飲料，他の商業施設からの収入といった空港における非航空系の収入について多くの関心が寄せられるようになっている。さらに，目に見える大きな変化は，民営化によって国際的な空港会社が生まれたことである。これらにはフランクフルト，チューリッヒ，シンガポールといった従来の空港の運営事業者やヴィンチ空港，TAV（トルコ空港の主要運営事業者）といった新しい空港会社や子会社が含まれている。民営化（第8章で詳細に検討する）がなければ，こうした空港産業の国際化は起こらなかったであろう。

　航空の規制や所有に関するこうした重要な変化に加えて，今日の空港の財務状況に大きな影響を与える他の鍵となる重要な要因がある。その1つの大きな要因は環境問題である。すなわち，すべての航空関連産業は有害な騒音，排出物を削減し，エネルギー／水，リサイクリングといった分野でよりサステナブル（持続可能）であることが求められている。そのため，空港は，例えば，航空機の環境に与える影響によって航空会社を差別化するといった課税政策（財務政策）を選択することになる。空港のコストは資源のより効率的な使用によっ

て削減しうる。しかし，空港には運営による好ましくない影響を少なくしなくてはならないとか空港に課せられた環境上の制約によって負の財務効果も存在している。それは，例えば，夜間の空港閉鎖，夜間飛行の禁止などである。そのことは，航空会社の顧客の観点からすれば魅力の低下であるし，空港資源の最大限の活用を制限することになる。

　世界の一部では，明らかに，こうした環境問題に対する対策の結果として，空港の運行の拡大や新しい空港の建設が徐々に困難になってきた。これは特にヨーロッパ諸国や北アメリカの場合であるが，日本，オーストラリアといった他の地域でも同じことである。その結果，地域社会や空港の拡大に反対するグループなどの厳しい反対によって混雑がそのまま放置されたり，明らかに成長できない空港が多く存在している。しかし，中東，中国といった他の地域では，空港の拡大に対する環境問題は，キャパシティの拡大を決定する場合，それほど重要な位置を占めていない。

　他の注目すべき課題は安全問題である。9/11以来，および最近のテロリストによる脅威によって，空港はより厳しい安全対策を行わなくてはならなくなった。これは，液体状のもの (liquid)，エアゾール (aerosol)，ゲル (gel) (LAG) 等の制限，靴の検査，身体全体のスキャンの使用等を含む。これは，特に空港自身が安全問題に対して全責任を持つのであれば，空港事業者が費用を負担することになる。実際，ヨーロッパの安全のための費用は，9/11以前には運行費用の8％以下であったが，現在ではその倍以上になっている(ACI-Europe, 2013)。こうした変化は，空港における乗客の動きにも負の影響を与える。特に，安全対策が買い物時間に制約を与え，そのため購入可能な商品を購入できない場合には，乗客は空港の商業施設を十分に利用できないことになる。

　多くの企業の財務状態に影響を与えるものは技術的変化に関連するものであるが，空港産業においても例外ではない。一般的には，それは短期的な投資に関するものであるが，そのことがうまくいけば，長期的にはしばしば費用削減につながる。さらに，かなりの増収もありうるし，社会的メディアの活用やビッグデータの分析といった多様な技術と関連したマーケティングにも影響を

与える。空港産業が，エアフィールド（飛行場）とターミナルの両方における著しい技術的変化によって便益を受ける分野は多様であり，詳細に述べるとあまりにも多い。それは，例えば，リアルタイムで情報を共有したり，GPSを利用した地図で車両や他の移動物体を追跡可能にする技術改良を通じて，空港の運営の改善や交通の流れを効率的にするために導入されてきた新しい考え方である空港の共同的意志決定（airport-collaborative decision making: A-CDM）から，セルフサービスによるチェックイン，チェックポイントや搭乗口における自動e-ゲート，ビーコンを使ったセンサー技術，旅客にただちに送られるリアルタイムの「その日の旅行」の情報サービスといったターミナルにおける情報技術（IT）まで多様である。2014年のITに対する支出は約80億米ドルであり，総収入の6％に相当する（SITA, 2015）。こうした変化が空港における乗客の滞在時間に影響を与えるならば，空港の非航空系収入にも影響を与える。また航空の技術的変化も影響を与える。例えば，航空機の新しい技術は空港にとって費用の増大になりうる。最も有名な事例はエアバスA380の場合であり，空港のインフラ（飛行場の舗装の改善，滑走路の延長，タクシーウェイ（誘導路）の拡幅，搭乗待合室やエアブリッジの大型化）の改善を必要とする。また多くの乗客を取り扱うために，その他の手続き（チェックイン，入国審査，税関，安全，荷物のハンドリング）上の改善を必要とする。

　最後に，空港を利用する人々がより多くの経験を積み，空港が身近なものになると，人々は，一般的に空港に対して，「良質な生産物」，言い換えると「旅客としての良い体験」をより多く求めるようになる。すでに述べた安全対策がより厳しくなると，旅客全体（の体験）に好ましくない影響を与えることがありうる。その場合，技術革新は，技術の有効性や新しい技術に対する乗客の態度に応じて肯定的にも否定的にも作用する。旅客の体験は空港を選択（主として航空会社や立地上の要因によって影響を受ける）する際に一定の影響を与えうることを述べたが，不満を抱く旅客が空港の商業施設をあまり利用しなくなると，非航空系の収入に重要な影響を与える。こうして，近代的な空港へのコンスタントな挑戦は，航空系の料金を徐々に低下させるための空港コストの低減と非航空系の収入および顧客満足の最大化という矛盾した課題に直面している。

1.3 空港の貨客取扱量

　空港の外部的な運行環境の主要な要素について述べてきたので，次に，空港の取扱量について検討することにする。旅客数は，全体的な航空輸送産業内の動きを反映して，ここ数十年はかなり増大してきた。歴史的に，この産業における成長は経済的な後退や外部「ショック」によって常に好ましくない影響を受けるのであるが，世紀交代期以降，9/11，サーズ，日本の地震，アラブの春，エボラ熱といった自然災害，社会的政治的変動の増大によってより不安定な状態になっている。さらに，最近の国際的な経済的後退は，政府の緊縮経済措置をもたらし，2008，2009年の貨客取扱量に大きな影響を与えている。燃料価格も不安定である。

　こうしたより不安定な環境にもかかわらず，過去10年間，旅客数は平均4.2％以上増大している。中東・アジアでは最高の上昇率を示している。貨物については近年停滞していたが，2014年には増大している。航空機の離発着回数はわずかではあるが増大している。それは，航空会社の輸送能力の改善，空港の容量の制約に伴う財務状態の改善のための航空会社の統合的な運営によるものである。その結果，1回の離発着あるいは機材の大きさあたりの平均旅客数は増大してきている（図1.1，1.2）。

　伝統的に，空港における取扱量が最も多い2つの地域は北アメリカとヨーロッパであり，経済成長は緩やかであり，需要も成熟化している。これに対して，新興経済地域では取扱量のシェアがますます大きくなってきている。例えば，アジア・太平洋の旅客のマーケットシェアは全体の34％を占めている（2004年にはわずか21％であった）（図1.3）。貨物のマーケットシェアは，この地域が依然として大きい（図1.4）。最近発行されたACIによる予測では，旅客数は年間4.1％増大し，2031年までに120億人以上になるものとされている。他方，貨物は，年間4.5％増大し，2億2,500万トンに達するものと思われる（Airport World, 2012）。それより若干新しいボーイングおよびIATAの予測によると，それほど楽観的ではなく，2034年までの旅客の平均成長率は4％，貨物につ

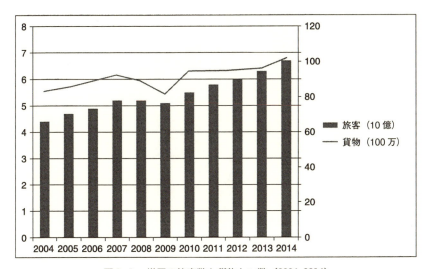

図1.1　世界の旅客数と貨物トン数（2004-2014）

（注）左の縦軸は旅客，右の縦軸は貨物。
出所：ACI（2015a）.

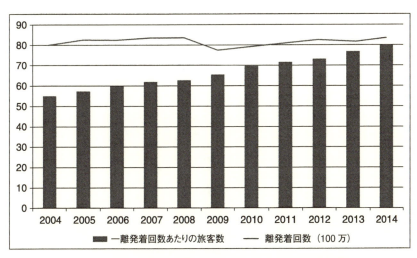

図1.2　世界の離発着回数と機材の平均サイズ（2004-2014）

出所：ACI（2015a）.

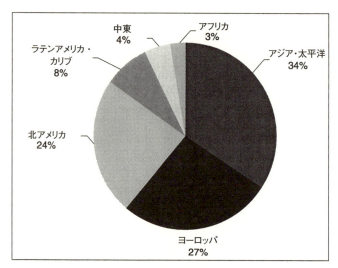

図1.3　世界の空港の旅客数（2014年）

出所：ACI（2015a）．

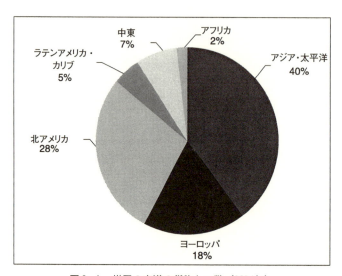

図1.4　世界の空港の貨物トン数（2014年）

出所：ACI（2015a）．

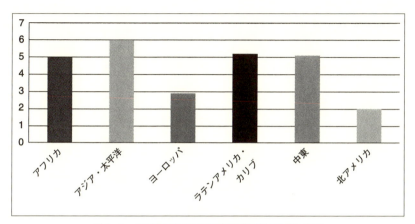

図1.5　2031年までの年間旅客成長率の予測（%）
出所：Airport World（2012）.

いては3.8％である(Boeing, 2015; IATA, 2015a)。ACIの予測によると，2031年までに旅客の3/4以上が先進国市場よりも新興あるいは途上国の空港において発生し，アジア・太平洋地域は取扱量の40％以上になるものとしている。図1.5（Airport World, 2012）によるとアジア，中東，ラテンアメリカで最大の年間成長率が期待されている。同様のことがボーイングや他の予測によっても示されている。

　空港を個別的に見ると，旅客数ではアトランタ空港が長年にわたって世界最大である。次いで，2004年には20位に過ぎなかった北京空港である（表1.1）。ドバイ空港は，現在6位であるが，ランクが上昇しつつあり，2014年にはヒースロー空港を超え，国際旅客数でみると世界で最も繁忙な空港になりつつある。イスタンブールだけでなく，広州，上海，ジャカルタといった他のアジアの多くの空港は，トップ20に入っている。他方，ヒューストン，フェニックス，デトロイト，ミネアポリスといった多くのアメリカの空港は，それ以下となった。全体的に見て世界のトップ30の空港が世界の旅客数の1/3以上を扱っており，ロンドンとその6つの空港のシェアが最も高く，1億4,700万人を取り扱っている。ついで，ニューヨークの3つの空港が1億1,600万人の乗客を取り扱っている（ACI, 2015a）。貨物市場はトップ30の航空貨物のハブに集中しており，貨物のトン数で

表1.1　貨・客取扱量による世界のトップ10の空港（2014年）

	旅客 (100万)		貨物 (千トン)		離発着回 数(千)
アトランタ	96,178	ホンコン	4,416	シカゴ・オヘア	882
北京	86,128	メンフィス	4,259	アトランタ	868
ロンドン・ヒース ロー	73,408	上海	3,182	ロサンゼルス	709
東京・羽田	72,408	仁川	2,558	ダラス／FW	680
ロサンゼルス	70,663	アンカレッジ	2,493	北京	582
ドバイ	70,475	ドバイ	2,368	デンバー	566
シカゴ	69,999	ルイスヴィル	2,293	シャーロット	545
パリ CDG	63,813	東京成田	2,134	ラスベガス	522
ダラス／FW	63,554	フランクフルト	2,132	ヒューストン	500
ホンコン	63,121	台北	2,089	ロンドン・ヒース ロー	473

出所：ACI（2015a）.

53％を取り扱っている。トップ4の空港のうち3つは，アジアの空港である（メンフィス空港における貨物量が多いのは，フェデックスの本部およびアメリカの主要ハブが存在しているからである）。これに対して，離発着回数の多い10の空港のうちの8つは，アメリカに存在している。その理由は，競争の圧力によって航空機の平均サイズが小さいこと，短区間であること，国内輸送であること等による。

1.4　空港投資

輸送量の増大やこれからも増大することが予測される中で，空港に対してキャパシティの増大や新しいインフラ投資についてかなりの圧力が生じている。2015年現在，世界で2,300以上の空港建設計画（拡張または新規計画）が確認されており，5,000億米ドルに相当する（CAPA, 2015a）。これらの一部は，例えば，メキシコ（2069年まで），ローマ（2044年まで），ストックホルム（2043年まで）

表1.2 地域別空港建設計画（2015年）

地域	プロジェクト数	投資額（10億米ドル）
アジア・太平洋	543	190.8
ヨーロッパ	751	103.6
北アメリカ	485	91.4
中東	64	84.5
アフリカ	173	39.7
ラテンアメリカ	305	33
合計	2,321	543

出所：CAPA（2015a）.

のように巨大なマスタープランを持ち，長期的な期間を必要とするものであるが，いくつかは極めて短期間である。表1.2は地域による投資の相違を示している。ヨーロッパでは建設計画が最も多いが，投資についてはアジア・太平洋地域が1位のランクである。これは主としてアジア・太平洋地域（および中東）における新空港への投資価値が大きいからである。実際，2015年6月，340の空港建設計画のうち，178の新空港がアジア・太平洋地域で建設予定である。このうち54は中国，39がインド，30がインドネシアである。ヨーロッパのそれは50以下であり，そのほとんどが中央あるいは東地域である。そして北アメリカではわずか10以下である（CAPA, 2015b）。

　新しい空港を建設するか拡張するかの選択は，多くの要因に依存しているが，特に，航空輸送に関する政府の政策とその長期目標に依存していることは明らかである。空港投資の経済的評価はこうした要素をすべて考慮しなくてはならない（Jorge-Calderon, 2014）。平均的な輸送量以上の輸送が予測される新興国経済では，現在の多くの空港は輸送量に対応できていない。そこで，環境の観点からの抵抗を減少させるとともに，航空輸送を経済発展のために活用するために，新空港の建設が促されている。これに対して，発展途上国あるいは先進国経済では，環境上の理由による反対だけでなく適切な用地を確保することが困難となり，現空港の拡大がより好ましい選択となっている。事実，2014－

2020年にかけての巨大プロジェクトを分析すると，先進国経済では，438が既存空港に関するものであり，23が新空港である。他方，発展途上国では，それぞれ570，261となっている（ACI, 2015b）。しかし，増大する需要に充分に対応することは困難であろうとされている。例えば，ユーロコントロール（Eurocontrol）（2013）は，ヨーロッパの総フライトの83％を処理している108のヨーロッパの空港を調査しているが，17％のみが2035年までにキャパシティの増大を検討しているだけであり，需要に充分対応することは難しいとみられている。

1.5　空港の財務特性

　本著の内容は空港財務が中心となっているが，初めに空港の基本的な財務特性を確認しておくことが重要である。第1に，長期的な投資を必要とする固定されたインフラであり，それは物理的にも財政的にも「ランピー（一塊）」であり，通常は代替的な利用が困難である。空港間の競争は近年増大しているが，航空会社ほどの競争があるわけではない。空港は資本集約的なビジネスであり固定資本の比率が高い。そして，運営費用（特に安全やセキュリティに関連したもの）の多くは，短期的には固定された回避不能費用であり，運営の規模とはほとんど無関係である。他方，空港の収入の多くは交通量とともに増大する。したがって，キャパシティがあり，より多くの交通を扱えば，収入が費用を超えるので空港は財務的に有利となる。他方，交通量が減少し収入が減ると，著しく利潤が減少する（Copenhagen Economics, 2012）。

　第2に，空港は通常，2つの収入源，すなわち，航空系と非航空系から収入を得ている。その場合，伝統的な公共部門の空港モデルから商業空港へのパラダイムシフトによって，2つの異なる収入源のバランスが変化し，非航空系の収入により多くの重点が置かれるようになってきた。一般的に，空港はクレジットカードまたは新聞と同じように2つの側面を持つビジネスと考えられている。すなわち，空港ビジネスは2つのまったく異なる顧客に1つの基盤（プラットフォーム）を提供し，異なる顧客はこの基盤を通じてネットワーク化され，便益を得る。空港は旅客と航空会社にサービスを提供し，この2つの市場

の積極的な相互依存によって空港は，航空系と非航空系の収入に影響を与える航空会社および旅客の増大のために競争する。旅客が離れると，航空会社にも影響を与え，空港を利用しなくなる。航空会社が減少あるいはサービスを撤回すると，旅客が減少し，非航空系の収入も減少する（Gillen, 2011）。

第3に，空港産業は概して売上利益率（profit margin）が良好である。表1.3は，2014年の収入トップ20の空港の営業利益率（operating margin）（総収入に対する比率としての減価償却費を含む営業利益（operating profit））を示したもので，その多くが20％を超える営業利益率を示している。さらに，図1.6は，過去10年間における最も大きい100の空港会社の営業利益率を示したものである。利益率は変動し，特に，2008年，2009年のように外部環境が好ましくない時には低下するが，一般的に良好な状態を示している。それは，2015年に5.5％の営業利益率を達成したグローバルな航空産業よりもはるかに高い（IATA, 2015a）。しかも，航空産業のこの営業利益率は，長年の営業利益率よりも高いのである。これは，空港がそれほど競争的な環境に置かれていないこと，航空会社とは異なる費用と収入構造を持っていること，さらに一般的には，空港には固有の財務あるいはビジネス上のリスクが少ないこと（これはまた資本費用の減少をもたらす）といった多くの要因によっている（Tretheway and Markhvida, 2013）。

しかし，小さな空港では状況が少し異なる。例えば，ヨーロッパの場合，ヨーロッパ委員会（EC）の見解（第9章で詳細に述べる）によると，100万人以下の空港では，資本費用だけでなく，運営費用もまったく回収することが困難である。300万人から500万人の場合には，費用の回収はある程度可能である。500万人を超えると利潤が発生する（EC, 2014a）。ACIヨーロッパ（ACI-Europe）によって出版された2013年のヨーロッパの空港の財務状態に関する最新の資料は，空港財務に関するECの見解を支持するものとなっている。例えば，年間300万人から500万人の旅客を取り扱う空港の場合，14％が運営費用の損失および純利益も計上できない状態となっている。100万人から300万人の旅客を取り扱う空港の上記に対応した比率を示すと，16％の空港が運営費用の損失，35％の空港が純利益を確保できない状態にある。この比率は100万人以下の空港になると著しく増大し，79％の空港が運営費用の損失，77％の空港が純損失と

表1.3 収入トップ20の空港の財務パフォーマンス（2014）

空港運営事業者	国	総収入(100万米ドル)	運営マージン (%)
ヒースロー・エアポート・ホールディングス	イギリス	4,425	3.7
AENA アエロプエルト	スペイン	4,172	33.2
パリ空港公団	フランス	3,679	26.2
フラポート	ドイツ	3,156	20.2
ニューヨーク・ニュージャージーポートオーソリティ	アメリカ	2,479	34.5
ホンコン・インターナショナル・エアポート	ホンコン	2,111	54.3
スキポール・グループ	ニュージーランド	1,943	27.3
成田国際空港株式会社	日本	1,834	19
アヴィノオ	ノルウェー	1,674	21.6
仁川国際空港会社	韓国	1,664	49.7
チャンギ・エアポート・グループ	シンガポール	1,661	43.7(2013)
ミュンヘン空港	ドイツ	1,582	22.1
日本空港ターミナル	日本	1,566	5.7
インド・エアポート・オーソリティ	インド	1,514	30.1
新関西国際空港株式会社	日本	1,388	28.8
ステート・エアポート・オーソリティ（トルコ）	トルコ	1,381	43.5
TAV 空港	トルコ	1,296	32.6
ブラジル空港インフラ公社	ブラジル	1,267	-25.6
北京首都国際空港グループ	中国	1,241	31.2
タイ空港	タイ	1,230	38.4

出所：Airline Business (2015).

なっている（ACI-Europe, 2015b）。

　他の地域においても同じような状況を示す事実がある。その結果，世界には大きな空港よりも小さな空港がはるかに多い（ACIによると，空港の80%以上が，年間100万以下の取扱量である）ので，この産業の全体でみると，一部の巨大空港の純利益が小さな多くの空港の純損失を超えているということになる。実際，2013年の純損失の98%以上は500万人以下の空港である（純損失の93%は100万人以下の空港に関するものである）（ACI, 2015a）。その要因は，第2章で詳細に述べるこ

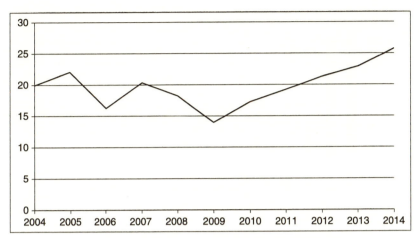

図1.6　トップ100の空港グループの営業利益率（2004-2014年）（%）
出所：Airline Business（2008, 2015）.

とになるが, 特に, 小さな空港はコスト引き下げや規模の経済性の実現, あるいは, 非航空系の収入を生み出すのに十分な交通量が存在しないことによる。滑走路やターミナルなどのインフラの固定費用は, 一定の水準（一般的には少なくとも100万人）が達成されるまでは回収が困難である。しかし, イギリスのような特定のマーケットでは, 小さな空港でも特定の市場条件があればかなりの収益を上げることができるという矛盾した事実が存在している（Starkie, 2008a）。

　小さな空港の財務状態を良好にしている理由の1つは, 特定の地域あるいは国においては, 空港グループまたはすべての空港の間で収益を上げている大きな空港が, 損失を発生させている小さな空港の損失を内部補助するというシステムが存在しているからである。そうしたシステムの事例はスカンジナヴァイア（アヴィノオ（Avinor）‐ノルウエー, スウエダヴィア（Swedavia）‐スウェーデン, フィンナヴィア（Finnavia）‐フィンランド）などの多くの地域やアルゼンチン, タイ, マレーシアといった国で見られる。ブラジルでは, ブラジルの空港組織であるインフラ公社（Infraero）によって運営されている空港の73％が純損失を発生している。同じように, インドの空港当局の場合には74％が損失をもたらしている。図1.7および1.8は, 45以上の空港を運営しているスペインの空港運営会社である

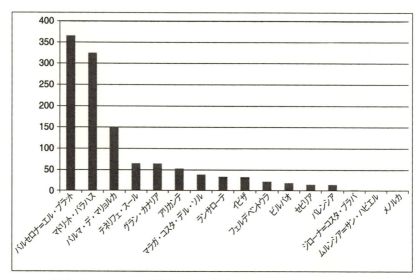

図1.7　スペインの空港 AENA の営業利益（2014年）（100万ユーロ）
出所：AENA（2015）.

AENAの実態を示したもので，営業利益をもたらしているのは16％のみである。

1.6　空港のビジネスモデル

　航空会社の規制緩和あるいは民営化の重要な結果の1つは，航空輸送産業の変化であり，完全に新しく，従来とは異なる航空ビジネスモデルが発生したことである。そして，それは空港産業の構造に大きな影響を与える。航空会社の構造の不安定性は空港に不確実性をもたらし，空港は今日的な航空ビジネスモデル，航空会社の統合，新しく生まれた路線ネットワーク等に適合する必要がある。空港にとっては，これは，空港と航空会社との関係だけでなく，航空系の料金，非航空系の収入と費用に影響を与えるもので，空港が「多目的用途に適している」かなり一般的なサービスと施設を提供してきた時代は完全に失われたことを意味している。

　ブリティッシュエアウエイズ，エールフランス，ルフトハンザ，キャセイパ

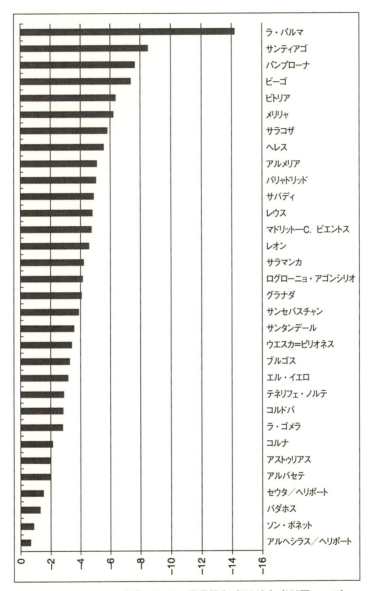

図1.8 スペインの空港 AENA の営業損失（2014年）（100万ユーロ）
出所：AENA（2015）.

シフィック，シンガポールエアラインといった巨大なネットワーク（あるいはレガシー）航空会社が現れてきた。これらは，巨大なハブを運営し，長距離運航を行っている。そして，3つのグローバルアライアンス（スター，ワンワールド，スカイチーム）のメンバーになることで，運航を統合してきた。あるいは，大西洋，太平洋の路線で一般的なアライアンスの中でジョイント・ヴェンチャーに参加したり，よく知られているエミレーツとカンタスのようにアライアンスの外で10年間のジョイントヴェンチャー契約を行うことで，運航を統合している。統合は，合併や吸収によっても行われる。それは国内的にも国際的にも行われている。国内では，アメリカンとUSエアウエイズ，エアインディアとインディアンエアライン，オリンピックとエーゲ航空がある。国際的には，ブリティッシュエアウエイズとイベリア，LANとTAMなどがある。

　こうした統合は，空港にとって多様な機会が与えられるとともに課題が発生する。それはより多くの市場へのアクセスとより広範な地域に貢献するチャンスをもたらしうる。しかし，大規模になるにつれて，ハブを効率的に運営するためには，そうした主要空港は，あらゆる機種に対応できるとともに，信頼できる適切なインフラと競争可能なミニマム接続時間（MCT）によって乗り継ぎを効率的にし，航空会社のニーズを完全に充足できなくてはならない。また，多くの巨大ハブ空港は，グローバルアライアンスのメンバーが，費用の節約やブランドの実現，チェックインやラウンジといった共同施設の運営（場合によって近隣の駐車場の確保まで保証する必要がある）から便益を得るように，彼らのニーズを満たす必要がある。もし，これらの空港が，アライアンスの現在のような構造が最終的に出来上がる以前にすでにデザインされ，建設されているとすれば，空港は，上記のような課題を解決する必要があり，財務上の負担は著しく大きくなる。

　地域によっては，大きな航空会社のビジネス戦略と競争上の強さのゆえに，容量に制約のあるいくつかの主要ハブ空港がその相対的な重要性に影響を受ける。例えば，ロンドン，フランクフルト，パリといった主要なヨーロッパのハブ空港は，中東のハブ空港や急速に拡大しているエミレーツ，エチハド，カタールといった航空会社とますます競争するようになっている。同じ地域内でも，イスタンブールの空港とトルコエアラインなどはマーケットシェアが大き

くなることで便益を得ているが，イスタンブールに新しい空港ができるとより有利になるであろう。

　しかし，他の小さな空港では，航空会社の統合プロセスで，スケジュールや供給容量の調整，航空会社のサービスの重複回避や合理化のためのハブ機能の喪失などがもたらされ，空港としての役割を失ってきている。これらは，航空会社の倒産，規模縮小，リストラ等の結果，ハブではなくなったヨーロッパのバーミンガム，バルセロナ，ミラノ・マルペンサ，アテネ，ブダペストといった空港である。小さなネットワーク・キャリヤー（SAS，TAPエアポルトガル，ガルフエア，カンタスなど）に依存している多くの2次的な小さな空港は，こうした航空会社が航空業界の再編の中で彼らの役割を見出そうと努力している中で，その対応のために時間を必要としている。そうした小さな航空会社は，長距離ネットワークの縮小，競争上有利なニッチ・マーケットへの参入，大きなネットワーク・キャリヤーとの合併，それらのフィーダーになるといった多様な戦略を採用している。

　その結果，小さなハブ空港の多くは，彼らの役割を変えてきている（Redondi et al., 2012）。いくつかは，B787といったポイント・ツー・ポイントに適している航空機の開発に伴って，ポイント・ツー・ポイントの交通を魅力的なものにしている。ある空港は，例えばアジアと接続しているヘルシンキ空港のように，戦略的に優位な立地をうまく利用している。他の空港は，旅客が航空会社間の接続を自分で行うための接続手続き支援装置を導入し，いろいろな航空会社との接続を可能にしている。例えば，「ガトウイック・コネクト」は，旅客によるいくつかの路線を組み合わせたフライトの予約，旅客が自分で接続手続きを行う場合の支援，遅延やキャンセルを補償するための有料の追加サービスなどを行っている。その他，こうした小さな空港はLCC（ローコスト・キャリヤー）の就航を活用するようになってきている。例えば，ブダペスト空港は2012年にマレーヴ航空が倒産したために旅客を失ったのであるが，現在ではライアンエアやウィズエアが多くのサービスを運航している。

　あまり成功していない小さなネットワーク航空会社は，多くの市場で急速に成長してきたLCCにマーケットシェアを奪われてきた。これまで，LCCは特に，フランクフルトのハーン，ミラノのベルガモ，デュッセルドルフのヴェー

ツのように陳腐化した多くの軍事空港が存在していたヨーロッパでは，二次空港の成長にとって有利であった。多くの2次空港は，オンタリオ（ロサンゼルス），サンフォード（オーランド），ハミルトン（トロント）といった北アメリカでも発達してきた。しかし，2次空港の活用は，シャルージャ（UAE），アバロン（メルボルン）といったよく知られている例外的な空港を除いて，かなり限定されていた。これらの空港は，一般的に迅速な離発着を必要としている，エアブリッジや空港バスの利用を好まない，あるいはエアラウンジを必要としない，乗り継ぎ客が存在しない，手荷物用施設を必要としないといったLCCの特別なニーズに対応することができたのである（Graham, 2013）。

いくつかの空港は，LCCの要請を満たすために，シンプルなデザインと低サービス水準となっている新しいあるいは改築されたローコスト・ターミナルを開設しているが，この政策は古くなりつつある（Njoya and Niemeier, 2011）。滑走路，ナヴィゲーション関連の施設，火災／救急，セキュリティなどに関連した費用はローコスト・ターミナルを利用する航空会社間で異なることはない。したがって，着陸料金は同じである。しかし，ターミナル内のシンプルなデザイン，洗練された設備がないこと等は，明らかにこれらに関わる旅客料金（passenger charge）の低下をもたらす。例えば，ボルドー空港の中のビリー・ターミナル，マルセイユ空港のMP2ターミナル，そして，これまでの設備に代わって2015年にオープンした世界最大のローコスト・ターミナルであるクアラルンプールのKLIA2ターミナル等がそれである。他の施設としては，日本（関西空港，成田空港）に見られるし，中国やインドで大きな関心が持たれている。しかし，ヨーロッパでは，専用のローコスト・ターミナルの建設は行われなくなる傾向が見られるし，アメリカにおいてもこうした考え方にはほとんど関心が持たれていない（AirlineLeader, 2015）。こうした施設はLCCのニーズに適合しうるであろうが，他の航空会社に課せられる諸料金からの内部補助，商業収入の減少，サービス水準の質的低下といった問題を引き起こしうる。さらにターミナルによる差別化は，資源の不必要な重複や浪費をもたらすとともに，柔軟性が失われてきた。これらのすべては，財務的に厳しい帰結をもたらしうるのである。また，ローコスト・ターミナルという物理的な分離は，乗り

継ぎを必要とする乗客の利便性を低下させるかもしれないのである。

　LCC専用の施設に対する人気が低下してきた他の理由は，近年，LCCのモデルが著しく変化してきたことである。すなわち，多くの航空会社が採用していない座席指定がないといった基本的な特徴は保ちながら，特にビジネス客のための優先搭乗権，柔軟な航空券の発売といった新しいアッドオン（追加）方式などを導入してきている。これはLCCとネットワーク・キャリヤーとのハイブリッド化の進展であると言える。同時に，最近の傾向としては，LCCがブリュッセル，グラスゴー，ミラノといった主要空港へ就航するようになっていることである。その理由は，いろいろであるが，主要空港は利便性が高く，ビジネス客にとって魅力的であること，そしてそのことによってプレミアム料金を導入しうるといったことである。また，主要空港にLCCが就航すると，LCCはネットワーク・キャリヤーと直接競争したり，ネットワーク・キャリヤーの長距離サービスのフィーダー（培養路線の運航）となったり，コードシェア（共同運航）を行ったりすることが可能となる。

　他にも多くの空港モデルが存在するし，発展しつつあるが，これらはすべて空港の財務状態に影響を与える。例えば，カラコオおよびマカリオ（Kalakou and Macario）(2013) は，主要ハブ空港，2次的ハブ空港，ローコスト空港に加えて，ビジネス空港および貨物空港の事例を示している。イギリスのロンドン・シティ空港，フランスのル・ブルジェ空港といったビジネス空港は，ビジネス旅客に対して都市への良好なアクセス，迅速な手続き，質の高い施設を提供している。これは空港の費用を高めることになるが，価格負担力のある顧客は十分耐えうる。ライプチッヒ／ハレ空港，イーストミッドランド空港，パリ・ヴァトリーおよびリエージュ空港といった貨物空港は，信頼性と安全な接続手続きに加えて，自動車道への良好な接続，夜間飛行の禁止措置がないこと等を重視している。フェルドマン（Feldman）(2009) は，他の空港ビジネスモデルとして，アムステルダムや香港といった「マルチモダル（多目的）空港」あるいはシンガポール・チャンギ，ラスベガス，アテネといった「観光目的地としての空港」について述べている。観光目的地としての空港とは，主要観光目的地にある空港あるいはクルーズ船の寄港地に接続している空港のことである。

旅客のニーズに応えるだけでなく，地域経済や地域住民に貢献する空港都市の開発といった選択もありうる。これは，空港がターミナルにおけるこれまでのビジネスの境界線を超えて拡大し，オフィス複合体，ビジネスパーク，自由貿易ゾーン，流通およびロジスティックス・センター，スポーツ・文化・ショッピングセンターなどの娯楽・アメニティ施設，医療サービスといった施設を開発し，多様化を展開することである。ある場合には，空港はもっと空港周辺に展開し，空港とその周辺の都市地域の境界が曖昧となり，その結果，臨空都市と呼ばれる新しい都市形態が生まれてきている。そのような発展は，北アメリカで38，ヨーロッパで20，アジア・太平洋で17，アフリカ・中東で7，中央および南アメリカでそれぞれ1（Kasaruda, 2013）となっている。事例としては，香港，北京，クアラルンプール，ソウル・仁川，ドバイ，アムステルダム，パリ・シャルル・ドゴール（CDG），ワシントン・ダレス，ダラスフォートワース，シカゴ・オヘアなどがある。しかし，そうした空港戦略は空港の商業収入を増やし，航空会社や旅客にとって魅力的となるが，実際には，空港だけで考えられる空港ビジネスモデルとは言えない。というのは，空港に就航する航空会社の戦略を考慮することなく，そうした戦略を展開することはできないからである。

一般的に，航空会社と空港のモデルは共に進化してきた。したがって，また，両方のパートナーは，財務リスクのバランスをとるようになってきた。例えば，（第2章で議論するように）空港の運営者は航空会社自身の収益や利潤をもたらす旅客収入とリンクした航空系の料金を重視するようになってきたが，航空会社にとって固定費とみなされる機材の重量に関連する料金にはあまり重点を置かなくなってきた。さらに（第9章で議論するように），多くの空港と航空会社（特にLCC）は，料金とサービスの質に関する長期的な協定を行うようになってきた。空港にとって，このことは，変化する航空輸送産業と，目的地を自由に選択できるようになってきた航空会社に対応するために，航空会社を一定期間，特定の空港に固定化させることを意味している。航空会社にとってみれば，一定期間，一定レベルの料金の支払いが保証されることを意味している。そして，それは，コントロールできない主要コストの1つを「コントロール」しうるということである。

全体的に見て，航空輸送産業の構造の変化と航空会社のビジネスモデルの多

様化によって，今度は，空港が顧客としての航空会社のニーズを満たす必要があるということである。しかし，述べておかなければならない重要な点は，空港はもっぱら航空会社の1つのモデルに注目しなければならないというわけではない。実際，1つの空港に多くのモデルがうまく共存している。ある場合には，これは，追加サービスや追加施設の利用に対して，追加料金の支払いを求める方法を促している。この方法は，生産物はひとまとまりのものではなく，乗客は追加サービスに対しては追加の支払いをするという航空輸送産業に見られる傾向と類似している。

1.7 要約

　この章は，この本でこれから展開される内容の大まかな流れを紹介するものであった。すなわち，いかにして航空輸送産業はますます規制緩和され，同時に，空港も著しく商業化されてきたかを述べてきた。これは，主要な環境変化，セキュリティ，技術発展と結びついて，空港産業の変革を求めるものである。特に，空港の利用者がより素晴らしい体験を求めているこの時代においてはなおさらである。この章では，グローバルな空港利用者がいかに北アメリカやヨーロッパ，アジアに集中しているかを見てきた。しかし，今後，アジアやその他の経済成長地域で空港利用者が著しく増大するであろうことも見てきた。そのため，この地域では空港に対する多くの新しい投資が必要となる。

　空港財務の入り口として，航空系と非航空系の収入について述べた。そして，いわゆる2つの側面を有しているビジネス概念の妥当性についても述べた。さらに，主要空港は財政的に健全であるが，多くの小さな空港はそうでないことを示した。最後に，この章を終わるにあたり，空港はますます「万人向けした」アプローチから離れて，多様なビジネスモデルを展開しつつあること，そして，それは空港の財務特性や空港のパフォーマンスに重要な影響を与えることを述べた。空港の運営に影響を与えるこうした重要な課題を示したので，空港財務の多様な側面を詳細に検討することが可能となる。そして，まず次章では，空港の収入と費用について詳細に検討する。

第 2 章 空港の収入と費用

2.1 はじめに

　本章は，空港の収入と費用について詳細に検討する。まず，収入の構造および航空系と非航空系の収入の構成について考察する。次に，それぞれの収入について検討する。その後，空港の費用構造について述べる。本章の後半は，空港の収入と費用に影響を与える要因について述べるが，それは外部委託業務から貨客取扱量，貨客の質，その他，地域的および制度的な要因まで及ぶ。

　この章は，ACI が収集した資料に多くを依存しており，最新の年間経済報告書を利用している（ACI, 2015b）。これには空港の財務について最も包括的な情報が含まれている。また，国際連合の組織で民間航空についての国際的な規制や監督について責任を持っている国際民間航空機関（ICAO）も，空港の財務について重要な報告書を発行している。この報告書は，空港の経済学（ICAO, 2013）や料金政策（ICAO, 2012a）も扱っている。

2.2 収　入

2.2.1　航空系および非航空系の収入の構成

　第 1 章で示したように，空港の収入は，通常，2 つの主要カテゴリーに分類される。すなわち，航空系と非航空（商業）系である。航空系の収入は，航空機の運航から直接的に発生するものであるが，非航空系の収入は，ターミナル内外の商業活動から発生する。さらに，運営に関係ない項目として利子所得，補助金，資産の売却等の収入がある。グランドハンドリング等のいくつかの活動は，航空系の収入であったり非航空系の収入であったりする。それは，空港

がそのような活動を提供する（その場合には航空系の収入）か，あるいは，ハンドリングの専門会社または航空会社がそうした活動を提供する（その場合には，非航空系の収入）かによる。類似のものとして，航空機の燃料供給会社また航空会社から受け取る燃料・オイル使用料金が，航空系あるいは非航空系として扱われる。

空港はもともと公益事業から商業ビジネスへと発展してきたために，非航空系の収入源から生じた収入のシェアが増大してきた。この発展は，1980年代，1990年代において最も顕著である（Freathy and O'Connell, 1998）。例えば，ヨーロッパの空港の年間報告書の資料によると，非航空系の収入のシェアは，1984年で41％，1989年で44％，1944年で46％，1999年で50％となっている（Graham, 2014）。しかし，2000年から，非航空系の収入の著しい増大は一般的に見られなくなってきた。その要因は，こうした収入の増大はより大きな課題に直面しているからである。2013年の最新の資料（完全には比較できないACIの資料を使っている）によると，世界の空港の航空系と非航空系の収入の比率は平均して60対40である。

この2つの収入源の相対的なシェアについて考察する場合に重要なことは，いくつかの国では，航空系の料金は個々の空港の費用とは無関係に，すべての空港で同じ料率となっていることである。今一つ重要なことは，航空系の収入の発生は，しばしば，国際および国内の経済規制に従っているということである（第10章参照）。これとは対照的に，空港は非航空系の収入源についてははるかに自由を持っている。しかし，2つの収入は，第1章で述べたように，空港は2つの側面を有しており，相互に関連している。

2.2.2　航空系の収入

航空系の収入は，空港が課す異なる料金にしたがって分類される。この収入のほとんどは重量ベースの着陸料（滑走路，誘導路，照明，火災・救急といった分野の費用を負担するもの）および旅客数による料金（ターミナルにおける諸活動の費用を負担する）によるものである。着陸料は，機材の大きさに関係なくトン（またはポンド）あたり一定額であるが，機材全体の重量が増大するにつれて単位あた

り重量料金が低下したり，上昇したりする複雑な場合も存在する。しかし，より重量のある機材は滑走路を損傷させたり，維持費を増大させるが，飛行場のすべてのコストが機材の大きさや重量に関係しているわけではなく，通常，大きな機材（したがってより多くの乗客を乗せることができる）を持つ航空会社は，より高い着陸料の支払いについて有利な立場におかれることになる。

　混雑した滑走路を持つ空港の着陸料をどのように決定すべきかについては，長い間，多くの議論がなされてきた（例えば，Levine (1969) および Morrison and Winston (2007)）。混雑した空港では，機材の大きさに関係なく純粋に離発着回数にしたがって着陸料を課す選択もある。というのは，混雑した滑走路を占有する費用は各離発着に関して同一であるからである。しかし，そうした料金方式は，小さな航空会社には不人気である。そして，事例としてはほとんどないのであるが，最も有名な事例としてロンドン・ヒースロー空港で採用されている。ジェネラルアヴィエーション，小型機を所有する航空会社については混雑した主要空港の利用を回避させるために，根本的解決策とは言えないが，ミニマム着陸料を課すことがある。着陸料金で着陸あるいは離陸時の航空交通管制（air traffic control; ATC）（またはターミナルナヴィゲーション）の費用を負担することもあるが，この費用は，空港の運営者またはナヴィゲーションサービスを提供する他の関係者が課す特別料金によって負担されることもある。

　旅客料金または旅客サービス料金（passenger service charge; PSC）は，通常，航空会社に請求されるが，旅客のチケットとは別の費用（税金も含めて）として計上される。それは，個々の旅客に課せられるが，旅客のタイプによって異なる。というのは，旅客のタイプによって費用は異なるからである。国際旅客に関連する費用は，国内旅客に関連した費用より大きい。例えば，国際旅客は税関，入国審査のためのより広い空間を必要とするだけでなく，ターミナルで長い時間を費やすし，より多くの手荷物を持っているからである。また，多くの空港は乗り継ぎ旅客から若干の料金を取ることもあるし，全く取らないこともある。これらの旅客は，面倒な旅客・手荷物のハンドリングを求めることがあるが，ランドサイドエリアでは費用を発生させないことから，おそらく費用とは無関係なのである。しかし，料金を取らないのは，主として乗り継ぎを促す

ためのマーケティングの観点からのものである。旅客料金は安全のための費用を負担することもあるが，別の料金を取ることもある。旅客料金または保安料金 (security charge) によって安全のための総費用がどの程度負担されるかは，誰が安全について責任を持っているかに依存している——通常は，空港，航空会社または政府である。

　こうした航空系の主要収入源に加えて，一般的には航空機の重量あるいは稀に航空機の翼の長さによって駐機料金を取ることがある。ほとんどの空港は，通常，1時間から2時間の間では，航空会社が料金を支払うことなく離発着（ターンアラウンド）を可能にするために，駐機料は無料としている（もっとも混雑した空港ではありえない）。この無料時間帯が過ぎると，一般的に，駐機料金（収入）は，占有時間あるいは日数に基づいて決定される。航空系の他の追加収入としては，空港が直接地上ハンドリングを行う場合，地上ハンドリングからの収入が存在する。また，離発着回数に基づいたインフラ料金といったものも存在する。これは，チェックインエリア，荷物の分類，エアブリッジなどのインフラ施設の使用費用を負担する。あるいは，別途の荷物や照明のための料金等もある。その他の料金の詳細については，ICAO (2012a) を参照されたい。

　近年，空港の料金は，航空管制や保安といった個々のサービスを分離させることでより透明になってきた。そうした透明性によって，異なるビジネスモデルを持つ航空会社（例えばLCC）は，実際に彼らが欲しているサービスのみに対して支払いをするという選択が可能となった。さらに，時間の経過とともに，特定の時間帯に発生する混雑に対してピーク料金を課す空港が増えてきたように，空港料金は複雑となってきた。しかし，いくつかの理論的な調査によって議論されてきたのであるが，ピークとオフピークの料金差が，航空会社の行動に大きな影響を与えたという事実はほとんどない。

　図2.1は，2013年の世界の航空系の収入の平均的な内訳を示したものである。航空機に関連した収入（ほとんどが着陸・駐機関連）および旅客に関連した収入（ほとんどが旅客・保安関連）が中心になっていることが明らかである。旅客関連の料金は収入のほぼ半分を占めている。ターミナルの賃貸収入は航空会社が使用する空間からの収入であるが，それは，ほとんど北アメリカの空港（そこ

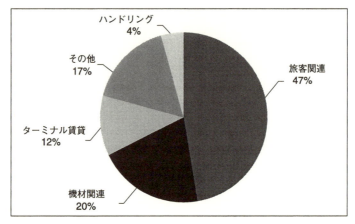

図2.1　世界の空港の航空系収入（2013年）
出所：ACI（2015b）．

では航空系またはアヴィエーション関係の収入項目に分類される）に関するものである。通常，これらはコスト回収方式が採用され，賃貸される空間のタイプに基づいて加重料金方式で計算される。図2.2は，世界の地域ごとの内訳であるが，北アメリカの空港ではこの収入源の重要性が明白である。ヨーロッパの空港では直接ハンドリングに関わる比率が高い。

　空港の料金については3つの顕著な傾向がみられる。第1に，騒音被害に配慮するために，騒音の大きい航空機，夜間飛行，あるいはその両方に対してかなりの料金を課す空港が増えていることである。一般的に，空港が騒音料金を課す方法として3つの方法が存在する。すなわち，航空機の騒音カテゴリーによって航空機に直接課す方法，着陸料に関連付けた騒音料金，騒音の閾値に関連した騒音料金である。さらに，小さな空港では，排出されたNOxの量に従って排出料金を課す空港（例えば，イギリス，ドイツ，デンマーク，スウェーデン，スイス等）が増大している。

　第2に，旅客に関連したいろいろな料金が相対的により重要になってきた。航空会社にとって，機材は変更しないことを前提にすると，航空機に関連した料金は，貨客取扱量とはある程度無関係に支払われる固定費用とみなされる。

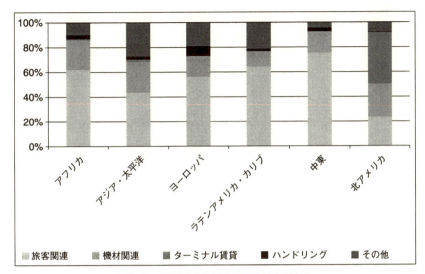

図2.2　地域別の世界の空港の航空系収入

出所：ACI（2015b）.

　しかし，旅客料金は変動費である。この旅客料金に対する相対的な重要性が変化することで，空港は航空会社とともにリスクをこれまで以上に分担するようになってきたと言える。近年，このことは，空港相互の競争が激しくなり，貨客取扱量も変動しやすくなってきたために，より重要となってきている。いくつかの空港ではさらに進んで，例えば，オーストラリアの主要な空港は，国際線サービスについては重量ベースの料金を完全に排除している。他の空港，例えば，LCCの就航が中心となっているブリュッセル南シャールロア空港は，航空機に関連した料金を廃止した。ACIによると，全体的に見て，航空機に関連した料金と旅客に関連した料金の比率が，2008年に45：55であったものが，2013年には38：62となっている。

　第3に，特にヨーロッパでは，より新しい運営あるいは競争的な環境を反映して，空港と航空会社が料金に関してお互いに交渉する傾向が増えてきた。このことは，公表されている基準料金は重要でなくなってきたことを意味している。こうした動きの中には，（いろいろなものに適用される）奨励制度（incentive scheme）というものがあり，例えば，新しいサービスあるいは便数に対して割引料金が適用される（Malina et al., 2012; Jones et al., 2013）。さらに，空港は，個々の航空会社のニーズに適合するために，彼らと長期的な双務的商業契約を結ぶことがある。第9章で議論するように，これらは，いくつかの正式な経済規制行為の代わりとして利用されている。微妙な商業上の理由のために，交渉された料金についての情報は少ないのであるが，2014年のACI-ヨーロッパの空港料金に関する研究によると，空港の84％が，正式な奨励制度あるいは商業契約によって何らかの割引料金を採用している。空港の42％は，何らかの商業契約を結んでいるが，ヨーロッパの交通量の24％を扱っているに過ぎない。すなわち，こうしたことは，明らかに厳しい競争に直面している小さな空港においてより一般的であることを示している（ACI-Europe, 2015a）。

　定義は変わりうるのであるが，空港料金（airport charge）（空港が提供する施設あるいはサービスの費用を回収するために空港によって課せられるもの）と政府によって課せられる税（tax）（特定のサービスまたは環境対策費用，あるいは，空港投資資金の増大，より一般的には公共部門の支出財源のために課せられるもの）とは区別されるのが通常である。税は，国全体あるいは個々の空港で課せられる。全国的な税の一例は，イギリスにおける航空旅客税（Air Passenger Duty）であり，政府によって一般課税所得（general taxation income）として用いられる。料金と税は，航空会社あるいは旅客の観点からすれば空港の費用であり，そして，実際，旅客料金と旅客課税は，航空券（旅客チケット）の上ではまさに1つの項目として示されるが，空港財源の観点からすれば，税は航空系の収入としてみなされるべきではない。しかし，空港のいくつかの損益計算書では，それらは政府に譲渡され，一時的に入る収入として扱われている。

　アメリカでは明らかに，極めて複雑な状況が見られる（Ashford and Moore, 1999）。着陸料は存在するが，一般的な旅客料金は存在しない。というのは，これらの空港収入は，主として非航空系（non-aviation）のために転用される恐れがあるとの理由で違法とされているからである。しかし，旅客施設料金（Passenger Facility Charge; PFC）と呼ばれる旅客に関連した料金が存在する。これは，空港のための投資目的で，空港が課すことを認められたものである。これ

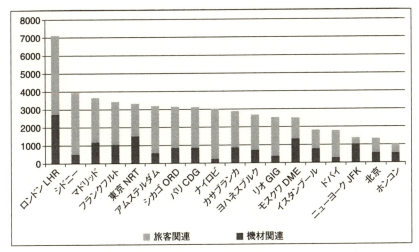

図2.3 世界の主要空港の737-800の空港料金（ポンド）（2013年）
出所：Mott MacDonald（2015）.

は連邦航空局（Federal Aviation Administration; FAA）の認可を必要とするもので，セクター・旅客あたり最大4.50ドルまで認められている（FAA, 2015a）。さらに，連邦空港・航空路信託基金（Federal Airport and Airway Trust Fund）の収入となる数多くの政府課税が存在する。この連邦空港・航空路信託基金は，空港改善プログラム（Airport Improvement Program; AIP）に従った空港投資のための補助金として利用される。これらの税の中でも最も重要なものは，国内旅客チケット税で，信託基金全体の約半分となっている（FAA, 2015b）。PFCからの収入およびAIPからの補助金は非運行収入とみなされることが多い。しかし，ACIの資料によるとPFCは航空系の収入となっている。カナダのようないくつかの国では，特別な投資目的のための空港投資・開発旅客料金があり，通常，航空系の収入としてみなされている。

図2.3は，世界のいくつかの空港の中で，代表的な航空機（B737-800）の空港料金を示したものである。ほとんどの空港で，旅客関連料金は機材に関連した料金よりもはるかに高いことがわかる。

料金の額には大きな違いがあり，特にヒースロー空港の料金は最も高い。そ

して，料金は，B737といった小さな航空機にとってはあまり人気のない重量ベースの着陸料よりも，主として離発着回数に基づいている。説明のために，5つの空港の実際の料金の要約が表2.1に示されている。各空港は概して同じタイプの料金を課しているが，細部あるいは料金を課す基準についてはかなり異なっている。

表2.1　いくつかの空港の空港料金（2015年）

ニューヨーク JFK 空港
着陸料：1000ポンド重量あたり6.33米ドル（追加料金：3pm～10pm，100米ドル）
旅客施設料金（PFC）：4.50米ドル
旅客ランプ／エプロンエリア：はじめの15分：50米ドル，追加15分ごとに100米ドル
駐機料（8時間）：＜100,000ポンド重量＝45米ドル；101,001－200,000ポンド重量＝70米ドル；追加料金：25,000ポンド重量ごとに25米ドル

ドバイ空港
着陸料：＜4.5トン＝トンあたり AED13.0；4.5－45トン＝トンあたり AED15.1；＞45トン＝トンあたり AED16.4
旅客サービス料金：AED75
旅客の保安・安全料金：AED 5
駐機料：狭胴機（1時間30分以内：無料）＝はじめの1時間：AED235，追加時間：AED383
　　　　広胴機（3時間以内：無料）＝はじめの3時間：AED353，追加時間：AED648

ナイロビ空港

機材の重量（kg）	着陸料（米ドル）	駐機料（米ドル）
＜1,500	10	6
1,501－2,500	20	6
2,501－5,000	25	6
5,001－10,000	40	6
10,001－20,000	65	10
20,001－40,000	102	10
40,001－80,000	223	15
80,001－120,000	585	25
120,001－180,000	820	40
180,001－300,000	1,345	50
＞300,000	1,750	130

夜間離陸＝昼間の1／5　　　　　　　　　　6時間は無料
夜間着陸＝昼間の4／5
旅客サービス料金：国際＝20米ドル，国内 Ksh300

アムステルダム空港
着陸（ベースとなる機材1000kgあたり，その他に3つの騒音カテゴリーが存在）
エアブリッジあり：昼間（着陸／離陸）4.57ユーロ，夜間（着陸）5.80ユーロ　夜間（離陸）6.86ユーロ
エアブリッジなし：昼間（着陸／離陸）3.66ユーロ，夜間（着陸）4.64ユーロ　夜間（離陸）5.48ユーロ
貨物：昼間（着陸／離陸）2.38ユーロ，夜間（着陸）3.02ユーロ　夜間（離陸）3.56ユーロ
旅客サービス料：ターミナル13.92ユーロ，乗り継ぎ5.84ユーロ
保安サービス料：ターミナル12.17ユーロ，乗り継ぎ6.81ユーロ
駐機料（24時間1000kgあたり）：1.60ユーロ

ロンドンヒースロー空港
着陸：
＜16トン＝2,934ポンド
＞16トン（昼間）＝1,430ポンド（チャプター4ベース），
　　　　　　　　2,934ポンド（チャプター3ベース）
＞16トン（夜間）＝3,576ポンド（チャプター4ベース），
　　　　　　　　7,335ポンド（チャプター3ベース）
（合計で6つの騒音カテゴリーが存在する）
NOxkgあたり排出料＝8.57ポンド
ターミナルナヴィゲーション：着陸あたり80.53ポンド，トンあたり1.08ポンド
旅客料金（ターミナル）：ヨーロッパ人29.59ポンド，その他41.54ポンド
旅客料金（乗り継ぎ）：ヨーロッパ人22.19ポンド，その他31.16ポンド
駐機料：（狭胴機—90分間は無料）：15分ごとに51ポンド
駐機料：（広胴機—30分間は無料）：15分ごとに21ポンド
（料金はポンドで示された概数である）

出所：個々の空港のウェブサイト。

2.2.3　非航空系の収入

　非航空系の項目となると，再び，多くの収入源が存在している。通常，最も重要な項目は，ターミナル内で提供される商業施設に関連したものである。一般的には，空港はそうした施設をその分野の専門業者（小売り業者，飲食業者（F&B）あるいはカーハイヤー業者）に貸し出す。この収入はしばしばコンセッション収入（concession revenue）と呼ばれる。それは，こうした第三者のコンセッショネア（concessionaire：運営権の保有者）がコンセッション料を支払うからであ

る。空港が駐車場を賃貸契約によって貸し出せば，その収入はコンセッション収入となる。さもなければ，特にアメリカやオーストラリアといった車が主要な交通手段である国では，極めて重要な別の収入項目となる。しかし多くの国でこうした収入は，より多くの旅客が環境上の理由で公共交通を利用するようになるとともに，空港以外の施設との競争が激しくなるという相乗効果によって，あまり増大しなくなってきている。広告は，小さいが重要な収入源である。それは，空港は，多数の旅客が存在し，多くの旅行者にとってコスモポリタンであり，社会経済的により高いステータスであるとみなされる魅力的な場所であるからである。しかし，より多くの人々が航空機を利用するようになり，旅客の購買層が幅広くなると，現在では恐らく空港における旅客のみが重要な存在ではない。

　コンセッションの収入は数多くのいろいろな形で発生する。通常，コンセッショネアは，空港に対して年間最低保障額または賃料の支払いに加えて販売額の数％を支払う。この比率は，個々の生産物・商品カテゴリーによって異なる。どちらかといえば，航空機あるいは旅客に関連した料金のような最低保障額は比較的に固定した収入源であるが，販売に対する比率は変化しうる。そして，空港がコンセッショネアとリスクを負担する場合にはまさにそうである。最低保障額が高すぎると，それはコンセッショネアの負担となり，コンセッショネアの行動に影響を与える。通常，飲食業者（F&B）に対する販売料金（sales fee）は，10-20％であるが，世界の120の空港の2014年の空港商業収入の研究（Airport Commercial Revenues Study）における調査によると，北アメリカでは平均して13％，ヨーロッパ／アジアでは19-23％となっている（Moodie International and the SAP Group, 2014）。特に，小売業は類似しているものの，免税店（duty and tax free shop）の支払いは極めて高く，30％をはるかに超えている。

　空港の賃貸収入も極めて重要である。これは，エアサイド（例えば，燃料供給会社，メンテナンスのためのハンガー，貨物ターミナル）およびランドサイド（例えば，ホテル／会議場，訓練センター，企業用の建物，オフィス）だけでなく，オフィス，ビジネスラウンジ，発券デスク，チェックインデスクといったターミナルの賃貸あるいはリースからの収入を含む。収入は，施設のタイプ，その建築年数，品

質，場所，競争関係にある空港以外の物件の賃貸料によって異なる。また，燃料の供給，ハンドリング，機内食といった他の業務のための賃貸料あるいはコンセッション料も存在する。さらに，ユーティリティまたはエネルギー消費（例えば，水，暖房，エアコンディショニング，電気）に関連して一時的に空港の収入となるものがある。

　図2.4は，2013年の世界の非航空系の収入の平均的な分布を示したものである。小売りは最も重要な項目で，その次に駐車場が位置している。しかし，収入の分布は，図2.5に見られるように地域によってかなり異なる。中東の空港は，収入の約半分が小売りによるものであることに注目しておく必要がある。これに対して，北アメリカの空港の小売りは相対的に重要ではない。他方，駐車場，カーハイヤーなどからの収入が極めて重要である―車への依存が極めて大きいことを反映している。飲食も小売りとして等しく重要となっている。しかし，他地域では収入のわずかなシェアを占めているに過ぎない。

　すでに述べたように，一般的に，非航空系の収入の相対的シェアの増大は過去10年間に止まってしまった。その理由は多様である（Graham, 2009; Sevic, 2014）。第1に，EUでは，EU内における免税商品の販売は，1999年以来，法的に困難となり，全体的な販売を減少させ，EUに加盟する新しい国々にも影響を与え続けている。最近の10年間は，新しい，そして，より厳しい安全対策の導入が求められるようになってきた。それは，液体状のもの，エアゾール，ゲル（LAG）といった購入が制限されている商品に対する消費者の心理だけでなく，商業施設を利用できる余裕時間にも影響を与えてきた。さらに，PCやモバイルチェックインは，消費者が空港で費やさなければならないと感じる時間を削減させるようになってきた。さらに，多くの空港は，多くの商業機会の開発に関して「成熟」段階に達したと思われる。そして，その結果，収入の増大は，空港以外からの競争，特にインターネットとの競争が増大してきたこともあって，困難となってきた。

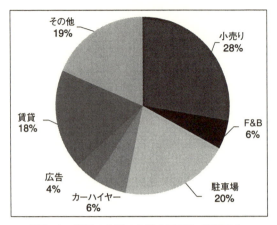

図2.4　世界の空港の非航空系収入（2013年）
出所：ACI（2015b）.

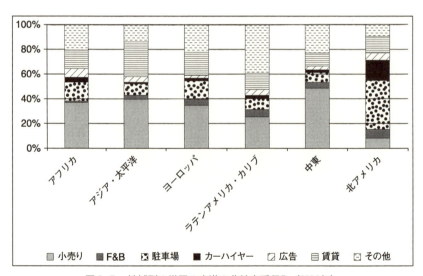

図2.5　地域別の世界の空港の非航空系収入（2013年）
出所：ACI（2015b）.

2.3 費　用

　収入項目の多くは空港に特有なものが多いが，費用の場合は異なっている。そのため，空港の費用の報告の仕方は多様である。通常，これらは，従業員の費用，減価償却費／割賦償却費（または資本費用），「その他」に分類される。利子あるいは税金の支払いのための費用は非運行費用とみなされる。図2.6は，利子の支払いを別にしてACIによる費用の分類を示している（ACIは利子を資本費用の定義に含めている）。従業員の費用と減価償却費が総費用の約半分を占めている。最も重要なその他の費用は，第三者に外注される契約サービス（通信，ユーティリティ，エネルギー）と一般および管理費用である。空港における減価償却およびその他の会計に関する政策は著しく異なることを明らかにしておく必要がある。例えば，第3章で示されるように，例示した空港の減価償却期間は著しく異なっている。

　第1章で述べたように，空港は，インフラ（滑走路，ターミナル）および特定サービス（安全・保安）の提供—これらは取扱量に対して相対的に独立している—との関連で，相対的に固定費用のシェアが高い。その結果，総運営費用は，取扱量の増減に完全に比例して変動することはない。イギリスの場合，旅客需要に対する費用弾力性は0.3から0.5である。言い換えると，これは，旅客需要が10％増大しても，費用はわずか3％から5％の間で増大するにすぎないということを意味している。もっとも，取扱量が減少してくると費用弾力性が大きくなることを付け加えておく必要がある (Steer Davies Gleave, 2012)。相対的に固定費用の比率が高いということは，容量に余裕がある限り，追加の取扱量のための費用は小さいということ，しかし，追加収入は，追加の取扱量，空港料金，商業施設における旅客の支出等から得ることができる。

　その他，費用の分類方法は多様である。その1つは図2.7でヨーロッパの空港に関して説明された機能による分類である。当然ながら，2つの最も重要な費用は，航空機の離発着エリア／照明と旅客／貨物ターミナル施設に関する費用である。しかし保安費用は第3位で，費用の16％である。費用の他の最も

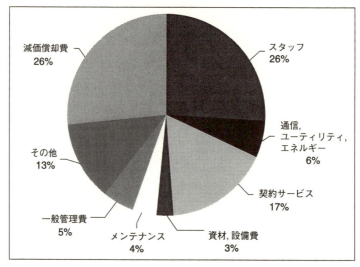

図2.6　世界の空港の費用構成（2013年）

出所：ACI（2015b）.

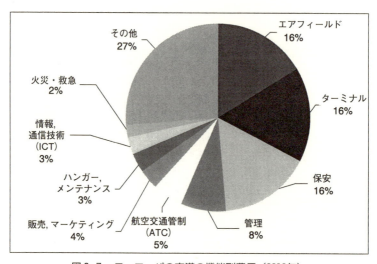

図2.7　ヨーロッパの空港の機能別費用（2013年）

出所：ACI Europe（2015b）から作成。

突出した傾向の1つは，労働費用の相対的な低減である。例えば，ヨーロッパの空港において，労働費用は，1986年には総費用の43％であったものが，1999年には35％，2009年には31％となっている（Graham, 2014）。これは，外部委託の増大，労働生産性の改善，多くの労働を必要としない多様な新技術の導入といった数多くの要因によるものである。

2.4　空港の活動業務

　空港の財務に関して考慮すべき重要な課題は，すべてのサービスあるいは施設について，外部委託ではなく，空港自身がどの程度行うべきかという課題である。その内容は世界中でかなり異なっている。もっとも，すでに述べたように商業施設の外部委託はまったく一般的である。一般的に，アメリカでは，多くの活動について航空会社を巻き込みながら，あらゆる分野で外部委託がかなり進んでいる。その他，特に，ハンドリング，ATC，保安等の活動については多様性がある。さらに，外部委託の内容は他の産業より複雑である。というのは，空港は，空港にとって費用となる特定の活動（例えばクリーニング）を外部委託しているだけでなく，他の活動（例えばハンドリング）についても全面的に他の組織（典型的には航空会社またはハンドリング業者）に外部委託しているからである。そのことによって空港の財務負担（レントやコンセッションフィーを除く）がわずかとなる。前者のケースでは，費用水準はほぼ同じ（労働と他の運行費用の分布はかなり異なる）と考えられるのに対して，後者のケースでは，特定の活動に直接関与しないことで費用（および収入）が著しく削減される。ここで，第三者は，提供することを契約したサービスについて料金を受け取るが，空港にとってのコストは失われた収入から賃貸料または料金を引いたものである。極端なケースは，すべての施設が異なる組織によって運営され，米国のニューヨークJFKのような空港では，主要な航空会社が彼ら自身のターミナルを運営している。また，日本では，ほとんどの空港で別々の会社がターミナルと商業施設の運営に責任を持っている。図2.8は，国際的に典型的なケースを示している。第三者が行っている最も一般的な活動はクリーニングである。ま

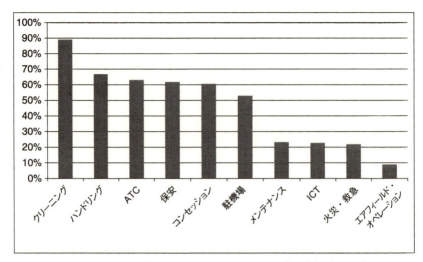

図2.8 特殊な空港活動を外注している世界の空港の比率（2013年）
（注）北アメリカの空港は除外されている。
出所：ACI (2015b).

た，2／3の空港はハンドリング，ATC，保安活動も外部委託している。これに対して，防災，救急，滑走路の管理といった核となる活動の外部委託はほとんどない。

このように外部委託の状況が異なるのは多様な理由がある。第1に，外部委託を好む一般的な議論としては，低費用，高い柔軟性があること，さらにスケールベネフィット，高い生産性を享受しうる専門的な会社の高度な知識・技術を活用できるといったことである。このことは，より一般的なクリーニングのような活動にも適用できる。しかし，空港の多くの機能についてはさらに詳細に検討する必要がある。特に，保安活動に関しては，旅客を守るために空港または政府の責任の程度について多くの議論がある。その結果，多様な保安活動には，空港，航空会社，第三者の保安事業者，警察，その他の政府当局等の多様な組織が関与している。ヨーロッパでは，保安活動のあり方について必ずしも一貫性はないが，一般的に，空港当局およびその顧客が，他の地域，例えばアメリカに比べてより多くの保安費用を負担している。いくつかの国では，

保安活動およびATCといったその他の基本的なサービスが政府当局によって提供されているかもしれないが，通常の商業的に提供される比率よりも低い。

　他のケースとしては，サービスの提供に関して競争を導入するためである。例えば，EU内では，主要空港は法律によって十分な競争を維持するために，グランドハンドリングについては複数の提供者が必要とされている（第9章参照）。これは，スイスポート（Swissport），メンジース（Menzies）といった第三者の大規模独立事業者の利用拡大を促すことができる。これらは，多くの空港でサービスを提供することで，規模の経済性によるベネフィットを得ることができるし，航空会社と多様な空港契約を締結できる。他方，空港自身がハンドリングを行う場合，グランドハンドリングと他の運行機能との間で相乗効果をもたらすことができるし，空港およびハンドリングの両方の料金を含む契約を航空会社と行うことができる。さらに航空会社の顧客との緊密な関係を築くことができる。独立事業者は，彼らの規模の大きさから小さな空港には関心がない。そのため，小さな空港はしばしば損失をもたらしながら，こうしたサービスを自分で提供しなければならない。図2.9は，2つのヨーロッパの空港（ウィーンとジェノバ）の収入と費用の構造を示したものであるが，この2つは相対的に小さくかつ近くに存在している。ウィーン空港はいくつかのハンドリングサービスを自分で行っているが，ジェノバはそうではない。ウィーン空港ではハンドリング活動によって収入の構成に影響が明らかに見られると共に，労働集約的なハンドリング活動のために労働費用が費用のかなりの部分を占めている。

　全体的に，外部委託に関する資料は少ないのであるが，いくつかの調査によると，外部委託はイタリア（Abrate and Erbetta, 2010）とスペイン（Tovar and Martin, 2009）の両方において空港の経済的効率性を高めているという報告がある。一般的に，小さな空港では傾向として外部委託が少ない。事実，ACIの資料によると，旅客が100万人以下の空港では，総運営費用（減価償却費を除く）に対する労働（スタッフ）費用の比率は，43％である（契約サービスの費用は12％である）。他方，旅客が2,500-4,000万人の空港では，労働費用は運営費用の5-30％である。

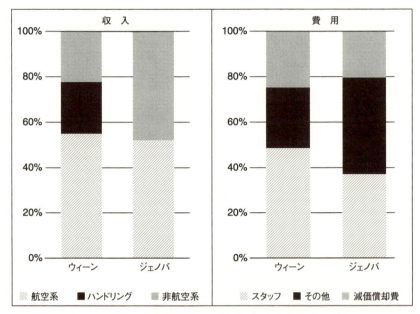

図2.9 ウィーン空港とジェノバ空港の収入と費用（2014年）
出所：Annual reports.

　おそらく，最も複雑な状況は商業施設に関するものであり，よく行われる選択は，そうした商業施設を専門の小売業者，F&B，その他の民間会社に委託することである。これは通常，リスクが低く，比較的収益性の高い戦略である。というのは，空港は通常，マーケット環境を詳細に理解していないこと，必要とされる専門的な技術を持っていないこと，バルクで購入する力もないこと，さらに，専門の会社が持っているしっかりとした供給インフラもないからである。しかし，そうしたアプローチによって，空港はこうした施設のマネジメントに関するコントロールをかなり失うことになる。

　コンセッションの協定にはいろいろな方法がある（詳細はKim and Shin, 2001; Leigh Fisher, 2011を参照されたい）。空港は個々のコンセッショネアと協定を結ぶか，施設の一部を他のオペレーターにまた貸しするマスター・コンセッショネア（master concessionaire）を利用する。それとは異なる2つの方法として，空

港がパッケージした施設をいくつかの「プライム」コンセッショネア（prime concessionaire）に提供するプライム・オペレーター（prime operator）を利用する方法，または，コンセッションを直接運営することなく協定によってコンセッションを開発／リースおよび管理するディベロッパー／マネージャーを利用する方法がある。ウエストフィールド・コンセッション・マネジメント（Westfield Concession Management）は，ボストン，シカゴ，ヒューストン，ニューヨーク，ロサンゼルス，マイアミ，ワシントンといった米国の都市の多くの空港でコンセッションを管理しているディベロッパーである。最も適切な選択を行うためには，空港は，競争，資本投資，空港の管理費用，財政収入等の相対的なトレードオフを考える必要がある。2014年，北アメリカでは，空港の57％が個々のコンセッショネアを利用している。7％がマスター・コンセッショネア，20％がプライム・オペレーターを利用し，残りの16％はディベロッパー／マネージャーを利用している（ACI-North America（ACI-NA），2014）。

　いくつかあるコンセッション・モデルに対する別の方法は，駐車場などで活用されている方法で，マネジメント契約（management contract）と言われるものである。それは，空港が，すべての収入と費用を扱い，施設を管理する会社に管理料を支払うものである。また，ジョイントヴェンチャーという選択もある。これは，特定の活動についてのリスクと報酬をシェアするもので，サービスの品質などの分野で空港の影響力を強めるものである。デリー免税サービス（Delhi Duty Free Services）は興味深い事例であり，49.9％が空港，17.03％が空港における主要な株主の1つであるGMR空港会社（GMR Airport Limited），33.7％がダブリン空港当局（Dublin Airport Authority；DAA）によって完全に所有されているエール・リアンタ・インターナショナル（Aer Rianta International）の子会社であるヤローヴィン（Yalorvin）によって所有されている。他の事例は，トルコの主要な免税チェーン店であるATUであり，空港事業者であるTAV，小売事業者であるUNIFREEとジョイントヴェンチャーを運営している。

　ドバイ空港，DAA，マレーシア空港，ハイデラバード空港といったいくつかの空港は，免税小売店などの商業施設を直接，あるいは空港が完全に所有している子会社を通じて提供している。こうした空港は，小売分野などの商業施

設でかなりの専門的な施設を開発できた場合にそうしたことを行っている。さらに，極めて小さな空港の多くもそうした施設を自分で提供している。この場合には外部の専門家からの関心を得ることができないからである。そして，こうした方法は，空港の規模のゆえに最も採用されやすい方法である。全体的に，いくつかある方法の中でどれを選択するかは多くの要素に依存しているが，空港にとってのリスクの大きさやコントロールのあり方などとともに，財務的なリターンが重要な要素である。

2.5 貨客取扱量の大きさと種類の影響

　取扱量の大きさと性質は，空港の費用と収入に大きな影響を与える。小さな空港の場合，取扱量が増大するにつれて，取扱量あたりの費用あるいは単位あたり費用が減少する傾向にあることは多くの事実によって示されている。言い換えると，これらの空港には規模の経済性が存在している。小さな空港にとって，インフラや一定のサービスの提供と関連している固定費用は，取扱量のレベルに関係なく発生し，単位あたり費用を押し上げる。取扱量が増大しても，これらの費用が変動することはない。したがって，単位あたり費用は，費用がより多くの取扱量に配分されるにつれて減少する。実際，ACIの資料によると，2013年の100万人以下の空港の旅客あたりの総運行費用（減価償却費は除く）は，全体的な平均が10.55米ドルであったのに対して，14.04米ドルであった。

　しかし，取扱量のどのレベルで規模の経済性がなくなるのか，あるいは，規模に関しての収穫（return to scale）が変化するかについての見解は，いろいろである。例えば，イギリスの空港に関する初期の研究（Doganis and Thompson, 1973）によると，単位あたり費用は300万人の旅客あるいはWLU（workload units，第5章で定義されている）まで低下する。これに対して，マーチンおよびフォルテ-ドータ（Martin and Volte-Dorta）の研究（2011）では，スペインの空港の規模の経済性は取扱量がどこまで増えても存在している。ペル（Pel）他によるヨーロッパの研究（2003）では，年間旅客数が1,250万人以上のいくつかの空港における航空機の離発着回数に関する効率モデル（aircraft movement efficiency model）では規模に関して収穫逓減が見られたが，年間旅客数が同じ規模の空港での旅客効率モデル（passenger efficiency model）では規模に関して収穫逓増が見られた。他方，サラザ・デ・ラ・クルツ（Salazar de la Cruz）（1999）の研究によると，空港は，旅客数が350万人から1,250万人の間では規模に関して収穫一定が見られるが，その後は，規模に関して収穫逓減が見られる。こうしたことから，いくつかの研究では，財務の観点から見た空港の最適規模が存在するかもしれないとしている。これは，大きな空港では，特に複数のターミナルが必要な場合，重複するサービスや施設の提供およびそれらを効率的に調整する必要性があること，さらに，環境上の影響を緩和するために費用が増大すること，あるいは，空港との間の適切な地上アクセスを確保することが困難であることや，安価な土地や労働力の不足（労働組合の組織率が高い，地域的な不足）といった多くの不都合な要素が存在するからである。

　収入に関しては，取扱量が増大するにつれて特に非航空系の収入が増大する。これは，通常，大きな空港では多様な商業施設やサービスを提供できるからである。加えて，大きな空港では特に国際旅客の比率が高く，彼らは空港で長時間休息し，フライトを待つ間に，特に免税店やF&Bといった商業施設で時間を費やすからである。小さな空港では通常いくつかの航空会社が支配している。その場合，航空会社は空港の料金等に関して有利な交渉をするための主導権を持っており，航空系の収入は減少してしまう。ACIの資料によると，全体的に見て，旅客が100万人以下の空港の2013年の旅客あたりの総運行収入は14.32米ドルであった。これに対して平均値は20.02米ドルであった。

　これらの固有の費用および収入上の不利な条件のために，小さな空港は，第1章で述べたように収益を上げるうえで多くの課題に直面している。さらに，多くの国では，商業的な動機よりも政治的な理由や露骨な威信のために地方政府によって作られた小さな空港の過剰供給という状態が存在する。そして，そのことは空港間の競争激化と相まって空港の過少利用をもたらしている。いくつかの小さな空港は，おそらく季節的な休暇時の利用，国内の朝あるいは夕方のビジネス客による過度なピーク利用があることで，資源の最適利用の実現がさらに困難となっている。加えて，すでに述べたように，これらの空港は，財

務上のパフォーマンスを改善する第三者に対する外部委託が容易でない。そして，彼らの顧客である航空会社は，小規模運航であるために価格に敏感となり，空港料金の引き下げ圧力となる。

費用と収入は，空港における旅客のタイプによっても変動する。国際旅客は空港に長時間滞在し免税店を利用するだけでなく，すでに述べたように，通常，彼らのための費用がかさむことから，国際旅客に対してより高い旅客料金が課せられる。空港の経済効率に関する多くの研究（Air Transport Research Society（ATRS）の研究も含まれる）によると，国際交通の比率は，空港の経済的なパフォーマンスに重要な影響を与えることがわかっている（Oum et al., 2003を参照されたい）。

一般的に，LCCとその旅客は，航空会社のラウンジ，乗り継ぎ施設といった追加的なサービスを必要としない，より基本的な施設を選好する。したがってLCCの就航を望む空港は低費用であると言える。いくつかのケースでは，コペンハーゲン，クアラルンプールといった空港のように，特にLCCの必要に応じたターミナルの部分的あるいは全体的な開発を促している。しかし，より基本的なターミナルは，商業施設の範囲が限定されること，あるいは，旅客の支出を促す体験やリラックスした雰囲気のあるショピングモールが不足していることなどによって，支出の減少をもたらす。他方，LCCの旅客は，機内で提供される食事等に制約があるためにF&Bで多くを支出する。これに関連した経験的事実はいろいろである。ムーディ・インターナショナルとSAPグループ（Moodie International and the SAP Group, 2014）によると，空港の75％以上は，LCC旅客の小売店での支出は他の旅客より少ないが，45％以上の空港はF&Bでの支出も少ないと報告している。同様に，ライおよびパパセオドロウ（Lei and Papatheodorou）（2010）は，LCC旅客の非航空系の平均支出が，フルサービスの航空会社の旅客は5.59ポンドであるのに対して2.87ポンドであるとしている。また，カスティロ・マンザーノ（Castillo-Manzano）（2010）は，LCC旅客は7％少ないとしている。これに対して，フランシス他（Francis）（2003）のケーススタディによると，店舗での旅客あたりの収入は平均では5.5ユーロであったのに対して，LCCは8ユーロであったと述べている。他方，ジレンお

よびララ（Gillen and Lall）(2004) は，LCC であるサウスウエストがアルバニー空港でサービスを開始した時に，非航空系の収入は9.70ドルから10.55ドルへ増大したと述べている。概して，LCC 旅客の商業支出について一般化することはその特殊な購買層のために困難であるが，LCC を利用する旅客のすべてが節約家というわけではないことはかなり確かである。

　ハブ空港とその乗り継ぎ旅客についても，違った側面からの考察が必要である。よく知られている取扱量のピークあるいは谷間のあるフライトの「波」は，取扱量が均等に分散している場合よりも取り扱い費用がかさむ。このように乗り継ぎ客を扱う費用も異なるが，同じことが，乗り継ぎ客の支出の仕方に関しても言える。彼らはカーハイヤーあるいはカーパーキング施設を必要としないが，免税店でより多くの時間を費やす。ここでも全体的に見て，ハブの役割が経済的パフォーマンスを改善したかあるいは悪化させたかは一概に言えない。一例として，オムおよびユー（Oum and Yu）(2004) の研究によれば，ハブの経済的パフォーマンスは低下したとしている。

　明らかに，他の旅客特性（旅行回数，季節性，旅行目的，旅行期間，インバウンド／アウトバウンドの比率，旅客の購買層）は，収入，特に，非航空系からの収入に重要な影響を与える。ある場合には，インフラや特定のサービスの提供費用にも影響を与える。取扱貨物量も，機材の平均的な大きさと同じように影響を与える。旅客の国籍もそうである。例えば，アメリカの西海岸に立地するゲートウェイ空港はアジアの旅客にとって利便性が高いから，免税店の販売はアメリカの他地域よりもはるかに多い（LeighFisher, 2011）。同じように，トーマス他（Thomas, 2013）は，フランクフルト空港における中国からの旅客の支払いは平均の4.9倍であり，パリ空港における中国からの旅客の小売店での支払いは，全体的な平均が17ユーロであったのに対して，平均して80ユーロであったと報告している。

　最後に，ターミナル内の雇用者，家族，友人，地域ビジネス，地域住民といった他の顧客グループの存在，あるいは，空港の周辺に開発された他の施設の利用も費用に影響を与えるだけでなく，非航空系の収入に貢献する。例えば，アメリカの西海岸の国際空港の調査によると，従業員の45％が F&B を毎

日利用し，26％は1週間に1回利用している。小売については，従業員の4％が毎日，18％が1週間に1回利用している（LeighFisher, 2011）。

2.6　他の重要な要素

　空港の財務に影響を与えるものは，他にも多く存在する。これらには，後に詳細に検討されるが，所有パターン，民営化，競争，経済規制などがある。特に，これらは空港事業者の資金調達や資本コストに影響を与えうる。関連して，空港における投資ライフサイクルの問題が存在する。というのは，空港の投資は少しずつ継続的というよりも長期的で，巨額，「ランピー（一塊）」であるからである。資本コストは主要な開発が終了すると大きくなる。そして，取扱量が増大するまではオーバーキャパシティのため，過少利用によって運営費用が増大する。この2種類の費用はサイクルを通じて減少していく。こうして，他の産業と同じように，空港の設計キャパシティに近づくにつれて（あるいはそれを超えると）運営の経済的ベネフィットが発生する（もちろん，その結果，サービス水準の低下は，顧客には受け入れられないのであるが）。実際，オム（Oum）他（2004）によれば，空港のグローバルな研究において，キャパシティの制約あるいは混雑は経済的なパフォーマンスにプラスの影響を与えているとされる。

　さらに，最先端技術の採用，物的およびサービス水準も大きな影響を与えうる。資源利用の観点からより高い水準を目指すことがありうるが，空港が，ロンドン・シティ・エアポートのように高収益の航空会社あるいは顧客にアピールするために高級志向の生産物を提供しようとすると，収入に関してより大きなトレードオフも存在する。広い空間，高品質の施設の提供は費用がかさむが，商業施設での支出を促す。極端な場合には，すでに述べたように，空港はLCCの就航を促すためには通常よりも低いスタンダードを採用するかもしれない。要するに，個々の空港の経済特性を規定する上では，第1章で紹介した空港で採用されるビジネスモデルが基本となる。

　空港の実際の立地場所およびその地理的特性も重要な役割を果たす。当然，それは取扱量の大きさや特性に大きな影響を与える。しかし，立地場所は，空

港のレイアウトに影響を与える空港用地の物理的制約も規定する。あるいは，例えば，夜間飛行の禁止など環境規制にも影響を与える。これらは空港資源の最適利用を目指す空港事業者の運営能力に制約を課すことになる。確かに，強い季節風，季節的な大雪などの気象条件は費用を押し上げる。最後に，労働，土地，他の資源などの費用，通貨変動，政府の政策，課税政策といった，より一般的な国民経済の条件も影響を与える。例えば，アメリカの空港は，他の多くの空港と異なって，ほとんどのビジネス課税を免除されている。他方，ヨーロッパでは，労働費用や資源の費用が高いことや労働組合率が高いことなどが費用を押し上げている。さらに，非航空系の収入は地域住民の購買力に影響を受ける。そのため，アフリカ，ラテンアメリカ／カリブ地域などの発展途上地域の空港は，その不十分な商業戦略と相まって，非航空系収入のシェアは最も低い（2013年のACIの資料によると，それぞれ27％，34％である）。

全体的に見て，空港の経済特性やパフォーマンスに影響を与えるものとして多くのものがあることは極めて明白である。ラインホルト（Reinhold）他（2010）は，これらを外部（external）に原因のある外因性（地理的な制約といった環境などによるもの），内部（endogenous）に生じた異質性（経済規制，保安・安全規制などの相違によるもの）および本質的（internal）異質性（経営上の意思決定などによるもの）によるものに分類している。図2.10は，いくつかの重要な要因を示している。

2.7　要　約

この章では，空港における主要な収入と費用項目について述べてきた。特に，航空系の収入のほとんどは航空機の重量または旅客に関連した料金からのものであるが，後者がますます重要になりつつある。航空系の料金は複雑になるとともに透明になってきているが，今日では，インセンティブ方式が極めて一般的になっている。他方，ごく最近まで航空系と非航空系の組合せをいかにすべきかが課題となってきたが，非航空系の収入がますます重要となってきている。収入に比べて，空港の費用構造は特殊なものとは言えない。主要な特徴は固定費用が高いということである。

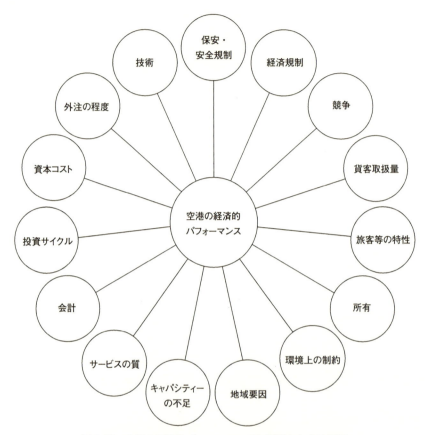

図2.10　空港の経済的パフォーマンスに影響を与える要因

　空港の収入と費用に影響を与えるものには多くの要素があることが示された。これらには，実際の多くの外部委託，貨客取扱量とその特性，所有方式と規制，特殊な立地要因，その他の多くのものが含まれる。空港の収入と費用についての理解とそれらに影響を与えるものについて示してきたので，次章では，空港の財務諸表の内容とそれが空港の財務パフォーマンスの測定にどのように利用されているかを検討する。

コラム　空港整備勘定の見直しと空港民営化の課題

　かつて日本の空港は，会社管理空港の成田国際空港，関西国際空港，中部国際空港の3空港を除く95空港すべてにおいて，国，もしくは，地方自治体の管轄下のもとに置かれてきた。これらの空港の整備・運営の費用負担については，終戦後〜1960年代までは，公共負担をベースとし，必要性に応じて各空港の資金を賄う方式がとられていた。しかし，1970年の空港整備特別会計（＝空港整備勘定）の開始以後は，従来の公共負担から，着陸料・航行施設援助料などの空港使用料や航空機燃料税をベースとした受益者負担を原則とした枠組みに変更された。

　空港整備勘定では，始めに航空会社によって各空港別に支払われる空港使用料（着陸料，夜間照明料，駐機料，格納庫使用料，航行援助施設使用料），航空機燃料税（1klあたり26,000円）などがいったん，空港整備勘定にプールされ，続いて，社会資本整備5カ年計画（空港整備5か年計画）において計画された重点項目について，空港法で規定された空港種別ごとの負担割合に従って，空港整備勘定から各空港に資金が配分された。空港整備勘定の歳入は，空港使用料と航空機燃料税で全体の70〜80％を占めており，典型的な受益者負担の構造をとっていた。

　しかし，空港法，空港整備勘定，社会資本整備計画という「空港整備の3種の神器」を背景とした空港整備は，受益と負担の乖離を生み出し，不採算空港の建設や大都市圏拠点空港の国際競争力の低下という問題をもたらした。このため，第2次社会資本整備重点計画終了翌年の2013年以後，空港整備勘定は，経過勘定として自動車安全特別会計に統合され，東京国際空港再拡張事業（D滑走路・国際線ターミナルビル整備事業）の借入金返済口座としての役割しか持たなくなった。

　今後，日本の空港は空港ごとの個別運営と運営の効率化による収益力・集客力の増大を通し，空港の質的向上や空港を取り巻く地域の活性化を促進する必要がある。このような空港運営改革を実現する上では，空港民営化が大きな議論の対象となる。わが国では，国土交通省成長戦略会議（2009年10月〜2010年10月）以後，「民間の知恵と資金」を活用した抜本的効率化の指針が示されており，2011年6月のPFI法改正に伴い，民間に対する施設等の運営権の譲渡（コンセッション）も可能になった。コンセッションは，仙台空港，大阪国際空港ですでに実施済みで，高松空港と福岡空港も民間への運営委託についてスケジュールを発表している。

　他方，コンセッションの推進においては詰めるべき課題も多い。第1に，民間への所有権・経営権の移転の問題である。空港民営化には①IPO，②トレードセール，③プロジェクト・ファイナンス，④コンセッション，⑤経営委託という5つの方法が存在するが，諸外国では②と③が一般的で，全体として数多くみられる。この理由は，政策的合意が取り付けやすいことと完全民営化とくらべて，民間に対する支配力を行使しやすいことにある。ただ，公的な支配の継続を目標とするのであ

れば，完全民営化を選択しても「黄金株（Golden Share）」の所有によって維持できるし，契約期間が十分に長ければそれは民間への売却と同じ影響を持つ。第2に，公民間のリスク分担と再交渉の問題である。空港民営化の効果をもたらすためには，民営化のライフ・サイクルコストと従来型の公的部門におけるライフ・サイクルコスト（PSC：Public Sector Comparator）との差額＝VFM（Value for Money）の最大化を目指すことが求められる。とくに，空港の整備・運営に公的関与を残す場合には，事業者選定の際における競争インセンティブの確保はもちろん，完備契約（政府と民間のいずれか一方に情報が偏在することがない状態）のもとで，公正・公平な利得を双方に生起させることがVFM最大化のための要件となる。

　第3に，空港の経済的規制に関わる問題である。空港の経済的規制は，通常，公正報酬率規制，もしくは，プライスキャップ規制の方式をとるが，海外の事例を見る限り，規制の存在は価格の低下に影響を与えていない。需要が集中する大都市圏拠点空港の民営化では何らかの経済的規制が課されなければならないが，既存の規制体系が有効でないことを勘案すれば，価格モニタリング（Light-handedな規制），規制の留保（市場支配力の乱用が認められたときに政策介入）などの規制手法を考慮していく必要がある。

（小熊　仁）

第3章 空港の財務諸表

3.1 はじめに

　どのようなものであれ，個々の法的実体（legal entity）の経営には詳細な財務会計と簿記システムが必要である。個々の実体としての空港の場合も例外ではない。もっとも一部の空港は現在でも政府の一部門であり，その場合の財務管理は非民間方式が採用される。この章は，詳細な記録をもとに作成される3つの主要な財務諸表の理解を目的とする。これらは一般的には年間ベース，四半期ごと，場合によってはより頻繁な形で示される。これらは公表されることが多いが，法律に従って株式市場で公表される。

　本章の後半は，空港を分析するために用いられる主要な財務比率が示される。数値は基本的には3つの主要財務諸表の中の1つをもとにしている。3つの財務諸表とは，損益（P&L）計算書，貸借対照表，キャッシュ・フロー計算書である。数値は1つあるいは複数の財務諸表を利用することもある。

3.2 財務会計，財務報告，財務管理の基礎

3.2.1 財務管理・財務統制の業務と目的

　財務管理・財務統制のためには，遂行すべき多様な業務に資する最新かつ詳細な財務資料を必要とする。これは必要とされるレベルによって異なってくる。しかし，この章では，当該の会社あるいは空港を内部的・外部的に詳細に評価するために高いレベルの財務諸表や財務比率に注目する。財務比率あるいはベンチマーク（指標または基準値）を作成する以前に，分析のためには公表される収支報告書や財務諸表の正しい理解が必要となる。この章では，ロンド

ン・ヒースロー空港の実際の事例を用いて，他の空港と比較しながら，そのことについて検討する。それは，以下のような公表された収支報告書を基礎にして作業する必要性があるからである。
・英語で表記されていること
・量的にも適正な内容量であること，かつ，明確な補足説明のあること
・会計当局の最新の勧告と標準様式を反映していること

　財務報告書は特定の時点または特定の時点間の空港あるいは空港グループの財務状態を示している。したがって，これは空港の財務管理のあり方を評価する上で重要なものである。それによって空港の管理者および所有者は以下のような2つの主要な疑問に回答しうる。
・空港の運営は利潤を得ているか。
・損失が発生した場合，空港は財務責任を果たすことができるであろうか，そして，資金不足のために閉鎖するということはないであろうか。

　上記の第2の疑問（資金不足の場合の閉鎖）は恐らくありえないであろう。しかし，良好な財務管理は，借り入れ費用の低減やパフォーマンスの改善に役立つ。もし空港が閉鎖されると，株主は多くの空港が所有している大都市に近い貴重な土地から利得を得るであろう[1]。しかし，基本的には，会計システムは料金設定，生産物の費用計算やプランといった管理的な業務あるいは付加価値といった「経済学者」のための尺度を導き出すにはふさわしくない。
　通常，会計において記録を行う部分は簿記と呼ばれ，複式記入システムによって行われる。この章の目的は，これらについて解説するのではなくて，より一般的なレベルですでに公表されているシステムをいかに利用するかということである。公表された空港の財務報告書の分析と理解は，以下のような利害関係者にとって重要である。
・株主
・銀行，その他の債権所有者
・ファイナンシャル・アナリスト

・産業の規制当局

・従業員

　多くの会社は財務資料について，通常は競争上の理由で秘密主義をとる。そして，会社法あるいは株式取引ルールによって必要とされる最低限の情報を公開するのみである。政府所有の大きな空港は，法的に構成された法人組織として運営される。そして一般的に，財務年度の終了後かなりの期間にわたって利用されるものでも，ある種の形態で年間の財務報告書を公表する。株式市場に上場している空港は，通常，適切な時期に，すべてのものが同時に利用できるように詳細な財務情報を公表しなければならない。例えばフラポート（Fraport: フランクフルト空港などを運営するドイツの空港運営会社；訳者）は，その年の終わりである12月31日までの結果を毎年3月に公表し，そして，その後間もなく，年間報告書と財務報告書を公表している。ヒースロー空港は12月末の結果を2月に公表しているが，タイの空港は11月末の結果を2月に公表している。

　公的に上場している空港は，一般的に，投資家関連部署，レポートの送付，インターネットによる情報発信，彼らのウェブサイトでの情報発信（例えば，www.fraport.com），あるいは，投資集団やアナリストに対する定期的な情報提供などを通じて情報発信をコントロールしている。規制を受けている空港は，規制当局に詳細な財務情報を提供しなければならない（適切な時期における財務諸表の提供を含む）。空港の管理者は，株主の代わりに会社の帳簿および年間の財務諸表の内容を検討するために監査企業との契約を行う。空港の管理者は，会計報告が特定の時期における会社あるいは会社グループの現況を正しくかつ公平に伝えているかどうか，そして，会社の規則を遵守しているかどうかについての彼らの見解が述べられた報告書を提出することになる。監査人を採用する方法（株主が直接に採用するのではなく，経営者が採用する）に関しては，特定の事例について彼らの意見が客観的であるかどうかについて批判がなされてきた。これに対する1つの回答は，重役会が主として重役ではない管理者によって構成される監査委員会を設立することであった。しかし，これらの管理者は監査人の場合と同じように，彼らの立場は，会社の重役に委ねられているのではないかという主張がなされうる。

3.2.2 会計基準の国際的標準化

世界中の国々で,会計基準および財務報告に関して調整を行うために多くの作業がなされてきた。国際財務報告基準 (International Financial of Reporting Standards (IFRS)) 財団と,基準を決定する機関である国際会計基準審議会 (International Accounting Standards Board (IASB)) は,その会計基準を採用させる権限を持たないが,150の諸国に対して公的説明の責任のある事業体にIFRSの採用を求めている。EUは,2005年からIFRSを採用しているが,アメリカは自国の会計基準であるGAAPを用いている。日本は自国の会計基準,アメリカのGAAP,IFRS等の会計基準を採用している。中国は自国の会計基準を採用している。しかし,香港の株式市場に上場している中国の企業はIFRSを採用している (例えば,北京首都空港)。

EUの公的に上場しているすべての空港は,チューリッヒ空港を含めてIFRSの採用を要請されている。オークランド空港,マレーシア空港といったその他の地域の多くの空港も同様である (ともに,IFRSと調和させながら自国の基準を採用している)。IFRSは,ビジネス事業体が財務諸表を公表する場合のグローバルな会計基準であるとみなされている。

会計基準は以下のようなものが示されている。
・資産,負債,収益,費用といった重要な項目
・これらの項目をいかにして算定するか
・それらをセットになっている財務諸表の中でいかに表示するか
・上記の関連項目の表示

国際会計基準では,減価償却期間,非上場会社の評価といったより詳細な意思決定については,しばしば重役会の判断に委ねている。しかし,以下で扱うほとんどの空港はIFRSを採用している。そして,減価償却に関して比較可能な方法を用いている。

3.2.3 比較と解釈の問題

次の節では,主要な財務諸表である損益計算書,貸借対照表,キャッシュ・

フロー計算書，および純資産額（equity）の変動に関する諸表について述べるが，この段階での空港間の比較は，通貨の相違，子会社が含まれていること，報告期間の相違などのために困難である。財務比率の比較は，特に異なる国の間の比較がかなり容易となるが，これについては次の節で述べる。しかし，ベンチマーキングの過程で多くの曖昧な問題が存在している（商業志向的なベンチマーキングについての詳細な内容については第5章を参照せよ）。

最初の問題は，年次報告書で選択される期間が12カ月ということである。現在，多くの空港は暦年を用いている。しかし，イギリスの多くの空港の年度末は3月末である。また，タイの空港では11月末である。したがって比較において含まれる空港間の重複期間は6カ月程度となることがある。ヨーロッパの空域の閉鎖といった出来事などを含めると，このことは比較を相対的に無意味にしてしまう。

第2の問題は，分析すべき諸表の扱うビジネスの特性である。理想的にはそれは空港運営会社（airport operating company）であるべきであるが，空港の運営事業者または空港オペレーター（airport operator）あるいは不動産会社と地上ハンドリングの専門会社を比較する場合には得られる成果に限界がある。

判断の基礎となる比率の分析

ある特定の比率それ自体が良いか悪いかを一般化することは不可能である。例えば，当座比率が高ければ強い安全性を示しているが，企業が高い総資産利益率を示しているとは限らない。したがって，空港の分析のためには多くの比率を活用する必要がある。ピーターおよびウォーターマン（Peter and Waterman）は，アメリカの著名企業43社の過去20年間の分析のために6つの指標を用いた。それは，資産の成長性，資本の成長性，簿価に対する市場価値，資本利益率，株主資本利益率，売上高利益率である（Peter and Waterman, 1982）。

粉　飾

貸借対照表はある時点におけるスナップショットにすぎない。そして，企業は，その時点の状況を良く見せるためのテクニックを用いることがありうる。

この一例は，貸借対照表におけるキャッシュバランスを改善するために，企業の報告年度の最後の数日における支払い義務を遅らせることである。例えば，流動資産（キャッシュ）を改善するだけでなく，流動負債として支払可能となるように会計を粉飾させることがある。場合によっては損益会計を悪化させることもできる。すなわち，その年の結果が良くない時，余剰労働力の解雇やリストラのための準備金を計上することで状況を悪化させる。すると，次の年の利益は，比較すると改善されているように見えるのである。

3.3 一連の財務諸表

　財務諸表を作成する場合，多くの会計原則が存在する。それは以下のようなものである。

　継続企業体の原則（The Going Concern Principle）：ビジネスは近い将来にわたって運営を持続するものであるという仮定である。すなわち，運営の規模を著しく縮小することはないという仮定である。会社の財務状況は取引を持続しえないほどのものであると監査役が判断すると，監査役はその見解を開示しなくてはならない。継続企業体の原則によって，会社は一部の前払い費用（prepaid expenses）を将来の会計期間まで繰り延べすることができる。

　マッチング原則（Matching Principle）：この会計原則は，支出が収入とマッチすることを求めるものである。例えば，販売委託料は，販売が行われる期間中に報告しなければならない（委託料が支払われた時には報告されない）。従業員に対する賃金は，従業員が支払いを受け取った週ではなくて，従業員が働いた週に支出として報告しなくてはならない。もし会社が2014年の収入の1％を2015年の1月15日にボーナスとして支払うことを従業員と合意したならば，会社はボーナスを2014年の支出として報告し，2014年12月31日における未払い額は負債として報告しなければならない。広告などの将来の経済的便益を測定することは困難（したがって，広告の支出を将来の関連収入とマッチさせることができない）なので，会計担当者は広告が行われている期間中に支出された広告費用を請求する。

　重要性（Materiality）：貸借対照表や報告された損益において示されたビジネ

スの財務状態を鑑みて，どの程度の額あるいは表示が適切であるかを主観的に判断することである。例えば，100ドル程度の項目の購入は，多年にわたって減価償却するのではなく支出として表示する。

収益の認識原則（Revenue Recognition Principle）：現金主義会計ではなく発生主義会計のもとでは，収益は，貨幣がいつの時点で実際に受け取られたかに関係なく，生産物が販売される時点あるいはサービスが提供される時点で認識される。例えば，航空会社が空港の滑走路あるいはその他の施設を2015年12月31日（その日に終了する財務年度の終了前）に使用したとすると，この着陸費用は，たとえ2016年1月の請求書（インボイス）によってこのサービスの料金が請求されるとしても，財務年度2015年の損益計算書において「認識」，あるいは，含まれることになる。

一貫性（Consistency）：会計原則，手続き，実施等において，会計担当者は一貫性のあることが期待される。例えば，会社が貸借対照表の中で株式や固定資産の記録や評価に関して一定の方法を常に用いるとすれば，将来においてもその方法を用いる必要がある。減価償却期間の変更といったいかなる修正も，新しい環境のもとで慎重になされなければならない。

3.3.1 損益（P&L）計算書

損益計算書は，会計期間における空港の収益と費用を要約したものである。

収益：不動産を現金化させること。発生主義会計のもとでは，入ってきた現金は当のサービスが発生した期間に配分される。言い換えると，航空機の着陸料からの収入は着陸がなされた時点で配分され，請求書（インボイス）が発行された時点または支払われた時点ではない。

費用：現金を不動産化させること（若干短期間のもの）。費用は，関連の収入が認識される期間と同じ会計期間の損益計算書に借方記入される。ある程度巨額の費用については，多年にわたって記載される必要性がある。というのは，これらの資産は現在の会計期間をかなり超えて，多年にわたって収入を発生させる可能性を持っているからである。例えば，

・滑走路，タクシーウェイ（誘導路），エプロン，旅客ターミナル，駐車場，そ

の他の建物・施設といった空港施設
・ソフトウエアの開発費用
・他の会社の獲得を通じて生じるのれん（goodwill）

　この配分プロセスは，滑走路や他の物的な構造物といった有形資産に関しては減価償却，のれんやソフトウエアといった無形資産については割賦償却と呼ばれる。

　損益計算書およびその他の財務諸表は，通常，空港運営会社について公表される。しかし，この法的実体（有限責任会社）は，株式の大部分または一部を保有することで他の運営会社を所有していることがある。そしてこうした他の運営会社は，グランドハンドリング，駐車場といった他の分野で専門化している場合がある。空港持株会社が株式の大部分を所有し，他の会社をコントロールしているとすると，他の会社は「子会社」（subsidiary）と呼ばれ，その会計は親会社である株式保有会社に統合または結合される。すなわち，親会社と子会社のすべての収益と費用が親会社の損益計算書の中に含まれる。一部の株式が所有されている会社（株式の所有が10％以上から50％以下）は「系列」（associates）と呼ばれ，統合されることはないが，彼らの利潤と損失部分は，これらが配当金として配分されるかどうかに関係なく，所有する株式に比例して親会社の損益計算書の中に含まれる。10％以下を所有している場合の利潤は，通常，配当金として配分される場合のみ含まれる。これらは，親会社の損益計算書の中では，企業間投資[2]からの収益として示される。

　この良い事例は，フラポート株式会社のグループ財務諸表である。表3．1は，多くの空港が航空会社や第三者のサプライヤーに委託している重要な地上ハンドリング・サービスからのグループ収益を示している。また，フラポートは世界中の他の空港と，収益をもたらす多くの投資および管理契約を行っている。株式のかなりの部分を所有し，したがって，統合している空港の事例として以下のような空港がある。すなわち，ホルヘ・チャペス空港（ペルー），70.01％，ヴァルナ空港（ブルガリア），60％，ダカール空港（セネガル），100％，リュブリャナ空港（スロヴェニア），97.99％である。フラポート空港の「系列」

表3.1　フラポート株式会社グループのポートフォリオ（財務年度2014年）

	収益 100万 ユーロー	収益 %	EBIT 100万 ユーロー	EBIT %
航空	884	36.9%	116	13.1%
エアサイドおよびターミナルマネジメント				
安全・保安活動				
空港保安マネジメント				
小売りおよび不動産	456	19.0%	275	60.3%
小売り活動				
駐車場のマネジメント				
不動産リースとマーケティング				
グランドサービス	656	27.4%	8	1.2%
ランプハンドリング				
旅客および手荷物のハンドリング				
貨物サービス				
外部活動	399	16.7%	85	21.3%
グローバル投資とマネジメント				
施設のマネジメント				
情報およびテレコム				
共同インフラ				
グループ全体	2,395	100.0%	484	20.2%

出所：Fraport（2015）.

は，アンタルヤ空港（トルコ），ハノーバー空港（ドイツ），プルコヴォ空港（ロシア），デリー空港（インド），西安空港（中国）などである。また，フラポートはアメリカの多くのターミナルサービス会社あるいはコンセッションから収益を得ている。

　以上から，フラポート株式会社の会計は，フランクフルトでの主要な空港の運営がいかなるものかを必ずしも示していない。しかし，表3.1が示しているように，いくつかの部門データは示されているし，いくつかの比率も計算しうる。しかし，詳細な財務諸表はグループ全体として示されているだけである。

　収益源の詳細な内容は，ICAOの「空港経済学マニュアル」（Airport Economics manual)（ICAO, 2013）で見ることができる（第2章も参照せよ）。同報告書で空港の主要な支出構成も知ることができる。他の報告書は「ACI 年間空港経済学調査」（ACI annual airport economics survey）である。そこでは，通常の損益計算書と対比するため「営業支出」から減価償却費を控除している（ローンの金利または支払い利子と収益を加えている）。EBITDA（earning/profit before interest, tax, depreciation and amortization；利息，税金，減価償却費または割賦償却費を控除する前の収入または利益）とは，総収益から報告された営業費用（「営業支出」と同じものである）を控除したものである。そして，EBIT は，減価償却費または割賦償却費を控除した後のEBITDA であり，第1章の産業のところで述べた営業利益に一致する。その報告書の「最下行」は「純利益または（損失）」である。これは，EBITDA から「資本費用」および「税金とその他の課料」を控除することで計算され，財務諸表ではしばしば「税引き後利益」と呼ばれる。ACI はその用語集の中で，3.3節で議論されている財務比率および主要項目の定義も示している。

空港の事例：ヒースロー空港

あまり複雑でない空港の事例として，ヒースロー空港を取り上げる。というのは，ヒースロー空港は子会社や系列の会社が少なく，ヒースロー空港自体のパフォーマンスに注目する場合に，公表された財務諸表を利用できるからである（表3.2に詳細が示されている）。事実，唯一重要な子会社は，ヒースロー空港が100％所有している，ロンドン中心部までの高速鉄道であるヒースローエクスプレスである。財務年度2014年の期末におけるヒースロー空港の最大の少数株主は以下のものであった。すなわち，Ferrovial（25％），Qatar（20％），Caisse de dépôt et placement du Québec（13.29％），the Government of Singapore Investment Corporation（11.88％），Alinda Capital Partners（11.88％），China Investment Corporation（10％），University Superannuation Scheme（8.65％）である。

表3.2は，ヒースロー空港の損益計算書であり，最下行に利潤の追加尺度としてEBITDA とEBIT が示されている。この2つは比率分析で使用される

表3.2 ヒースロー空港ホールディングスLtdの包括利益連結決算書(財務年度2014年)

	財務年度2014年(100万ポンド)	%
航空	1,706	63.4%
鉄道	503	18.7%
土地・建物, 設備	285	10.6%
ヒースローエクスプレス	129	4.8%
その他	68	2.5%
総収益	2,691	100.0%
土地等の公正価格にもとづく利得	46	
人件費	460	26.5%
減価償却費, 割賦償却費	586	33.8%
維持費	196	11.8%
水道光熱費	100	5.8%
賃貸料	137	7.9%
一般支出	293	16.9%
小売支出	23	1.3%
警察	29	1.7%
自家用工事の資産化に伴う費用[1]	(88)	−5.1%
総運営費用	1,736	100.0%
ファイナンス・インカム	237	
ファイナンス・コスト	(980)	
金融商品の減損	(153)	
税引き前の利潤	105	
非継続事業からの利潤	237	
税金	(34)	
包括利益	308	
EBITDA	1,567	
EBIT	955	

(注1) 工事中の建築物を完成に伴い資産に計上し, 諸経費の二重計算分を調整している。そのためマイナスとなっている (訳者)。
出所:Heathrow Airport Holdings (2015).

(次の節で述べられる)。EBITDAは, 現金による営業利益にほぼ相当し, 営業総費用に減価償却費 (5億8,600万ポンド) を足し戻し, さらに多様な支出項目の中に含まれてきた例外的な項目 (2,600万ポンド) を足し戻すことで計算される[3]。

EBITは，通常は営業利益（収益から営業費用を控除したもの）とみなされるが，ローンの金利または支払い利子を控除する前の課税前利益のことである。非継続事業はグラスゴー，アバディーン，サザンプトン空港の処分に関するものであり，2億ポンドの利益を生み出している（損益計算書のその他の2,300万ポンドは他の子会社の売却からのものである）。

　キャパシティに近い大きな空港の運営は巨額の資本支出を必要とし，空港の資本集約的な性格は総費用の中の減価償却費部分に反映される（ほぼ40％）。また表は，巨額のファイナンス・コスト（負債のために支払われる利子やファイナンス・リース）のために高い運営利益が必要であることを示している（この場合，2つの主要拡張プロジェクト（ターミナル5とターミナル2，3の改修工事）の完成を賄うためのものである）。

　損益計算書には，その他に，ファイナンス・コスト，ファイナンス・インカム（銀行預金，短期の証券から得られる利子，ファイナンス・リースのための保証として預けられた現金），固定資産の売却からの収益または損失が含まれている。他のほとんどのヨーロッパの空港と同じように，ヒースロー空港は地上ハンドリング・サービスを自分では行っていない。そして小売店のほとんどはコンセッションとして運営されている。後者は計算書の中で小売所得として示されている。そして，それはさらに固定賃貸料と比率で示された売上高に分類される（第2章参照）。

3.3.2　貸借対照表

　貸借対照表（いわゆる財務状態を示した諸表）は，特定の時点（財務年度あるいは四半期の期末）において空港がどこで資金（負債）を調達したか，その資金（資産）はどのような形で使用されたかを整理・要約したものである。また，それは，資金は借入金によるものか，あるいは，長期的なもの（1年以上の期間）か，短期的なもの（1年以下）かを示している。損益計算書は2つの時点の間で発生した取引の結果を示しているが，貸借対照表は特定の時点における財務状態を示している。

　貸借対照表は勘定形式または純資産形式で示される。勘定形式は，資産と負

```
純資産形式の貸借対照表
A. 固定資産（土地，設備）および他の非流動資産
B. 流動資産
C. 流動負債
D. 純流動負債（B － C）
E. 総資産－流動負債（A ＋ D）
F. 長期（固定）負債とその他の長期負債
G. 総資産－固定および流動負債（E － F）
H. 資本と準備金または株主の資金（＝ G）
```

```
勘定形式の貸借対照表
資産                          負債と純資産
流動資産                      流動負債
固定資産                      長期負債
（土地，設備）                その他の負債
他の非流動資産                総資産（資金）
総資産                        総負債
```

債，およびそれぞれの合計が別のページに示されている。これに対して，純資産形式は，資産と負債が同じページに示され，総資産から流動負債を控除したものが，株主資本またはファンドの合計と等しい形で示されている。貸借対照表は空港の負債と空港の資産を示しており，これらはバランスしていなくてはならない。言い換えると，総資産と総負債は常に等しくなくてはならない（例えば，行（ライン）Gは行Hに等しい）。

国際的な基準に従っているほとんどの空港は，主要項目の順番には若干の違いはあるが，純資産形式を採用している。他方，勘定形式は，アメリカのすべての会社と若干のアジアの空港が採用している。前者には総資産の行がないが，後者にはそれがある。

固定資産または非流動資産：これは空港の長期的な運営あるいはビジネスのために利用される物的なものあるいは財務的な項目である。したがってこれら

は日々に大きく変わるものではない。これらは現金化されうるが，容易に（あるいは個別的に）または突然，現金化できるものではない。これらは以下のものに分割できる。

・有形資産：物的資産，プラント，設備（例えば，滑走路，エプロン，建物，設備）
・無形資産：長期的な財務投資，のれん，特許，コンピューターのソフトウエアなど。

　流動資産：これは，消費されるもの，あるいは近い将来すなわち財務年度の期末から12カ月をある程度超える範囲内で現金化される資産である。これらはストックまたは在庫品，受取手形あるいは売掛金および現金である。ストックは，事務用品，メンテナンス用の予備品といった短期間でなくなるものである。受取手形は，1年以内および通常は納品書を発行してから約30日以内に支払われるものを含む。これらの資金は主として航空会社あるいはコンセッショネアから入ってくる。最後に，現金は，小口現金およびまだ銀行に預けられていない現金，銀行にある要求払い預金（demand deposits）[4]，短期的な債務のために支払われる同様の預金等からなっている。

　長期的または非流動負債：これは，銀行からの借入金，債券，有価証券といった長期的な負債のことである。ファイナンス・リースの債務も含まれる。不特定の将来の支払いのための準備金が推計される。そして，これは，増大するファンド化されていない年金のための負債とともに，かなりの額となる。また，この種の他の負債すなわち金融派生商品や税金の支払いのための準備金も同様である。

　流動負債：これは，買掛金（外部の契約者や電気・ガス・水道等の会社に対するもの），賃金，財務年度の期末から1年以内に支払われる負債といった短期的な債務である。これには，長期的な債務のうちの短期的な債務部分，非流動負債の中の短期的な準備金も含まれる。

空港の事例：ヒースロー空港

　表3.3は，ヒースロー空港の貸借対照表の内容を示したもので，報告期間

表3.3 ヒースロー空港ホールディングス Ltd の連結貸借対照表（2014年12月31日）

資産	100万ポンド
非流動資産	
土地，建物・設備	11,571
投資不動産	2,054
無形資産	2,894
売却可能区分にある投資資産	26
金融派生商品	172
売掛金および未収金	116
	16,833
流動資産	
棚卸資産	10
売掛金および未収金	426
金融派生商品	2
制限付き現金	10
現金および現金に相当するもの	323
	771
総資産	17,604
負債	
非流動負債	
借入金	−12,195
金融派生商品	−1,334
総延べ所得税	−935
退職給付債務	−228
準備金	−11
買掛金および未払金	−6
	−14,709
流動負債	
借入金	−929
金融派生商品	−1
準備金	−27
当期税金負債	−17
買掛金および未払金	−441
	−1,415
総負債	−16,124
純資産	1,480
自己資本および準備金	
資本金	2,666
その他の準備金	−317
利益剰余金	−869
株主持分の合計	1,480

出所：Heathrow Airport Holdings（2015）.

の最終日すなわち2014年12月31日の状態を示したものである。これを，表3．2の2014年12月31日までの12カ月間の損益計算書と対比する。最初に述べておかなければならないことは，資産（総資産の2/3を占める「土地，建物・設備」（いわゆる固定資産））の長期的な特質である。ここに記載されている額は，当初の費用から累積された減価償却費を控除したものである。これは帳簿価格であり，市場価値ではない。後者は空港の売却についてでも明白にすることはできない。投資不動産[5]は特に賃貸料などを取得するためのものであり，空港の運営に不可欠なものではない（例えば駐車場）。それらは固定資産と異なり，貸借対照表における市場価値に近づけるために定期的に再評価される。のれんやソフトウエアのような「無形資産」については，固定資産と同じように費用から割賦償却費（基本的には減価償却費と同じ）を控除した額が記載されている。

固定資産と投資は，長期および短期の資金調達によってほぼ一致している。長期借入金が，株主資本と比較して2つの理由で著しく大きくなっている。すなわち，過去数年間における巨額の資本支出プログラムへの資金調達のために借入金が必要であること，グループ内の他の空港（スタンステッド，グラスゴー，アバディーン，サザンプトン空港）の運営や売却からの現金が配当金として株主に分配されたことによる。これは，配当金の支払いだけでなく，2010年の巨額の損失および2011年の若干の損失などによって失われたマイナスの利益剰余金に反映されている。

買掛金および未払金と他の買掛金は4億4,100万ポンド，取引および他の売掛金は1億1,600万ポンドであった。買掛金には1億7,600万ポンドの資本支払い手数料が含まれている。また，「現金および現金同等物」は，短期的な負債に対応するためのクッションとなっていることを述べておかなければならない（3億2,300万ポンド）。しかし，それ以上の額は，預金および流動性ファシリティ（liquidity facility）として利用され，2014年12月の期末に引き落とされている。キャッシュ・フロー，現金および現金同等物は，銀行における現金，手持ちの現金，満期が3カ月前後の短期的な預金等である。満期が3カ月以上の短期的な預金は，流動資産の中の売掛金および未収金に含まれている。貸借対照表の中の現金は，次の節のキャッシュ・フロー計算書の中で示されるように，その

表3.4 ヒースロー空港の固定資産の耐用年数（財務年度2014年）

ターミナルコンプレックス：固定資産の耐用年数	
ターミナルビルディング，ピア，サテライト	20－60年
ターミナル備品，施設	5－20年
空港，備品・施設	
手荷物システム	15年
スクリーニング施設	7年
エレベーター，エスカレーター，動く歩道	20年
トンネル，橋，地下鉄	50－100年
空港乗り継ぎシステム	
車両	20年
通路	50年
エアフィールド	
滑走路の表面	10－15年
滑走路の基礎構造	100年
タクシーウェイとエプロン	50年
鉄道	
車両	8－40年
トンネル	100年
施設・備品	
自動車	4－8年
オフィス備品	5－10年
コンピューター備品	4－5年

出所：Heathrow Airport Holdings（2015）．

年における現金の動きの結果によって書き換えられる。

　減価償却費は，土地や建設中の資産以外の運営資産に関するもので，資産費用から推計残存価値を引いたものを償却するために，表3.4に示されているような耐用年数で割り，毎年同額の償却額となっている（すなわち「定額法」）。当初の資産費用は，基本的には減価償却のプロセスを速める「減損」のために調整されることがある。また，土地と建物は市場価値に従って再評価されることがある（価値の上昇または低下）。建設中の資産は，利用可能になるためのすべ

ての活動が終了した時点で完成された資産となる。それまでは，通常，流動資産に含まれる。そして，完全に固定資産になると通常の減価償却の方法に従う。

「物理的実体のない非貨幣資産」は無形資産に分類され，減価償却ではなく割賦償却される（基本的には同じ定額法による）。小売店舗のためのコンセッションは，現在，無形資産に含まれているが，そうした契約を評価する方法は必ずしも確定していない。（可能ならば）現在のコンセッショネアが他の当事者に，残存しているコンセッションを売却し，その結果，得られるものが割賦償却された価値に近くなるため，契約における残存年数が重要となる。金融収益よりも変動する商業収益のある設備・機械などの長期賃貸借契約についても同じである。ソフトウエアの費用は資本化され，3年から5年の期間で割賦償却される。他の無形資産は，のれんや小売の契約である。無形資産としてのソフトウエアの事例は，パリ空港がある。すなわち，この空港は，空港の旅客のための自動セルフサービスの手荷物回収システムや，滑走路や道路の表面の滑りやす

表3.5　財務年度2014年における固定資産の減価償却期間の比較

資産のタイプ	ヒースロー	AdP	AENA	フラポート	北京	AOT
用地	n/a	None	None	None	None	None
滑走路，タクシーウェイ，エプロン			25−44			
滑走路	100			7−99	40	
タクシーウェイ，エプロン	50			20−99		
ターミナルコンプレックス						
ターミナルビルディング	20−60	40−50	32−40	5−40	8−45	10−50
ピア・サテライト建造物						
ターミナル付帯設備，備品	5−20	20−25				
空港設備，備品			4−22	3−33	5−15	5−10
手荷物システム	15	20				
検査施設	7					
エレベーター，エスカレーター	20					
動く歩道						
滑走路の照明等をふくむその他の設備，備品	5−20					
トンネル，橋，地下鉄	50−100	45				

出所：Company financial statements.

さを測定するシステムを作るための特許申請の関連事項を記載している。

表3.5の減価償却期間の詳細な比較はヒースロー空港が公表しているものである。しかし，いずれの空港も残存価値の情報提供はしていない。

3.3.3　キャッシュ・フロー計算書

キャッシュ・フロー計算書は，空港の運営において使用された現金と設備投資と資金調達に関する現金を比較するものである。また，それは他の2つの諸表が提供できない有益な追加情報を提供する。例えば，新しい資金調達額と既存のローンの返済額との対比である。キャッシュ・フロー計算書は通常，3つの異なる情報あるいは内容に区分されている。すなわち，営業活動に関する現金，投資活動に関する現金，財務活動に関する現金である。最初のものは，空港が財務的に困難な状態になっていない場合には一般的にプラスである。第2のものは通常はマイナスである。というのは，通常のビジネス活動の拡大あるいは改善プロセスにおいて，追加の資産が獲得されるからである。しかし，子会社あるいは系列会社において投資された資産が売却されると，キャッシュ・フローカテゴリーの中ではプラスになることがある。最後の財務活動では，既存のローンあるいは社債が返済されたり，配当金が支払われると，マイナスである。新しいローンを行ったり，社債が発行されるとプラスになる。

空港の事例：ヒースロー空港

投資活動で使用された現金は，ヒースロー空港が所有する3つの空港の売却からの10億4,500万ポンドと，ヒースロー空港の設備を完成するための投資に関する7億4,600万ポンドを含む（表3.6を参照）。財務活動に関する現金は，配当金として配分された10億9,600万ポンドと支払い利子の5億6,900万ポンドを含む。15億2,500万ポンドの新しい債券が発行され，そのうち5億1,600万ポンドが満期の債券のために支払われた。さらに，満期になった空港のローンの返済に使用された。

表3.6　ヒースロー空港ホールディングス Ltd,財務年度2014年の連結キャッシュ・フロー計算書

	財務年度2014年（100万ポンド）
営業活動からのネットの現金	1,584
投資活動に（使用された）または投資活動からのネットの現金	−417
財務活動で用いられたネットの現金	−995
現金および現金同等物のネットの増大／（減少）	172
期首における現金および現金同等物	159
期末における現金および現金同等物	331

出所：Heathrow Airport Holdings（2015）.

3.3.4　所有者の純資産額または株主持分（owners' equity）の変動に関する諸表

純資産額の変動に関する連結諸表は，財務年度（および前年度）の期首から期末までに変動した株主持分の主要な構成要素を示したものである。

空港の事例：ヒースロー空港

以下はヒースロー空港の財務年度2014年度の期首，2014年1月1日の状態である。

資本金	26億6,600万ポンド
その他の準備金	（3億1,100万ポンド）
利益剰余金	7,200万ポンド
株主持分の合計	24億2,700万ポンド

2014年12月31日の状態から見ると，利益剰余金はその年の3億800万ポンドのネットの利益によって増大した。これはまた損益計算書の「一番下の行」でみることができる（表3.2）。しかし，利益剰余金は，財務年度2014年に10億9,800万ポンド支払われた巨額の配当金のために減少した。また，年金の支払いのために1億5,200万ポンドの支払いが控除された。「その他の準備金」では，通貨，ヘッジング（hedging）[6]，課税等の変動のために多様な微調整がなされた。「資本金」は，財務年度2014年において新株の発行はないし，既存の株式も買い戻されていないので，変動していない。

3.4 空港の財務比率

3.4.1 システムとしての財務比率

これまでの節では，空港の損益計算書，貸借対照表，キャッシュ・フロー計算書の項目をそれぞれ詳細に検討してきた。これらに示されている数値等を検討することで，空港の規模，資本構成，収益性，投資財源等についていくつかのことが理解された。しかし，特定の空港のこれまでの運営を評価したり，他の空港との比較のためにはパフォーマンスの比率（倍率）を算定する必要がある。これらは，株主による空港投資の評価，あるいはローンやリース協定を行う前に銀行や貸主の判断のために有益となる。比率は以下のような範疇に分類される。
・パフォーマンス／収益
・リスクまたは支払い能力
・流動性
・市場価値あるいは投資

比率に関する最初のグループは，売上高，資産等との関連で，空港が適正に業務を行っているかを評価するためのものである。第2のものは，企業が全体的な財務責任や業務の継続に耐えうるかどうかというリスクに関するものである。第3のものは，空港の短期的な財務責任能力を測定するためのものである。最後のグループは，価値に関するもので，空港の株式や債券の市場価格を基礎とする。したがって，株式市場で取引をしている会社についてのみ計算されている。比率については第5章でも検討されるが，そこで注目されていることは，商業的および効率上の比率あるいはベンチマークに関するものである。

いくつかの比率は損益計算書や貸借対照表の数値のみを用いているが，両者の数値を用いているものもある。後者については，貸借対照表の項目が特定の期日におけるものであるのに対して，損益計算書の項目は特定の期間（通常1年間）におけるものであることを考慮しておく必要がある。したがって，貸借

対照表の項目は同一期間で平均化される必要がある。キャッシュ・フロー計算書も比率分析に利用される。例えば，空港自身の運営から生まれた現金の比率を計算するために利用される。

この章の以下では，ヒースロー空港の過去2年間の財務年度において，重要でかつよく利用されている比率がいかに計算されているかを説明する。そして，これらは空港の財務パフォーマンスに関する最近の ACI の調査で報告されているヨーロッパおよびアジアの空港と比較される。

3.4.2 収益性およびパフォーマンスに関する比率

パフォーマンスに関する比率は利潤あるいは収益に注目したもので，空港の管理者が費用をコントロールしながら，収入の増大をいかにして成功させたかを見るものである。これらのうちのいくつかの比率は，損益計算書の項目のみを用いて計算される（表3.7）。他のものは利潤を投下資本に関連付けたものである。そのため損益計算書の項目を比率の分子に，貸借対照表の項目を分母に用いる（表3.8）。

損益計算書を利用したパフォーマンスが成功しているかどうかの判断は，3つの比率によってなされる。第1段階は EBITDA を収益または売上高に関連させることである。これは，資本費用を控除する前に計算されるため，尺度としては現金による利潤よりも有益である。第2段階は EBIT または営業比率を基礎にしたものである。それは，ローンの金利や利子ではなく，資本費用の一部（減価償却費および割賦償却）を控除したものである。最後の尺度は，ローンの金利と税金を控除した後の収益性（「最下行」）である[7]。これらの3つはすべて比率の分母に収益を用いる。

表3.7の最後の3つの行は，ヒースロー空港の財務年度2014年の連結会計における先の3つの比率が示されている。EBITDA と EBIT の比率は，特に空港の多数の顧客に比較して高くなっている。しかし，ローンの金利が高いため，売上利益率は「ノーマル」以上の11.4％まで減少した。ヒースロー空港の財務年度2013年の売上利益率は，その年の ACI の報告によれば，200以上のヨーロッパの空港が11.4％，約100のアジア太平洋地域の空港が27.5％であった

表3.7 ヒースロー空港―財務年度2014年の営業利益率

	2014
営業利益（100万ポンド）－ A	2,691
営業支払（100万ポンド）－ B	1,736
営業利益または EBIT／（損失）（100万ポンド）－ C	955
EBITDA または収益／利子，税，減価償却費を控除する前の利潤－ D	1,567
年間の連結利潤（100万ポンド）－ E	308
EBITDA 倍率（%）＝（D*100）／A	58.2
EBIT 倍率（%）＝（C*100）／A	35.5
売上利益率（%）＝（E*100）／A	11.4

出所：Heathrow Airport Holdings（2015）．

表3.8 ヒースロー空港―財務年度2014年の資本利益率

	2013	2014
EBIT（100万ポンド）－ A_1（年）	－	955
課税後利潤（100万ポンド）－ A_2	－	308
総資産（100万ポンド）－ B（年）	15,725	16,124
長期負債（100万ポンド）－ C（年度末）	11,795	12,195
純資産（100万ポンド）－ D（年度末）	2,427	1,480
総資産利益率（%）＝（A_1*100）*2／（B_{2014}＋B_{2013}）	－	6.0
投下資本利益率（ROIC）(%)＝ （A_1*100）*4／（C_{2014}＋C_{2013}＋D_{2014}＋D_{2013}）	－	6.8
自己資本利益率（%）＝（A_2*100）*2／（B_{2014}＋B_{2013}）	－	15.8%

出所：Heathrow Airport Holdings（2015）．

のに対して，28.7％であった。

　財務パフォーマンスは，損益計算書の収益と貸借対照表の資本または資産を結合した比率を用いても評価しうる。これは表3.8のヒースロー空港の多様な形の資本利益率に見ることができる。

　総資産利益率と投下資本利益率は，通常，分子に EBIT を用いる。というのは，これは，資本の借入部分に対する利子の支払い，株主のための配当金あるいは株価の増大部分をカヴァーするために利用しうる利潤を反映しているから

である。しかし，自己資本利益率は，利子や税金を支払ったのちに株主のために残された利潤を示す。総資産利益率または長期的な資本利益率は，比率の分母において総資産額を使用しているので，自己資本利益率よりはるかに小さい。このことはヒースロー空港の2014年の収益の場合に当てはまる。これに対して，ACIによって調査された2014年（財務年度2013年）のヨーロッパの空港のROIC（return on invested capital; 投下資本利益率）は6.8％で，2013年のヒースロー空港のROICの6.4％に近い（ACIはよく使用されるにもかかわらず自己資本利益率を算定していない）。

3.4.3 リスクまたは支払い能力に関する比率

支払い能力は，長期的な支払い義務に対応しうる企業の能力に関するものである。流動性（次の節で取り扱う）は，短期的なもの，一般的には1年後までのものを扱ったものである。長期的な負債額（1年後に満期になる長期的な負債の一部分を含む（表3.9の9億2,900万ポンド））が，株主資本に比較して大きいほど，支払い不能に関するリスクは大きくなる。これは，負債／自己資本比率で示されるが，長期的負債を分子にするか，または，短期的に満期になるものを含め，現金あるいは現金同等物を控除することで算定される。これらのすべての項目は貸借対照表から得ることができる。したがって，財務年度の最後の期日（ヒースローの場合には2014年12月31日）において表示される。乗数（表3.9の8.2倍あるいは8.6倍）または負債と資本（分母）の比率という2つの比率によって示される。

純負債／自己資本比率または自己資本充足（ギアリング）率は，財務協定の中の財務制限事項でよく使用される。例えばヒースローのある財務協定における財務制限事項では最大90％となっている（表3.9の最後の行には別の式が示されている）。これは，極めて高いのであるが，空港自体というよりヒースローの所有者の信頼性が高いことを反映している[8]。その財務制限事項のレベルを利子支払能力の観点からみると1[9]で，2014年の2.1（表3.10）をかなり超えている。ギアリングに関するより一般的なレベルは，ACIの財務年度2013年の比率で明らかになっている。すなわち，ヨーロッパの空港の平均値は1.86（若干高い）で，アジア太平洋地域の空港では低めの0.71である。

表3.9 ヒースロー空港—ギアリング率（2014年）

	31／12／2014
短期負債（100万ポンド）－ A_1	929
長期負債（100万ポンド）－ A_2	12,195
現金および現金同等物（100万ポンド）－ B	323
株主持分（100万ポンド）－ C	1,480
負債／自己資本比率＝ A_2／C	8.2
純負債／自己資本比率＝（$A_2 + A_1 - B$）／C	8.6
ギアリング比率＝ A_2＊100／（C ＋ A_2）	89.2%（or89.6%）
または（$A_2 + A_1 - B$）／（C ＋ $A_2 + A_1 - B$）	

出所：Heathrow Airport Holdings（2015）.

表3.10 ヒースロー空港—財務年度2014年の利子補填率

	31／12／2014
営業利益（現金）／EBITDA（100万ポンド）－ A	1,567
ファイナンス・インカム（100万ポンド）－ B	237
ファイナンス・コスト（100万ポンド）－ C	(980)
EBITDA／ネットの利子＝ A／（B ＋ C）（利子補填率）	2.1
純負債（100万ポンド）－ D ＝表3.10における（$A_2 + A_1 - B$）	12,801
純負債／EBITDA ＝ D／A	8.2

出所：Heathrow Airport Holdings（2015）.

　負債が大きすぎる場合の1つの指標は，収入と対比した負債に対する利子の支払い額の大きさである。利子の支払いが不可能になることはローン不履行の引き金となる（もっとも，一定期間の間，支払い猶予の交渉は可能である）。1つの指標は，利潤（現金）または（利子の支払い等のために使用可能であった）EBITDAとの対比で過去の財務年度に支払われた利子額である。この比率は，損益計算書の数値のみを利用する。入ってきた利子は，通常，より多くの支払い利子によって相殺される（表3.10）。ヒースローのEBITDAは，財務年度2014年に支払われたネットの支払い利子を十分に超える率で，上記で述べた財務制限事項の水準以上であった。しかし，市場利子率は歴史的に低いものであった。さらに報告書の脚注を見ると，そこには負債のどの部分が変動する利子となっている

のか，すなわち，将来の市場利子率の上昇に影響を受けやすいかが示されている。

いくつかの企業では，EBITDAに対する純負債は，自己資本に対する借入金の比率を示すもの（必ずしも正確ではない）として，あるいは，利潤（現金）によって負債の利子を支払う能力を示すものとして利用されている。ムーディーズ格付け会社は，負債に対する安全性を示すものとして，この比率の1をグレードA，5をグレードB，6以上をグレードCとしている（ムーディーズ，2007）。

残念ながら，ACIの報告書は，EBITDAに対する純負債ではなく負債で算定している。また，表3.10にあるように，一般的によく使用される「EBITDAに対する純負債」および「純利息に対するEBITDA」ではなく，利子に対する純利益を算定している。

3.4.4　流動性比率

流動性は，支払いが発生した時の短期的な支払い能力に関連したものである。したがって，それは運転資本のマネジメントに関するものであり，分析対象の中心は流動資産と流動負債である。それによって，貸借対照表から特に流動負債の最新情報と，流動資産が支払いのために必要な現金をどの程度準備しうるかの情報を引き出すことができる。これは，よく利用される2つの比率，すなわち，流動性比率および当座比率を用いることで可能となる。

表3.11は，ヒースロー空港の流動資産のすべてが現金に転換されても，貸借対照表の負債より少ないことを示している。それは，財務年度2015年度中に長期的な負債のかなりの部分を支払わなくてはならないからである。こうした責任を果たしうる能力は，それまでの流動資産の状態よりも，営業活動によるキャッシュ・フローおよび巨額の配当金の支払いがないかどうかに依存している。貸借対照表における現金は収益の割合として示すことができるが，ヒースロー空港の現金はこの点では少ない。こうしたことを前提にすると，流動性比率は厳密なものではない。他の問題は，利用できる最新の貸借対照表が数カ月遅れのものであることである。例えば現金は，以前に報告されたものとはかなり異なっている。さらに，多くの企業は銀行からの融資を待っていることを付

表3.11 ヒースロー空港―財務年度2014年の流動性比率

	財務年度2014年
流動資産（100ポンド）－A	771
流動負債（100ポンド）－B	1,415
現金および現金同等物（100万ポンド）－C	323
総収益（100万ポンド）－D	2,691
流動比率＝A／B	0.54
当座比率＝C／B	0.23
運営収益のうちの現金の比率＝C*100／D	12.0%

出所：Heathrow Airport Holdings (2015).

け加えなくてはならない。それは交渉後にただちに実施される。

　ヒースロー空港の財務年度2013年の流動性比率は0.39であった。これに対して，同年のACIに報告された先の200以上のヨーロッパの空港のそれは1.02以上であった。また，100余りのアジア太平洋地域の空港のものは0.89であった。

3.4.5　株式市場の比率

　比率の最後のカテゴリーは，資産の簿価ではなく市場で用いられる比率である。資産の簿価は当初の費用から減価償却費を控除したものを基礎としており，通常，市場価値とはかなり異なっている。しかし，市場で用いられる比率の利用は，空港が株式市場に上場している場合のみ可能である。それは，持分株式（equity share）または普通株と（一般的ではないが）負債証券（外部からの負債，訳注）の両方に適用できる。株式の市場価格は，企業が持っている特定の資産ではなく企業全体の価値を評価する。これは，「時価総額」と呼ばれるもので，単純に1株あたりの株価に発行済株式数をかけたもので計算される。

　表3.12は，少なくとも主要なヨーロッパの空港にとっては，好ましい市場価格となりうる株式が市場に多く存在することを示している。

株価収益率 (price/earning；P/E) と *EV／EBITDA（企業価値／EBITDA）*

　株価収益率は，その時々の株式の市場価格を，1株あたりの最新の年間収益

表3.12　2015年に発行された株式総数に対する浮動株の比率

	%
AdP	33
AENA	41
フラポート	40
ウィーン空港	50
チューリッヒ空港	41

出所：Lobbenberg（2015a）．

または利潤と結びつけたものである。HSBCによると，「空港の場合，市場は一般的にEV/EBITDAとP/Eに注目している。さらに，配当利回りも問題で，株式の動向を知ることができる。」(Lobbenberg, 2014a)。配当金は，空港の資本支出プログラムに依存している。しかし，一般的には，巨額の現金収入から支払われることが期待されている。

EV/EBITDAは，会社の評価に負債が含まれる点でP/Eとは異なる（もっともこの評価は市場価値ではなく，当初の費用に基づいた貸借対照表における評価である）。分母は，減価償却費や支払い利子等を控除する前の利潤（現金）である。これに対してP/Eは，純利益（「最下行」）を分母に使用する。この2つの比率は，空港の価値と最も新しい年の利潤（または現在あるいは次の年の予想利潤）を比較するものであるが，これを示す別の方法は，収益性は近年の水準に維持されていることを前提として，株価に等しくなるために必要とされる利潤を得るための年数である。したがって高い成長が見込まれる空港は高い倍率となる。しかし，利潤が突然減少した時にも高い倍率となる。EV/EBITDAは，株式市場に上場していない空港を評価する場合に利用される（一般的な評価テクニックについては第6章，および空港の民営化との関連で第8章を参照せよ）。

表3.13は，株式相場のあるヨーロッパの主要空港について，EV/EBITDAならびにP/E倍率を比較したものである。パリ空港とAENA（スペインの空港グループ）の倍率は，おそらく成長が著しく期待されていることと投資プログラムを反映して，他の空港よりわずかに高い。ウィーン空港は，その主要ハブ航空会社であるオーストリアンエアラインの業績不振のために低い倍率となっ

表3.13 いくつかのEU空港の株価を基礎にした比率（財務年度2014年）

	フラポート	AdP	ウィーン	AENA	チューリッヒ★
収益（100万ユーロ）	2,466	2,791	630	3,165	889
EBITDA（100万ユーロ）	790	1,109	250	1,867	483
EBIT（100万ユーロ）	483	730	120	1,052	272
貸借対照表の純負債（100万ユーロ）－B	3,791	2,929	528	10,734	783
発行株式（100万）	92	99	21	150	6
（株式）時価総額（100万ユーロ）－A	5,287	11,232	1,777	14,835	4,222
2015年11月4日の株価（ユーロ）－C	57.34	113.5	84.6	98.9	688
企業価値（EV）（ユーロ）(A＋B－少数株主持分)	9,013	14,161	2,305	25,507	5,003
株価あたり収益 ユーロ D	2.54	4.07	3.93	4.04	31
株価収益率（C/D）	22.6	27.9	21.5	24.5	22.2
EV/EBITDA	11.4	12.8	9.2	13.7	10.4
EV/収益または販売額	3.7	5.1	3.7	8.1	5.6
EV/EBIT	18.7	19.4	19.2	24.2	18.4
2015年11月4日の配当利回り	2.4%	4.1%	1.9%	1.8%	1.8%

★ CHFスイスフランあたり0.923ユーロでユーロに変換（www.oanada.com）。
出所：Airport annual reportsをもとに著者作成。

ている。また，2015年12月の株価を反映して配当金は少なく，配当利回りも低いものとなっている。

　投資グループは，空港を長期的な投資対象として好ましいものと位置付けている。空港は航空産業の成長が著しく期待されていることから便益を受けているし，航空会社が経験してきた危険性のある短期的な変動も回避できる。空港は，相対的に高い現金収入を生み出している。しかし，それは規制当局が（少なくとも航空系に対して課している）プライスキャップが適正かどうかに依存している。これは第10章で述べられることになるが，ここでは，規制についてコンセンサス方式を採用しているチューリッヒを別にして，他の空港はデュアル・ティル方式あるいはハイブリッド・ティル方式を採用していること，そして，AENAは2018年までに現在のシングル・ティル方式からデュアル・ティル方

式[10] に移行することを述べておかなくてはならない（Lobbenberg, 2015a）。

　上記の空港の中で，AENA だけが2015年2月の民営化と同時に株式市場に上場した。表3.13から，AENA の2015年12月の EV/EBITDA は，類似の空港（フランクフルト，パリ）[11] よりも高いものであった。しかし，P/E で見るとパリ空港より低い。これは，一部にはフランスの空港が負債から控除された巨額の現金を所有していたことによるもので，EV したがって EV/EBITDA を低下させた。これは，P/E には影響を与えない。

配当利回り

　配当金は重役会の決定によって配分されるが，それは最も新しい年の利潤から支払われる（その年に利用可能な額を超えていることが前提である）。年金基金などの機関投資家や保険会社は，毎年かなりの額の年金や保険金の支払い要請に応えるために，配当金を支払う会社を好む。

　表3.13の AENA を除いたすべての空港が，財務年度2014年に約2％の利回りで配当金を支払っている。配当利回りは，2015年11月5日の株価のパーセンテージである。AENA は利回りが2.4％となった2015年に配当を開始している。配当について知る他の方法は，配当金を利潤と比較することである。すなわち，その年の税引き後の純利益を配当金総額で割った配当倍率を知ることである。表3.13のすべての空港のそれは2と3の間となっており，十分な値である。しかし，今後，資本投資プロジェクトのために巨額の現金が必要とされる場合には，配当金は少ないか，配分されないことも選択の1つである。

3.5　要　約

　財務諸表の理解は，必要に応じて財務比率を援用しながら，空港の財務的な強さ，弱さを理解する上で必要である。そして，ヒースロー空港の損益計算書，貸借対照表，キャッシュ・フロー計算書について，グループの中の他の空港は含まないこと，あるいは他の空港の多くの持株は含まないということを前提にして，シンプルな形で検討してきた。これらの諸表は，財務年度の終わり

における空港の財務状態を理解するために必要な財務比率のデータを提供するものであった。そして，1つの財務比率だけで財務パフォーマンス，支払い能力，流動性等の完全な内容を明らかにするものではないことが強調された。しかし，空港と空港を比較する場合に，発生する落とし穴あるいは欠点等についてはもちろんのこと，比率を計算する上での問題点あるいは比率の組合せの問題点についても述べてきた。

第6，7章では，財務比率は空港の価値評価にとって重要であること，そしてそれは空港が公的所有物から民営化する過程において特に重要であることが示される。第7章における負債金融（借り入れによる資金調達）においても，ローンに関する制限事項との関連で比率について言及している。しかし，次章は財務諸表が将来の財務計画プロセスにいかなる影響を与えるかについて検討する。

【注】
1）一例はイギリスのプリマス空港で，閉鎖されたが，しばらくの間，住宅とかその他のことを目的とした開発は認められていない。
2）訳者注：企業による他企業の株式取得のこと。
3）この大部分は，新しい第2ターミナルの開設に関連するものであった。
4）訳者注：預金者が要求次第，払い渡されるもの，当座預金のこと。
5）訳者注：賃貸収入や値上がり益を期待して保有する不動産。
6）訳者注：商品，証券などの取引で，価格変動による損失を穴埋めするための何らかの対策。
7）これは税引き後あるいは純利益として記されてきたが，現在では，その年の包括利益（consolidated profit）として示されている。
8）すでに述べたように，ヒースローの貸借対照表を改善するために，（資産の売却によって）巨額を使用するのではなく，近年，負債を削減するために株主に支払われた。
9）ギアリングと利子支払い能力を示す利子補填率の定義は，事例として採用されたそれとは少し異なる。
10）訳者注：シングル・ティルとは，航空系と非航空系の収益・コストを一体として考えるのに対して，デュアル・ティルとは，航空系と非航空系の収益およびコストを別々に考えるものである。
11）一般大衆に株を提供するための株価を推計する際，スペイン政府のアドバイザーは，フラポートやAdP（パリ空港公団）よりも少し高いEV/EBITDAを用いた。

第4章 空港の財務管理と財務規律

4.1 はじめに

　財務計画を立てることは空港の企業としての目的達成のためのプロセスであり，その目的にかなうように組み立てられた戦略は，数値によって表される。これら数値には市場の成長予測，航空会社の市場シェア，そしてそのシェアを達成するために要する資源量の推計を含んでいる。財務計画は短期的な予算を用意することから長期計画にまでわたるが，後者にはしばしば，新規滑走路や旅客ターミナルについてのプロジェクトが伴う。財務計画の主な長期的狙いは次の2点である。
・企業の将来的な財務状況の予測評価
・財務面での将来の必要額の推計

　まず，空港の将来の損益計算書（P&L）の細目についての推計が要求される。次にキャッシュ・フローに焦点があてられるが，これには運転資本もしくは短期の財務上の必要額だけではなく，長期の財務上の見積りまで含むことがある。これらは両方ともに，代替案を選んだ場合の影響を比較検討する必要があるだろう。
　短期から中期にかけての財務計画は，予算の計画と管理という形で現れる。それは企業の目的達成に関連するものであるが，それと同時に，企業が費用を管理し，資産の活用方法を改善するための最も効果的な手段でもある。管理のプロセスは次の4つの側面を有する。
・計画の深化
・計画に含まれる情報の伝達

・計画の目的を達するための従業員の動機付け
・業績の評価とモニタリング

　これらは特定のプロジェクトに限らず，空港企業全体に対しても適用可能である。長期の財務計画と短期の予算の相違は，後者の方が詳細で，資源活用の改善の基準となることにある。それはまた，当面の財政上の必要額や余剰金を正確に把握するものである。空港の資産はその性質から長寿命であり，長期的プロジェクトと長期計画（30～40年）が伴う。本章では，第1に短期の予算について，第2に長期の財務計画について，最後に運転資金の管理に対する空港のアプローチ方策について考察を行う。

4.2　予算策定とキャッシュ・フローの予測

　予算とは，経営上の短期計画を公式な形で数値化したものである。これは経営者に，先々を念頭に置き，変化する諸条件を予期し，その変化に備えることを促すものである。一般的に，予算は年度初頭に月次と四半期のものが併せて編成される。管理上大きな問題となりそうな事項に限り，こまめな報告が求められる。なぜなら，頻繁な報告と分析には時間と資源を要するからである。一方，空港運営上のサービスの多くが外注化されている空港では，業務が単純化されているため報告機会は少なくても済む場合がある。空港においては，費用は月次ベースで報告されることが多いが，空港自身ではコントロールしにくい交通量や収入面はより頻繁に審査されることになる。

　場合によっては，1カ月が経過するたびに期末に新たなひと月分を継ぎ足していく形で，常に完全な12カ月間の予測となる，継続型予算が組まれることがある。現金予算は，余剰金を遊ばせてしまったり，現金不足の恐れが生じる状況を避ける上で有益である。変動予算は，例えば異なる交通量予測を用いたり，航空機の使用頻度を変更することなどによる，産出水準の変動に備えることができるものである。

　予算の体裁は，大まかには長期の経営計画もしくは資源利用計画と似ている

ことから，長期計画の初年は予算の策定においても出発点になる。両者の統合はいうまでもなく重要であり，短期的な手法と整合的ではないからといって長期的な目標を放棄すべきではない。予算は一般的に財務部局が策定するが，以下に挙げるように，その準備には部門間で高度な協働を行わなければならない。

・旅客および機材の動向予測（マーケティング部門）
・貨物量の予測（貨物部門）
・収入予測（マーケティング，財務部門）
・運営計画（マーケティング，運営，技術部門）
・資源および人材計画（全部門）
・費用推計（全部門）
・予算策定（財務部門）

したがって，逆に言えば，予算編成によって空港内のさまざまな部門間の協働が促される。例えば，地上業務にはメンテナンスや地上車両運用の計画策定，そして離発着に対応する旅客ターミナルスタッフとの緊密な連絡が必要である。

既存の企業においては，予算は前年の実績が参考となる。それに対して，ゼロベースの予算は一切の前提を持たず，目標の達成に最も効果的な方法を考えたものである。予算はさまざまな方法によって，さまざまな詳細度で編成されるものである。例えば，空港全体のために，ある部門のために，特定の作業もしくはサービスのために予算を編成することがある。

費用は各々の空港全体に対する寄与度を比較できるように，可能な限り，部門レベルもしくは作業単位レベルまで発生元に落としこまれる。表4.1はその一例を示したものであるが，個々の空港はそれぞれ異なる方法で費用を分類していることを申し添えておく。このような費用配分は，各部門の統廃合や外注の効果を評価する際に有用である。

予算管理は，月次の予算における収入・費用の推計と，実際の収入・費用との比較によって行われる。予算管理はまた，現金および運転資本の側面からもチェックを受ける。予測・推計と実現値との乖離を計算し，重大な相違は抜き

表4.1 ある空港（航空部門）の経営勘定－2015年4月の予算

	2014年1月	2015年1月		
	実績値	実績値	予測値	差分
輸送人員（千人）	5,380	5,452	5,649	－197
離発着回数（旅客）	37,280	36,988	37,700	－712
貨物量（トン）	108,200	113,100	106,036	－7,064
総離発着回数	37,680	37,362	38,400	－1,038
航空関連収入（百万ドル）	128	132	140	－8
その他収入（百万ドル）	65	68	72	－4
営業利益率（％）	18.7	20.5	24.7	－4.2ts
部門別支出額（百万ドル）				
マーケティング部門	11	12	12	0
空港運営部門	94	95	98	－3
技術企画部門	40	40	40	0
保安部門	17	18	19	－1
規制関連業務	1	1	1	0
計	163	166	170	－4
費目別支出額（百万ドル）				
人件費	42	44	42	＋2
減価償却費	58	60	64	－4
資材・用役	20	20	22	－2
光熱水費	12	12	10	＋2
その他	31	30	32	－2
計	163	166	170	－4

部門および機能別の支出額は，項目名とその項目に何を含めるのかによって，空港ごとに変化する。よって，これらの勘定は2章の表2.6と表2.7で示したACI分析とはいくぶん異なる。

出される。そして，このような乖離をもたらした原因を特定し，必要な対応がなされるべきである。

　総支出の不一致は，その不一致をもたらした主な説明要因ごとに分類でき

る。これらは容量に関するもの（計画よりも交通量が伸び，そしてそれがより急激であれば費用は想定よりも上昇するだろう）と価格に関するもの（従業員の費用が予算よりも上回る，多くの残業代が生じるなど）に分けることができる。また，説明要因には見込みを超えた為替相場の変動などもある。一般的には，用地の賃借などの項目は，交通量予測の当否に依存する着陸料と比べれば，容易に推測できる。商業施設の営業権収入は，旅客数に依存する販売収入の影響を受ける。そこで，さらなる分析が次のことを明らかにしてくれるだろう。

人件費：結果　予算に対して3,200万ドル，もしくは16％の超過
　　　　原因　従業員数の5％の増加
　　　　　　　平均賃金水準の10.5％の増加
光熱費：結果　予算に対して70万ドル，もしくは17％下回る
　　　　原因　空調の使用量減少，平均価格低下

　業績の指標は，背景にある生産性やサービス水準の変化についても示唆を与えるように示されることが望ましい。コペンハーゲン空港（2015年）では，以下のようなものが含まれている。
・旅客ターミナルの拡幅，チェックイン用スペースを拡大するためのレイアウトの再配置や旅客の動線の改善など，旅客の利便性を改善するための投資を行う。
・毎年，少なくとも1つはショッピングセンターにユニークなブランドを導入する。
・85％の旅客に対してチェックインに要する時間を5分以下とする。
・86.8％の飛行機が定時に空港に到着した（目標85％）。
・87.6％のケースで，すべての手荷物が35分以内に手元に届いた。
・91％のケースで，すべての旅客が5分以内にセキュリティチェックを終えた（目標85％）。
・チェックイン，清潔感，ショッピングセンター，ターミナル，手荷物の引き渡しに対して満足した旅客は86.3％にとどまった（目標87％）。

上記は空港の運営面に重点を置いたものであり，業績指標全般についての詳細な検討は5章で行う。実績と予算の相違のいくつかは，管理不可能な要素から生じることもある（例えば，悪天候やセキュリティ警告など）。昨年は当期よりも後の予算期間に含まれていた，（例えば復活祭のような）極めて高需要となる期間を，今年は当期の予算期間内に含んでしまう場合には，これもまたかく乱要因となる。そこで，コントロール可能な費用とそうではない費用との区別が必要である。

予算は，ある定められた期間（一般的には会計年度）において，特定の部門や部署による支出の上限の基準となる。多くの予算は期末には失効し，使い切れなかった資金は次期に持ち越すことができない。このことは費用の管理においては明らかな長所ではあるが，取り上げられる前に，無理にでも残りの資金の使い道を探すという無駄を招く恐れがある。

予算は現金（キャッシュ）の視点からも立てられる。これは将来の流動資本の必要量を決めるという点において極めて重要であり，本章の次節で考察する。現金収支予算において，実際に旅客運送が行われた日付（帳簿上）と入金の日付にズレを想定することがある。空港事業では，請求書の決済はおよそ1カ月程度後に行われる。また，買掛金に対する支出もおよそ同程度である。一方，現金での販売とその対価は帳簿に示される通り，発生と受取が同じ月内に生じることになる。

表4.2は，余暇交通が多くの割合を占めている，あるヨーロッパの空港における季節変動を示したものである。この表には資本の流出入が，投資評価（本章の後半を参照）と取締役会の承認が必要となるほどまでに超過してしまっている資本投資と共に含まれている。もしも期末残高があまりにも低すぎる場合には，短期の資金調達が必要となるが，この例では3月に現金残高が上昇している。またこの予算は，負債や自己資本による資金調達のような，資本の動きについても示している。

表4.2 空港の現金予算の例

	1月	2月	3月	4月
総収入	1,000	1,300	2,100	2,800
直接費	1,500	1,450	1,600	1,800
人件費	50	50	50	50
その他費用	20	30	30	40
純現金収入（運営）	−570	−230	420	910
純資本移動	−200	−150	0	0
純現金余剰（不足）	−770	−380	420	910
期首残高	1,500	730	350	770
現金収支（月内）	−770	−380	420	910
期末残高	730	350	770	1,680

千US ドル

4.3 財務計画

　財務計画は空港の長期的な財務状況を対象としており，特に投資計画書の作成およびそれら計画書（資本予算）に示されたプロジェクトの分析と選択を扱うものである。資本という用語は，空港でいえば滑走路，エプロン，旅客ターミナル[1]や，場合によっては主要なコンピューター，格納庫といった固定資産に対して用いられる。これらは5〜50年ほどの耐用年数があり，このような投資を行うか否かを評価するためには，長期にわたってのキャッシュ・フローの予測を行うことが必要となる。

　キャッシュ・フロー予測は，交通量と収入の推定からスタートする。同様に，運営費用は生産要素価格の推定に加えて，交通量予測に見合った空港容量確保の計画から推定される。収入は，表4.3に示される航空関連収入を生み出す主要因と関連している。

　これらの要因を考慮することによって，交通量予測に求められる詳細度に関して，いくつかの示唆が得られる。例えば，着陸料は通常は航空機のMTOW[2]

表4.3 空港の航空関連収入をもたらす要因（例）

収入項目	要因
空港利用料	旅客数（乗降，乗継，乗換） 国内線利用客数／国際線利用客数
着陸料	発着回数
駐機料	航空機のMTOW 航空機の到着／出発回数
環境税（分離可能な場合）	機材ごとの着陸回数
燃料税（非航空関連収入に分類されることも）	離陸回数 飛行区間の長さ タンカリング（往復分の給油）

に比例するため，離発着回数はMTOWの区分ごとに予測する必要がある。駐機場の占有時間は，格安航空会社の短／中距離フライトには相対的に短時間（30分弱）のスロットが割り振られるように，フライトのタイプによって異なる。長距離を飛ぶ航空機は駐機場を数時間占有することが常であり，ときには長時間の駐機のために離れた駐機場まで牽引することがある[3]。交通量予測を基に定める，それぞれの空港における航空関連の課金体系にもまた，その設定上必要な予測の詳細度があることから，予測はそれにも対応しなければならないのである。

　そのうち何割かは航空会社，借り主，（テナント等の）営業権保有者に転嫁される運営費用（例えば光熱水費），そして収入の予測も必要となる。労務費とその他の費用の振り分けは，各サービスの外部委託の程度次第である。例えば，多くの空港では駐車場や旅客ターミナルの小売店を外部委託している。これらは営業権利料や賃借料として空港に収入をもたらすが，一方で，空港が負担する費用はたかだか契約の管理コスト程度である（表4.4および2.4節を参照）。

　空港本体が抱える従業員の費用は，生産性の向上，賃金上昇，従業員総数などに依存する（表4.5）。生産性の向上はこれまでの傾向に基づくと考えられるのに対して，賃金（その他）の上昇は政府によるインフレ予測との関係が強い。従業員以外の費用は，維持・冷暖房する施設の規模，保安検査を集中管理する

表4.4 空港に商業収入をもたらす要因（例）

収入項目	要因
自社保有のアウトレット販売収入	旅客数
営業権譲渡先の販売収入	旅客数
駐車場料金収入	機関分担率 トリップの種類
その他	旅客数
地代収入	面積（平方メートル） 立地条件

表4.5 空港の運営費を決める要因

費用項目	要因
経営関係の人件費	──
保安要員の人件費	生産性向上率
消防士の人件費	賃金上昇率
保守管理の人件費	従業員数
その他人件費	──
保守管理費	ターミナル数
支払地代，支払料金，光熱水費	ターミナルの広さと容積
保安費	ターミナルの数，ゲートの集約化の程度
保険料	ターミナルの数，規模，資産価値

のかそれとも分散管理するのかなどに依存する。保安検査を空港が実施する場合，もしくは政府が費用を徴収して実施する場合には，その費用は航空会社に転嫁される（2章を参照）。どの方法にせよ，正確なキャッシュ・フロー予測とするためには，適切な仮定に基づいて関連する費用と収入を把握する必要がある。

　資本投資の予測は，需要予測に見合った十分な空港容量を提供するために行われる。容量の追加は分割的に，しかも大規模に行われるため，大量の遊休施設の発生を避けるためには時期やタイミングが決定的な意味を持つ。資本は，損益計算書における減価償却と同様に，キャッシュ・フローの予測において重

要な要素である。

　後の各期における現金の余剰額あるいは必要額を得るためには，当初の現金残高から純現金受取額（受取額から支出を引いたもの）を差し引いて求める。もし現金不足が生じる場合は，資金調達方法とその時期を検討すべきであり，資本および利子支払いのスケジュールをキャッシュ・フロー予測に盛り込むべきである。

　見積もられた（計画上の）損益計算書と貸借対照表はキャッシュ・フロー予測に依拠したものとなる。損益計算書においては，資本支出は償却費によって除却もしくは置き換えられる。資産売却による貸借対照表上の利益／損失は，売却による現金受取額によって置き換えられる。

　見積りの貸借対照表は各予測期間の期末に向けて見積もられる。当初想定した固定資産，流動負債その他は，各期の損益計算書やキャッシュ・フロー計算書の情報を用いて更新される。このようにして将来の空港の財務状況と長期の資本獲得能力は推定されるのである[4]。

　要約すれば，以下の財務諸表は，主要なターミナルの拡張や滑走路の延長などの検討，もしくはその他の経営計画の検討と併せて用意されることが多い。

投資評価のために
・投資スケジュール
・キャッシュ・フロー計算書
財務評価のために
・借入金の支払スケジュール
・財務費用の摘要
・利払いスケジュール
・債務返済スケジュール
・キャッシュ・フロー計算書
・純収入もしくは損益計算書
・貸借対照表

　投資評価においては，評価対象の投資に充当可能な（将来の）財源の把握は

必要ではない。とは言いつつも，完全な財務評価を行う上では，複数の財源を評価し，それらがキャッシュ・フロー，純収入，損益計算書もしくは貸借対照表に与える影響を見定めることが必要になる。

4.4　投資評価

　本節では投資評価の方法について検討する。そのために，空港の投資上の選択肢は2つか3つ程度の将来シナリオに絞られていると仮定する。想定する投資あるいはプロジェクトは，潜在的な買収者あるいは売却者が評価対象とするような，空港全体のものでもよいし，ある空港における主要な拡張計画でもよい。または，複数の空港を管理する会社が実施するものでもよい（例えばマッコリー（Macquarie）やホッホティーフ（Hochtief），より最近ではヴァシン（Vinci）やアエナ（AENA）など）。

　理論的な（しかし現実に即した）予測の例である表4.6は，計算を容易にするために，30年のうちの一部だけを示したものである。資本支出（CAPEX）は，ターミナルや滑走路への追加の投資を反映して，初期の数年間はより大きいと仮定している。しかし投資は，新しい搭乗通路やゲートの建設を通じて既存施設の更新を図り，小規模な容量の追加を行うために，連続的に必要となる。通常，例えば既存ターミナル／エプロン区画を拡張するか，それとも主要滑走路の反対側にある新たな場所に移転するかといった決定を行うためには，代替シナリオの評価が必要となる。

　表4.6のキャッシュ・フローは，配当と同様にキャッシュ・フローに大きな影響を与える可能性のある税支出を見込んだ上での純額を用いる。予測期間の最後には投資もしくは企業の残存／終末価値を考える必要があるが，この例ではそれはゼロと仮定している。

　この残存／終末価値は，2045年よりもさらに先から生じるはずであった，将来の現金収入の現在価値である。もしこの価値がゼロとなるならば，将来の利益はゼロに近づくことを想定していることになるが，利益予測においてはしばしば，予測期間の最後10年間はこの価値がゼロに収束するものと想定する。

表4.6 空港の投資評価のためのキャッシュ・フロー予測

	2015年	2016年	2017年	……	2044年	2045年
資本コスト(CAPEX)	16.5	24.7	12.0		13.7	13.7
残存／終末価値						0.0
(現金)営業利益		158.5	187.4		525.9	537.2
(現金)営業費用		120.0	125.0		163.4	165.4
(現金)経営成績(EBITDA*)		31.1	58.2		362.5	371.8
資本支出後の純キャッシュ・フロー	−16.5	13.8	50.4		348.8	358.1
NPV (割引率8%)	176.6					
IRR (%)	23.4					

*利払前・税引前・減価償却前利益　　　　　　　　(単位:百万USドル)

　予測される収益あるいは純キャッシュ・フローは，投資プロジェクトの選択に際して根本的な項目であり，次項で示すテクニックは異なるプロジェクト（あるいは代替的な複数の包括計画）ごとの純収入を共通の尺度にそろえてくれる。最終的な投資の選択においては，他の非定量的な項目を含むことは否定できないが，このテクニックは比較に用いる定量的な基礎データを提供してくれる。財務評価に用いる純キャッシュ・フローは，基準価格もしくは基準年の価格で表現される。これはさまざまな費用および収入項目について生じるインフレーション予測の問題を避けるためである。表4.6における，いくつかの項目（例えば燃料価格など）に対する高い平均インフレーション率の適用は，その項目の実際の価格の高い上昇を反映したものである。この他の方法として，さまざまな費用項目に適切なインフレーション率を想定して，すべての収入と費用を現在価格で予測することも可能である。

4.4.1　投資基準

　初期投資のプロジェクト同士の比較のために，各プロジェクトが多年度にわたって発生させるキャッシュ・フロー（もしくは利益）を合算するさまざまな手

法が存在する。これらは（プロジェクトを実施しなかったケースとの比較において）特定のプロジェクトを進めるべきか否かを決めるため，いくつかの異なるプロジェクトの優劣を比較するために用いられる。

会計的利益率法：会計的利益率法は，年ごとの平均収入を計算し，これを資本投資の収益率として表現するものである。

表4.7の例は，投資額は等しいものの，各年の利益とプロジェクト期間が異なる3つの初期投資プロジェクトを示している。（税引前）利益をどのように計算するのか，そしてプロジェクトのライフサイクル全体に対する平均投資額をどのように算出するのかという困難な問題はさておき，この方法は初年時の最後に得た利益と，例えば20年後に得た利益とを等しく扱う。この例は，わざと収益率が同一となるように作られており，どれか特定のプロジェクトが好まれることがないようになっている。しかし見ての通り，たとえどれか1つのプロジェクトが他より高い収益率を生み出したとしても（この例ではプロジェクトC）なお，この基準によって選択してしまうと，利益の生じるタイミングの相違によって誤りを招いてしまうのである。

表4.7　会計的利益率法の例

	プロジェクトA	プロジェクトB	プロジェクトC
投資額	10,000	10,000	10,000
収益額（年）			
1年目	4,000	1,000	2,500
2年目	3,000	2,000	2,500
3年目	2,000	3,000	2,500
4年目	1,000	4,000	2,500
5年目	0	0	2,500
総利益	10,000	10,000	12,500
平均収益額（年）	2,500	2,500	2,500
投資収益率（％）	25	25	25

（単位：千USドル）

現金収入から会計上の純利益を得るためには，会計項目に対して減価償却などによる価値の減価が行われなければならないため，会計上の投資収益率は表4.7のデータからは計算できない。会計上の投資収益率は全体の総資産利益率（ROA）と比較する場合や，企業全体におけるさまざまな投資と収益を比較する場合には有益であるが，投資評価に採用されるケースは少ない。

回収期間法：この方法は，プロジェクトが初期投資に要した費用を収益によって埋め合わせるのに要する期間の長さを測るものである。ここでは，会計上の利益ではなく，（減価償却前の利益である）キャッシュ・フローが用いられる。利益が生じるタイミングは先の方法よりもさらに重要となる一方で，償還期間後のキャッシュ・フローの発生については考慮されていない。

この方法によればプロジェクトAが選ばれるが，ライフタイム全体を通しての収益率はゼロもしくはマイナスになる可能性がある。これはこの方法の欠陥を表しており，特定の場合における当初のスクリーニング手段に限って，この方法は使用されるべきである。表4.8に示した空港の例では，プロジェクトの償還期間は投資の継続的な性質によって複雑なものとなっており，実際の評価は困難なものとなっている。一方で，会計的利益率法は，空港に対する規

表4.8　回収期間法の例

	プロジェクトA	プロジェクトB
投資額	10,000	10,000
純キャッシュ・フロー		
1年目	4,000	1,000
2年目	3,000	2,000
3年目	3,000	1,000
4年目	0	1,000
5年目	0	3,000
6年目	0	3,000
回収期間	3.0年	5.7年

（単位：千USドル）

制当局が空港使用料キャップ（CAA：the airport charges cap, 2013）を計算するために用いる規制資産ベース（RAB：Regulatory Asset Base）の算定に使用されている。この点については10章でより詳細に検討する。

割引キャッシュ・フロー（DCF）法：割引キャッシュ・フロー（Discounted Cash Flow）法は，キャッシュ・フローの生じるタイミングの相違と多様なプロジェクト期間の存在を考慮に入れた手法である。必要な数学的処理は複利の逆数の計算だけである。

　DCF法の目的は，全プロジェクト共通の基準時点において，各年のキャッシュ・フローを評価することである。通常，基準時点は現在に置かれるが，期間の最後とされることもある。1年目に得た利益は複利計算の下で後続の3年間に再投資される。逆にいえば，将来得ることのできる利益は現在価値に割り引かれるのであり，以下の一般公式が導かれる。

$$\text{Net Present Value} = \sum_{(t=0)}^{n} \frac{CF_t}{(1+i)^t}$$

　ここで CF_t は t 期の純キャッシュ・フロー，i は割引率もしくは資本コスト，n はプロジェクト期間（年）である。

内部収益率（IRR）法：将来キャッシュ・フローの割引価値を初期投資額と等しくする，もしくは純現在価値をゼロにするような割引率 i を求めるものである。これは試行錯誤しながら計算される。例えば10,000ドルの初期投資を要するプロジェクトに対して，1年目から4年目までの各年にそれぞれ6,500ドル，5,500ドル，4,500ドル，3,500ドルの現金収入が得られるとき，次の方程式を解く i の値が IRR である。

$$0 = -10{,}000 + \frac{6{,}500}{(1+i)} + \frac{5{,}500}{(1+i)^2} + \frac{4{,}500}{(1+i)^3} + \frac{3{,}500}{(1+i)^4}$$

　この例における IRR（しばしば投資収益の DCF 率と称される）は40%である。複数の代替プロジェクトは収益率によってランク付けされ，その IRR が特定の閾値を超えるならばそのプロジェクトは採択される。この方法の主な欠点は，

上記方程式の解が2つ，言い換えれば同一の投資についてIRRが2つ見つかる可能性があることである（これは将来キャッシュ・フローの符号がマイナスに変化する場合，例えば原子力発電所において耐用年数後の閉鎖が必要な場合などに生じる）。表4.6の例ではIRRは23.4%である。

純現在価値（NPV）法：内部収益率法のようにNPV（Net Present Value）をゼロとする割引率を計算する代わりに，収益率もしくは割引率を特定の値に設定し，NPVを計算する方法である。NPVがプラスであるプロジェクトが選択される。最小限度の収益率が割引率として採用されるが，理想的には，割引率は当該企業の資本コストの加重平均（WACC，次節を参照）に基づくことが望ましい。また，プロジェクトをNPVによってランク付けすることもある。これはあらかじめ割引率を選択する必要があるものの，投資評価によく使われる方法である。この方法の課題に対する1つの対策は，パラメータの変化に対してプロジェクトの順位付けがどれだけ敏感に変化するかを確認するために，複数の割引率を用いてNPVを再計算することである。ちなみに表4.6の例では，8％の割引率を用いるとNPVは1億7,660米ドルとなる。

収益性指標：これはプロジェクトの費用に対する利益の比率であり，費用・利益のどちらとも，適切な割引率によって現在価値に割引した値を用いる。NPV法と似ているが，プロジェクトの大小に依存しないという利点を有している。この比率は，複数の投資案件がある一方で，投資に用いることができる資本に限りがある（例えば資本割当）場合に有益となる。この場合，プロジェクトを利益性指標によってランク付けし，使用可能な資本の範囲で，ランキングの上位から順番に選択することになる。

4.4.2　NPV算出に用いる割引率

割引率には空港や空港グループの資本コストを代表するものが選択されるが，同時に，特定のプロジェクトの評価に対しても適切なものとなっていなければならない。通常，投資を行う主体は，個別・特定のプロジェクトについてまで自らの要求を伝える機会はない。そこで実務上は，投資者が過去に得た収益を空港およびプロジェクトの将来収益の近似値として用いることになる。割

引率は自己資本調達と負債調達のそれぞれについて算出するか，あるいは，過去の，もしくは将来目標としている負債／自己資本比率に基づいた加重平均として1つの値で算出する。

負債のコストは，貸借対照表上の負債[5]に対する利子率の加重平均をとることで求めることができる。もう1つの方法として，現時点のLIBOR[6]と，空港の現時点での信用格付けから算出されるプレミアム相当額とを合計したものを用いるものがあるが，これはプロジェクト期間全体にまでは及ばないような短期的要素の影響を受ける恐れがある。

資本コストは資本資産価格モデル（CAPM：Capital Asset Pricing Model）によって求められる。このモデルは，「利用可能かつ関連のあるすべての情報を反映した上で現在の資産価格が形成されている」という意味での資本市場の効率性を仮定している。金融理論は，「株主は高いリスクへの補償として高い期待収益を受け取る」と論じている。しかしながら，すべての企業に共通の市場リスクであるシステマティック・リスク（例えば，9.11が航空交通やあらゆる空港に与えた影響など）と，特定の企業あるいは小グループの企業間に固有のリスク（例えばブダペスト空港に対するマレーヴハンガリー航空（Malev：2012年倒産）のように，ある空港の主要顧客が倒産するなど）である非システマティック・リスクとの間には，相違があることが自然である。CAPMモデルはシステマティック・リスクと関連した期待収益をモデル化したものである。ポートフォリオ理論によれば，非システマティック・リスクはポートフォリオ選択によって分散され，このリスクをとったところで何のリターンも得ることはできない。

企業と市場それぞれの収益の間の共分散が当該企業のβ値であり，これは企業のシステマティック・リスクを測るものである。β値を用いることで，CAPMを企業の均衡期待収益の計算に用いることができる。ある企業の均衡期待収益であるR_eは，リスクが無い場合の収益R_fと，β値および市場リスクプレミアム（$R_m - R_f$）に依存したリスク・プレミアムとの合計である。これは以下の式で表される。

$$R_e = R_f + \beta \ (R_m - R_f) \tag{1}$$

β値を推定するために，以下の回帰式を用いる。

$$R_e - R_f = a + b_e (R_m - R_f) \qquad (2)$$

R_e ：資本 e の収益率　　　　　R_m：株式市場全体の収益
R_f ：リスクが無い場合の収益　　b_e ：自己資本 $β$ 値
a ：定数

　β値の計算には企業の収益率と市場の収益率の共分散関係を含んでいるが，公表値を用いたβ値の厳密な推定手法には明確なものは存在しない（モレルおよびターナー（Morrell and Turner），2003）。無リスク金利は上記公式に必要な値であるが，将来の期待インフレーション率で調整された政府債の利回りが近似値として用いられる。物価指数連動政府債や債券収入からインフレーション率を引いたものも同様に用いられる。近年の推定結果では，この値は0.25%から0.75%の範囲にあり，数年前に比べて2.5%から3.5%下がっている。

　資本リスクプレミアムの推定も必要となる。イギリス民間航空局（CAA：UK Civil Aviation Authority）は過去の空港使用料規制において4～5%の値を用いていたが，これは後に3.5～4.5%へ下方修正された。CAAと他のイギリスの規制当局による過去の検討では，資本リスクプレミアムとして3～4%の幅が，無リスク金利の場合には2.5%が提示されている（ライト他（Wright, et al.），2003）。最近の推定によればこの値は5～6%であり（CAA, 2014a, 6.18），競争委員会の提示する4～5%（CAA, 2014a, 6.19）よりも幾分高くなっている。

　上記CAPMにより得られたβ値を用いるWACCの公式は以下のとおりである。

$$\text{WACC} = g(r_f + \rho)(1 - T) + (1 - g)(r_f + \text{ERP} \cdot \beta)$$

g ：負債比率（負債の（負債＋資本）に対する比率）　　T ：空港に対する法人税率
r_f：無リスク金利　　　　　　　　　　　　　　　　　　ERP：資本リスクプレミアム
ρ ：負債プレミアム　　　　　　　　　　　　　　　　　β ：CAPMから推定されたβ値

表4.9　CAAによるロンドンヒースロー空港（2014年）のためのWACCの計算結果

無リスク金利	0.5%
自己資本 β 値	1.1
資本リスクプレミアム	5.75%
税引き後資本コスト	6.83%
税引き前資本コスト（税率20.2%）	8.56%
税引き前負債コスト	3.20%
負債比率	60%
税引き前実質WACC	5.35%

出所：CAA（2014a）.

現時点の負債比率（g）は空港にとって既知の値であるが，理想的には将来の目標値を用いるべきである。方程式の第一項（負債部分）は空港にとって既知である，負債の利子率を平均したものに置き換え可能である。

表4.9は，規制当局（CAA）がヒースロー空港のプライス・キャップ（2014年〜2019年）に用いるWACCである。無リスク金利は銀行恐慌によって大幅に下がっているのに対し，資本リスクプレミアムは上昇していることがわかる。

4.4.3　どの基準を用いるべきか

上記のうち，最初の2つの基準（会計的利益率法と回収期間法）は貨幣の時間価値を考慮していないため，両方とも不適切である。NPV法とIRR法はともに比較方法として有効であるが，どちらの基準を用いるのかによって異なる結果が生じる恐れがある。そのような中でIRR法は広く用いられているのだが，なぜそうであるのかは，特に，大きな組織での使用を考えれば簡単に理解できる。表計算処理は意思決定（大きなプロジェクトのための意思決定は取締役会レベルで行われる）よりも下位の管理段階で行われる。なので，評価と意思決定の間にタイムラグが発生することがある。意思決定を行う取締役会にとっては，各NPVの計算のために割引率を特定することに頭を痛めるよりも，プロジェクトのリスクと意思決定のタイミングを考慮に入れたうえで，IRRの目標あるい

表4.10 代替案の財務評価

	空港A	空港B
回収期間（年）	—	—
純現在価値 （割引率8％，百万米ドル）	177	205
内部収益率（％）	23.4	15.6

は閾値を定め，各プロジェクトのIRRを提出させるほうが簡単なのである。

独立したプロジェクト間では，NPV基準とIRR基準の両者は適否について常に同じ判定を下す。これを表4.10の仮想的な例で示す。ここでは両プロジェクト共に正のNPVであるので受入可能であり，またIRRも目標IRR値あるいは投資者の資本コストを上回っている。ところが，このうち1つのプロジェクトだけを選択する場合，その選択はIRR法とNPV法のどちらを使用するのかによって変わってしまう。ここで，プロジェクト間の指標の差が小さい場合にリスク分析を行えば，多少NPVは低くても，そのかわり悲観的な想定の下でも影響を受けにくいプロジェクトが選ばれることになる。

空港が，直面する割引率あるいは資本コストの下で十分な投資資金を借りることができるならば，最良の意思決定基準はNPV法である。投資者にとってNPVは正でなければならず，その時点における他の選択肢よりもNPVが高くなければならない。そのようなプロジェクトを選ぶことで，投資を行う企業価値への貢献が保証されるのである。とある空港へ投資するか否かという話でいえば，その投資と他の空港への投資，他の空港運営会社への投資，あるいはうって変わった投資先として年金基金への投資との比較がこれに該当する。しかし，それでも結果は似たり寄ったりになるかもしれない。そこで次の節においては，予測に用いた仮定が揺らいだ場合の，予測結果のテスト方法について解説する。

4.5 財務上のリスク管理

前節においてプロジェクトや企業のために準備した予測は，多数の仮定に基づいている。仮定のいくつかは経済的なものであり，経済成長や発展に依存すると考えられる。他には航空機産業と関連したものや，特定の空港と関連したもの，あるいは複数の空港と関連したものもある。将来は不確実であり，正確に定量化することは不可能である。しかしながら，予測は計画立案にとって不可欠な値を提供してくれるし，ときには仮定を誤ることのリスクまでも定量化できるのである。数学的もしくは統計的に定量化できない場合は，結果がどのように変化するのかを確認するために，仮定を上方もしくは下方に変化させるという方法もある。

確率的（リスク）分析：この比較的複雑な作業は，各プロジェクトに投入される資金額の変動幅と確率を推定する作業を必要とする。したがって，空港の拡張に対する各選択肢について，交通量予測，収入そして費用の推定が必要となる。よって，一連の収益率の計算は各選択肢に対する収益率の確率分布を求める形で行われる。そして，現状の収益率を最も高く上回る確率を与えるプロジェクトが選択される。

感度分析：感度分析は，他の要因が不変との想定の下で，予測に用いた主要な仮定のいくつかに生じた変化が，プロジェクトの収益や順位付けに与える影響をテストするものである。このテストは交通量予測，航空機材のサイズの推定，燃料価格や為替レートの推定などのように，大きな不確実性が存在する領域に用いるべきである。判定においては，変化させるパラメータ，そして検討対象値の変化幅を定めることが求められる。ただし感度分析では，「仮定が変化する確率が何％であるのか」といったことを求める作業は行わない。例えば，基本計画において燃料価格は予測期間を通して実質タームで一定であると仮定したならば，代替計画では実質タームで年率3％の上昇を仮定してテストするのである。感度分析はNPVの変化を検討するものであって，代替的な仮定がどの程度の確率で実現しそうかについて検討するものではない。表4.6

上部の例では，空港容量に影響を及ぼさなかったとしても，いくつかの資本支出が遅れた場合には，結果が大きく異なることを示している。一方で，30年後に残存価値が空港に生じたとしても，割引によって小さな現在価値となるため，結果に大きな変化は生じない。

シナリオ分析：この技法はNPVやIRRの要となる変数の変化に対する感度と，その変数の変化幅を検討するものである。したがって，NPVの決定にあたっては悲観的な変数群が選択されるし，結果の振れ幅を見るためには楽観的な変数群が選択される。楽観的な変数群には，燃料価格の実質タームでの低下（もしくは不変），高いGDP成長，高い市場シェアあるいは産出水準のゆるい低下などが含まれる。悲観的なシナリオは，燃料価格の高騰，低いGDP成長そして低い市場シェアなどを含んだものになる。この際，各シナリオにおいて主要な変数についての仮定が相互に整合的となることが重要である（例えば，燃料価格の緩やかな上昇は高いGDP成長と整合的であろう）。ただし，この分析において，代替的な仮定を考え，そしてそれらをシナリオに落とし込む作業を行う担当者の労力は多大なものとなる。

結論として，これまで推奨してきた枠組み・基準を用いた投資の意思決定の正当性は，評価に用いた仮定次第であることを強調しておきたい。何らかのリスク分析が行われる場合には，可能な限り多くの有意な要因を定量化し，評価に組み込むべきであり，必要な場合にはその他の定量化不可能な要因も明示しておくべきである。

モンテカルロシミュレーションは，キャッシュ・フロー予測に用いる仮定の期待値の正規確率分布を用いて，乱数を生成する手続きのことである。これは先に述べた確率分析と似ているが，ここでは確率は未知のものとして扱われる。

空港の最高財務責任者らによる検証の結果，NPV法を用いている場合はリスクに対処するために，上記技法を用いてキャッシュ・フロー予測の仮定を変更する場合よりも，割引率を2/3程度上下させて対応していることが明らかとなった。これは確かに容易な方法ではあるが，評価上の主要な仮定の妥当性を検討し直す，という意思決定上の重要な規律を無視していることになる。

4.6　ローンおよび流動資本の管理

　空港の資本管理は，短期の流動資本管理（〜1年）と長期の資本支出予算に分けられる。前者は4.2節で検討した予算管理の結果として現れるものであり，後者は財務計画の節で扱ったものである。流動資本の適切な水準は，流動資産（現金，有価証券，受取手形，在庫）と流動負債（当座貸越，短期借入金，支払勘定，前受金）の水準によって決まる。

　空港の資産調達方法は，リスクと収益性のトレードオフに直面する。一般的には，短期借入金の費用は長期借入金よりも低く，短期投資の儲けは長期のそれよりも小さい。したがって，収益性の観点からは，総資産に占める流動資産の割合を低く，そして総負債に占める流動負債の割合を高くすることを目指すべきである。しかし，これは著しく低水準，あるいはマイナスの流動資本に陥り，債務不履行（その空港が借入を返済できなくなる）となる高いリスクを負うことになる。

　理想は，空港の各資産の水準がそれぞれ，負債もしくは満期がほぼ同じ調達手段と釣り合うようにすることである。そうすれば，最小限の費用で周期的あるいは長期の現金需要と見合う（すなわちリスクゼロ）ことが保証される。しかし実際には，高い精度でのキャッシュ・フロー予測が困難なので，余裕が必要となる。これは，流動資産の水準が流動負債よりも幾分高くなることを意味する。さらに空港は，保有する資産が非常に長い耐用年数を持つ一方で，それと同じ30〜40年もの長期にわたる借入金で資金を調達することは難しい，という問題にも直面する（7章を参照）。

4.6.1　流動資産－在庫

　製造業は原材料，仕掛品そして製品を含めて，在庫を高水準で抱えることが多い。そして，製品は多くの場合，掛売りされる。一方，小売業では最終製品のみを扱い，それらは現金での販売となる。空港，そしてホテルなどのサービス業は，少ない在庫（主に原材料や消耗品）で運営され，そして最終製品はそもそ

も存在しない。これら業種ではほぼすべてが信用取引（30日）での販売となる。

　空港において仕掛品は，特に大きな資本投資計画が進行中の場合には，重要な項目である。仕掛品の資金調達のために組まれたローンの支払利息は資産計上され，貸借対照表に記帳される。しかし，これは通常，固定資産としてであって，流動資産としてではない。投資が完結して施設の運営が開始すると，資本化された利息と残りの費用は固定資産として扱われ，既存の資産と共に減価償却される。

　在庫あたり比率（売上原価を在庫高で除したもの）は製造業では10倍を下回るぐらいであろうが，航空会社や空港のようなサービス業には妥当しない。後者（空港）の比率は，フラポートで52倍，ヒースローで154倍である（いずれも資産計上した利息を除く）。

4.6.2　流動資産－売掛金と受取手形

　ほぼすべての空港の顧客は，請求書の条件に基づいて月単位での決済を行っている。この方式は，空港に事務処理費用，未収金の機会費用を発生させ，さらに（支払不能となった航空会社やテナントによって）貸倒れとなるおそれもある。平均回収期間は，決算日に貸借対照表上に記帳してある「売掛金」もしくは「受取手形」を用いて計算される。

$$平均回収期間 = \frac{売掛金}{（掛売上高 \div 365）}$$

　理想的には日次の掛売上高を用いるべきであるが，この情報は財務諸表から読み取れないため，代わりに総売上高が用いられる。総売上高で計算したロンドンのヒースロー空港株式会社の平均回収期間は，2014年度末（会計年度末：2014年12月末）で31日間であったが，これは前年の29日間に比べて若干の上昇がみられる。同2014年度において，コペンハーゲン空港は31日間で，チューリヒ空港は幾分高い39日であった。一方，フラポートグループは収入を現金化するのが幾分早く，27日間であった。

　通常，売掛金（あるいは受取手形）は貸倒に対して引当を想定してはいるが，

ときには強制的に決済させるために，信用不安のある航空会社の保有する航空機の一部に対して離陸を不許可にするという，厳しい実力行使がなされることがある。

4.6.3　流動資産－現金，有価証券

　現金保有とは通常，即座に使用可能な資産，すなわち小口現金や当座預金のみを指すものである。しかし，1日～1年の範囲で銀行の短期預金に資金が置かれることもある。この場合，これら資金は利息をもたらすものの，このような極めて短い期間の預金は準現金とみなされる。

　現金保有には，受け取れるはずであった利息収入を放棄するという機会費用が伴う。さらに，高いインフレーション時には，現金保有はその購買力を低下させる。にもかかわらず現金を保有するのは，キャッシュ・フローの予測が困難であり，予想外の資金需要に対応するために資金が必要だからである。いくつかの空港は繁忙期あるいは投資が一段落した期間に貯蓄をしておき，閑散期の需要に対応できるように留保（あるいは銀行の短期預金に預けるか，政府債として持つように）している。

　当座貸越は空港の現金保有の削減を可能とするが，これは高い利払いを伴う借入であって，空港閉鎖あるいは予測不可能な交通量や収入の激減といった事象への対応に限って用いるべきものである。ところが，コペンハーゲン空港は2014年末の貸借対照表上では，現金と有価証券はたったの4,710万クローネしか保有していなかった（これはわずか6日分の支出額に過ぎない）。もっとも，コペンハーゲン空港は銀行から18億8,600万クローネの最大貸付額を与えられており，これは229日分の支出額を賄うことができる額である（ただし有償資金であるが）。

　空港は，近い将来のインフラストラクチャーへの大規模な投資のための資金や，他の企業への投資，あるいは他の企業の買収のための資金として，現金および有価証券を蓄えることもある。

　減価償却の後，営業支出に為替変動の調整を行うことで，現金支出のおおよその額を得ることができる。ヒースロー空港では，2014年12月31日までの12カ月間で15億4,000万ポンド，1日平均で420万ポンドが支出された。したがっ

て，ヒースロー空港の2014年末における現金および現金同等物は3億2,300万ポンドであり，これは平均支出額からすると，77日間の現金支出を賄うことができることになる。同じ会計年のフラポートでは，64日の支出を賄うことができ，チューリヒ空港ではさらに長い188日を賄うことができる額であった。チューリヒ空港では，第2ターミナルの更新工事などの複数の資本投資プロジェクトが進行中であり，しかも株主への配当を行ったにもかかわらず，高い現金保有高を維持していたのである。

4.6.4 流動負債

流動負債の中で，運転資本に関する2つの重要な事項は，買掛金と短期ローンの返済である。当座貸越は前項の現金資産において論じたが，他にも政府（納税義務）や株主（配当支払）といった債権者が存在する。買掛金は納品側が条件を定める短期金融である。通常，無利子の期間が設けられ，その期間の経過後に支払遅延に対して利子が課される。あまりにも長期にわたる支払遅延は，供給元からの供給停止という危機を招く恐れがある。

仕入債務回転期間は，平均回収期間と同様の方法で計算可能である。しかし，信用取引について報告書から入手できるデータが限られているという課題も同じく存在する。

$$仕入債務回転期間 = \frac{買掛金}{(掛仕入高 \div 365)}$$

掛仕入高が営業費用から人件費と減価償却費を除いたものに近いと仮定すれば，ヒースロー空港の仕入債務回転期間は2014年（会計年）で40日，コペンハーゲン空港で52日，フラポートグループはたったの21日，チューリヒ空港で36日であった。

4.7 要 約

どの企業においても財務計画とその管理は経営規律を守るうえで重要なこと

であるが，こと空港においては，予測が外れたときに計画を修正することが一層困難である。空港資産の長期性と固定的性質が相まって，航空サービスの大きな変化に容量を追従させることが著しく困難なのである。この1つの例が，1990年代に長距離のネットワーク事業者と短距離のレジャー路線事業者（当時は大半がチャーターであった）の両者に対応するために計画された，ロンドンスタンステッド空港の拡張計画である。まず予測において，ロンドンの他の空港における空港容量制限のせいで，スタンステッド空港において急速な格安航空会社の拡大が進むことを予見することができなかった。そして，主として支線となる路線の欠落によって，スタンステッド空港では長距離のワイドボディー機によるフライトが実現しなかったのである。

　短期の財務計画や予算は，即座に必要となる資金を十分に確保し，投資にどれだけの資金が必要なのかを見定めるために策定される。しかし長期計画と同様に，支払遅延や建設費用の急騰によって，予測は変更を余儀なくされることもある。これらは，限度額一杯の融資もしくは当座貸越によって急場をしのぐことになる。予算は，資金を適切なタイミングで利用できるように，営業活動に伴う現金の動きと資本支出の予測とを結びつけるものであり，その結果，財務費用が高騰することを避けることができる。

　短期の予測は，プライス・キャップもしくは公正報酬率に基づいて経済的規制を行う規制当局にとっても必要である。ただしこの場合は，ある種の資産や施設は評価対象外とされることがある。

　流動資本の管理は，貸借対照表の短期的側面に着目し，空港使用料収入から期待される現金額と，支払期日の迫った調達先からの請求額とを明らかにしてくれる。

　長期の財務計画は通常，空港のインフラストラクチャーについてのマスタープランと関連する。この計画は，空港会社の買収／売却希望者双方の企業（支配権を持つ企業あるいは少額株主）や，長期にわたって営業権の譲渡先となる企業にとって必要となる。計画期間の最後の方にもなれば詳細は把握不可能とはいえ，30～40年間が検討対象となる。資本支出によって交通需要に見合った十分な容量を提供することが求められるが，そのためには営業収入と費用の予測が

必要となる。

　ひとたび，プロジェクトとその代替案に関する資金の流れを予測したならば，それらは適切な割引率を用いて，現在価値へと割引する必要がある。あるいは内部収益率（IRR）を計算し，これを投資者の定めた基準と比較することになる。割引率もしくは基準とされる値には通常，資本コストの加重平均（WACC）が用いられる。これは，要求される資本収益率と負債プレミアムを，(現在もしくは将来目標としている) 負債比率によって重み付けしたうえで足したものである。WACCは「保守的」な見方を表したものであり，「投資家は将来の収益が過去に経験した収益と一致することを好む」と仮定しているのである。

　次章でも，効率性の改善と経営目標の明確化のために「過去」を評価する。これまで分析してきた営利的側面について，他の空港の業績との比較という形で整理し，さらにこの分野で取り組まれてきた学術的研究についても評価を行う。

【注】
1）貨物ターミナルは空港から土地の貸出しを受けている第三者が建設することが多い。
2）訳者注：最大離陸重量のこと（MTOW: Maximum Tale-off Weight）。
3）当該航空会社の拠点空港では，格納庫や貨物エプロンまで牽引されることもある。
4）貸借対照表は通常，予算策定のプロセスの一部として，最初の2年間はより詳細に（四半期もしくは半期ごとに）準備される。
5）変動利率の負債の場合，予測LIBORあるいは変動利率に関連する何らかの指標が必要となるだろう。
6）訳者注：イギリスのロンドン市場での資金取引の銀行間平均貸出金利のこと（LIBOR：London Interbank Offered Rate）。

第5章 空港のベンチマーキング

5.1 はじめに

この章は，ますます重要となってきているベンチマーキングについて考察する。空港はビジネス企業体に転換してきており，パフォーマンスの評価や理解のためのベンチマーク（指標または基準値）の活用は，空港の運営者だけでなく，投資家，規制当局，利用者といった他の関係者にとっても空港マネジメントの重要な側面であることが広く受け入れられている。ほとんどの空港の活動（例えば，サービスの品質，安全・保安，環境）は，ベンチマーキングの分析対象となりうるのである（Graham, 2005; ACE-Eurpe, 2015c）が，ここでは経済的あるいは財務的な側面に焦点が当てられる。しかし，多様なパフォーマンス分野の間でのトレードオフ（例えば，サービスの品質と費用水準）も十分考慮に入れなくてはならない。さらに，空港は特殊な性格を持っており，多くの点で相違がある（例えば，大空港と小さな空港，民間空港と政府・自治体等の空港）。そのため，空港の運営者は，いろいろな方法で多様な経済的財務的パフォーマンスの測定を重視している。

第2，第3章で述べたような空港の収入と費用ならびに経済的財務的パフォーマンスの2つを詳細に理解することは，ベンチマーキングの手段をうまく活用するために重要である。いくつかの標準的な財務比率は第3章で示されたが，ここでは，さらに進んで，空港のパフォーマンスを評価する上で最もよく利用され，空港産業に特有の特殊な比率を述べることにする。ここではまず，なぜベンチマーキングが必要なのかを述べ，さらに，それを利用することでどのような組織が利益を得るのかを述べる。そして，鍵となるベンチマーキングの概念および複雑な測定上の問題について考察する。さらに，多様なベン

チマーキングの方法について詳細に述べ，この章の残りの部分で具体的な適用について検討する。

5.2 ベンチマーキングのタイプと利用

基本的にはベンチマーキング・パフォーマンスは，スタンダード（標準）または「ベンチマーク」に対するパフォーマンスの評価に関するものである。ベンチマークがないと，いかなる測定も意味がなくなってしまう。したがって，このことは，いかなるパフォーマンスの評価の有用性も，設定されたベンチマークが適切であるかどうかにほとんど依存していることを意味している。

ベンチマーキングには主として2つのタイプが存在する。

内部または自己ベンチマーキング：このアプローチでは，ベンチマークは内部の過去のいくつかのベンチマークに基づいて設定される。そして，パフォーマンスの評価は時間を通して行われる。これは数年にわたる流れを示すことができ，空港が進むべき方向についての指針を与える。しかし，この場合の固有の弱点は，空港は，その運営面のすべての評価に関してまったく個別に考えられていることである。その結果，他の空港と比較してどの分野のパフォーマンスがサブ・スタンダードとなっているかを認識することができないし，この産業において何が実際に達成しうるかについてよく知ることができない。

外部またはピアベンチマーキング：上記の自己ベンチマーキングの重要な弱点は，他のピア（同類）空港に関する外部評価を行うことで克服しうる。ベンチマークは，産業のスタンダード（例えば平均）あるいはベストプラクティス（例えばベストパフォーミング空港）に関わるものである。比較は一般的には一定の時点で行われる。しかし，数年間にわたる空港間のデータを利用して行うこともできる（統計的にはパネルデータ（panel data）として知られている）。この外部評価は，後に述べるように空港の通常とは異なる性質のために複雑であり，ピア空港の中で最も適切なサンプルを選択する場合，比較可能性の問題とその問題の克服という2つの問題を含んでいる。

これらの方法の中でどちらが相対的によく利用されるかについては確かなも

のはない。しかし，一般的には，より単純な内部的な方法がよく活用されているように思われる。実際，そのことはヨーロッパの50の空港の（すべての活動について）ベンチマーキングの方法についての最近の調査によってもわかっており，空港の80％が内部の調査データ（survey data）を用いており，約58％が内部の監査データ（audit data）を用いている。これに対して，約40％が外部の調査を用いている（ACI-Europe, 2015c）。ベンチマーキングの主要な利用者は，空港の運営者である。あらゆるベンチマーキング活動は，空港において発生する取扱量や収益との関連で，生産物に必要とされる資源をいかに有効に活用しているかを判断する上でかなりの程度役立つであろう。ベンチマーキングによって，空港の生産プロセスの欠点を知り，活動を修正できるはずである。ベンチマーキングの結果によって，管理者はパフォーマンスのどのレベルが好ましいかを決定し，それを彼らの財務計画や経営に生かすことができる。ベンチマーキングの技術は，空港の管理者が将来の主要計画または投資決定の影響について判断する上でも役立つものである。しかし，空港の運営者が実際に行うベンチマーキングの範囲は，データの利用可能性，所有権と管理構造，競争力，使用する資源などの多くの要因に依存している。

　ICAO（2013，アペンディックス１，p. 8）によれば，パフォーマンスの比較とベンチマークの利用方法として，主に６つのものが確認されている。

a）パフォーマンス・マネジメント・プロセスの透明性の改善。
b）個々の空港のパフォーマンスの改善のための機会を明らかにすること（機会の理解とパフォーマンスの目標の設定）。
c）極めて効率的でかつ高品質のサービス施設またプロセスを認識することによって，パフォーマンスの改善のためのベストプラクティスを明らかにすること。
d）地域的な調整あるいは計画を支援すること，すなわち，合理化であったり，努力の重複を避けること。
e）利用者あるいは他の関係者との建設的な対話を支援すること。
f）知識の基礎を広げるためのグローバルリーチを提供すること。

空港のベンチマーキングのための尺度は、パフォーマンスについて多様な見方をする人、あるいは何か異なる目的を持っている他の人々にとっても明らかに有用である。政府、規制当局、その他の政策担当者等は、（空港が公的に所有されている場合には）公的資源の最適利用がなされているかどうか、あるいは、空港は公正で合理的な価格で利用者が求めているサービスを提供しているかどうかを知るために、それを利用しうる。空港の株主、投資家等は、いかなるものであれビジネス機会のための一般的な財務比率に加えて、ビジネスの機会を知るため、または、彼らの空港投資決定を伝えるために、空港の特殊なベンチマーキングの尺度を重要と考える。最後に、空港サービスあるいは施設の利用者、特に航空会社は、空港が平均的あるいはベストプラクティスの観点から効率的に運営されているかどうか、あるいは、彼らの顧客に対して金額に見合う価値を提供しているかどうかを評価するためにベンチマーキングの結果を知りたいと強く思うであろう。そうした尺度は、空港の料金や提供されるサービスに関連する交渉に重みを加えるためにも利用されうる。

5.3　ベンチマーキングの概念

経済的および財務的な観点からすると、パフォーマンスのベンチマーキングは投入（例えば労働、資本）および産出（例えば財、サービス）との関連を調べることに主たる関心が置かれる。この投入と産出は、物理的あるいは財務的な用語を用いて測定することができる。そうした投入と産出との関係（例えば投入あたりの産出）は、一般的には生産性尺度あるいは比率として規定できる。

経済的効率性の概念は、投入と産出との関係に関するものである。理論的な観点からすると、効率については主として3つのタイプが存在する。第1に、技術的および生産的効率に密接に関係した概念が存在する。技術的効率性（technical efficiency）は、一定の投入が産出を生み出す効率性を考える。技術的非効率性は、より一般的にはX非効率として知られている。生産的効率性（productive efficiency）は、できるだけ最小の費用で産出を生み出すものとして定義される。第2に、配分上の効率というものが存在する。すなわち、社会

が，希少な資源から最も可能な効用を生み出し，最も必要とされている財やサービスが，それらを最も評価する人々のもとに配分されることを可能にすることである。これらの効率性に関する2つのタイプは，一定の時点におけるものであり，静態的な概念である。これに対して，経済的効率性の第3の概念はダイナミックな効率性である。すなわち，これは，短期的な視点と，供給者が調査・開発を行い，イノヴェーション，新しいプロセス及びテクノロジーを見出すための長期的なニーズをバランスさせることで，一定期間の間に技術的効率性を向上させようとするものである。ベンチマーキングのために利用されているほとんどのパフォーマンスの尺度は，技術的または生産的効率性に関するものである。

5.3.1 投　入

ほとんどの他のビジネスと同じように，労働と資本は空港システムにおける主要な投入である。従業員の数は，労働の最も単純な物理的な尺度である。しかし，これは空港における労働シフトあるいは季節的な雇用という一般的な慣習を無視すると間違った方向に導くことになる。より好ましい尺度は，完全雇用に近い従業員あるいはもし詳細な資料が集まるならば，1人あたりの労働時間である。労働の投入に関する財務的な尺度は，従業員の賃金，サラリー，関連費用によって示される。この場合，「関連」費用として何が含まれるかに関しては空港間で不一致がある（例えば，支出あるいは年金）ものの，自動的に多様な労働時間を考慮に入れることになる。

資本の投入に関する信頼できる尺度を決めることは，もっと困難がある。ある面では，資本の投入の多様性による（例えば，耐用年数の短い小規模の設備 vs 土地とか建物といった長期的な投資）。また，物理的な資産の劣化によって，生産における損失の評価をすることが困難であるといったことにもよる。滑走路，ゲート，チェックインカウンターあるいはターミナルエリアの数といった尺度が利用されうるが，これはどちらかというと曖昧で，詳細な要素，例えば，滑走路の形状まで考慮に入れることはできない。別の方法としては，空港の生産可能性あるいはキャパシティを資本の投入として規定しうる（例えば，最大キャ

パシティ)。しかし，空港の生産キャパシティは，滑走路，ターミナル，ゲート等の多くの異なるエリアとの関係で測定されうるものである。さらに，これは1時間，1日，1月，年間ベースで評価されうる。

　減価償却費および割賦償却費に関連した財務会計処理は資本の消耗を示すために行われるが，しかし，これらは明らかに資産の実質的な耐用年数の低下や経済的生産可能性とはほとんど関係のない紙の上での作業に過ぎない。さらに，減価償却や資産評価の取扱に関する会計処理は国によって異なるし，空港によっても異なるので，具体的項目に関する取扱についても困難がある。この問題は，経済的規制システムが異なるとさらに複雑となる。この問題に関して，共通した会計ルールに適合するようにデータを調整し，解決可能であるということもまだ証明されていない。また，資本の投入尺度に影響を与える間接的直接的な国の補助金に関連した問題も存在している。その結果，多くのベンチマーキングの研究は，資本の投入（物理的財務的）が重要な役割を持っているにもかかわらず，あまり重点をおかない傾向がある。

　労働および資本の投入に付け加えて，一般的に中間あるいは「ソフトコスト(soft cost)」の投入と呼ばれているその他の投入がある。これらは，ユーティリティコストといった外部で購入した生産物，修繕費用，建設／設備およびその他の物的な費用，コンサルタントサービス，外注活動に関連したものである。これらは多様な性質を持っているために，通常は財務的な観点からのみ検討されるだけである。そして，そうした投入データは，基本的には費用データに過ぎず，通常は入手可能である。

5.3.2　産　出

　空港は，航空機の離発着，旅客および貨物の積み降しのためのサービスを提供するとともに，旅客や他の空港の利用者にアピールするために多くの商業的な施設，特に小売施設を提供している。空港のこのマルチ・プロダクト的な性質は，産出の物理的な定義を困難にする。そのため，一般的にはこれは航空機の離発着回数，旅客または貨物に関連した用語で測定される—もっとも，これでは，通常は含めることがあまりにも困難な小売施設としての空港の産出を理

解することはできない。

　3つの主要な物理的な尺度のうちのどれが，集計的なレベルで利用されるべきかが決定されなくてはならない。エアフィールドの運行に注目しないのであれば，航空機の離発着回数は，機材の異なるサイズやタイプを区別することができないから，理想的ではない。これは旅客や貨物の数量を考えていない。旅客数を利用することは意味があるとする考え方もありうる。というのは貨物の取り扱いは航空会社の活動が多く，空港事業者の資源を活用することはほとんどないからである。また，空港は旅客数に比べて貨物の取扱量は少ない傾向にあるからである。別の方法は，旅客と貨物を1つの統合的な産出尺度に統合することである。この場合，しばしば，トラフィックユニット（traffic unit）またはワークロードユニット（work load unit: WLU）が用いられる。これは，1人の旅客を100キロの貨物に等しいものとみなす方法である。もともと，この尺度は，航空会社が考案したもので，旅客とその手荷物の平均的な重量がおよそ100キロに等しいとする曖昧な重量基準による。しかし，この尺度は，計算は容易であるものの，どちらかといえば恣意的である。というのは，明らかに，同一重量の旅客または貨物が同一の資源を利用しているわけではないからである。より洗練された他の尺度も利用されてきている。例えば，レイ・フィッシャー（Leigh Fisher）は，グローバルベンチマーキングの研究年報において，いわゆるエアポートスループットユニット（airport throughput unit: ATU）を用いている。これは，旅客と貨物の関係は1：10というWLUを維持しながら，しかし，同時に，100人の旅客は1回の離発着回数に等しいとする航空機の離発着回数を構成要素に入れている（Leigh Fisher, 2014）。

　産出量の財務尺度はより理解しやすくなってきている。それは，通常，発生した総収益である。しかし，空港によって作り出された追加的な富である「付加価値」概念が用いられることがある。この後者の尺度は，総収益から中間的な投入費用を控除したものとして定義できる。したがって，それは，通常，空港事業者が最も大きく関与している労働および資本資源に注目したものである。

5.3.3 比較可能性の問題

ほとんどの組織にとって，外部またはピアベンチマーキングの使用は，特に他の空港がいろいろな国に立地している場合，比較可能性の問題を考えざるをえなくなる。空港運営の特殊な性格と空港立地の異質性のために，「林檎と梨」の比較問題は極めて重要であるが，明らかに，過去において効果的な空港間のベンチマーキングの開発は困難であった。第2章で議論したように，主要な困難要因の1つは，空港の運営者自身によってなされる多様な活動によるものである。

この比較可能性の問題は，できるだけ類似したピア空港を選択することで解決されなければならない。しかし，純粋に「同じようなもの」の比較は，空港の複雑な特性によって，可能であったとしても稀でしかない。このような状況の中で，以下の2つのうちの1つの方法が採用される傾向にある。第1のものは，違いは認めるが，生のデータで業務を行うことである。この背後にある考え方は，一定の活動を外部委託するかどうかは管理者がパフォーマンスを調べることで決定しなければならないことであるが，データを修正しようとする試みは，どのようなものでも非現実的で，現実から乖離してしまうということである。

他の方法は，あたかもユニフォームセットになっているコア（核）の活動を行ったかのごとく各空港のパフォーマンスを示すために，データを標準化あるいはノーマライズすることである。例えば，空港の事業者自身が地上のハンドリング活動を行う場合，これに関して想定された費用，収益，労働者数は，このような業務を行っていない空港のデータと比較するために控除される。その後，ハンドリングからの想定コンセッション収益が，空港の勘定に足し戻される。これは，レイ・フィッシャー（Leigh Fisher）がベンチマーキングを行う場合に使用した方法である。また，それは，アメリカにおいても似たような方法で使用されることがある。アメリカでは，空港の事業者というよりも航空会社が直接ターミナルを運営していることを考慮して，航空会社のデータが空港の事業者の財務に付け加えられることがあるためである（ACI, 2006）。おそらく，こうした方法は「同じようなもの」の評価をある程度可能にするであろうが，

前提となっている仮定によって一定程度の主観性が含まれていることも明らかである。

空港は，比較可能性の問題に関してさらに悩まされることがある。例えば，結合費用の存在や内部補助のために，グループ運営のもとにある空港と個別的に運営されている空港との比較は極めて困難であることは明らかである。また，ベンチマーキングが一期間のみに限定して行われると，その結果は，空港の多様な投資サイクルによって不当な影響を受ける。空港の投資がひと塊であるという特性は，重要な投資がある場合，固定資産の評価や高い減価償却費に反映されるだけでなく，新しい投資によって一時的にもたらされるオーバーキャパシティによるユニットあたりの運営費用も高いものになるということを意味している。この問題を解決するには，そうした影響を小さくさせるために，可能ならば1年以上の間隔で考える必要がある。

さらに，多様な国を含む企業間の比較に関する共通の問題は，地域の通貨を共通の単位に変える必要性があるということである。公的な市場の交換レートは簡単に利用できるが，それぞれの国の実質的な購買力を反映していないし，かなりの変動を被る。その結果，多くのベンチマーキングの研究では，それに代わって，ある通貨の1つのバスケットになっている財のコストを他の国の同じバスケットになっている財のコストで割る購買力平価（purchasing power parity: PPP）による交換レートを用いる。その他には，特別引出し権（special drawing rights: SDRs）を用いることがある。これは，国際な取引および財務において，通貨の総体的重要性に従ってウエイトをつけられた4つの通貨（ユーロ，米ドル，ポンド，円）を利用するものである。

5.4 部分的なパフォーマンス指標

部分的，あるいは，総合的な指標のいずれに関しても有用なパフォーマンス評価技術，または，ベンチマーキング技術として，主に2つの形態が存在する（図5.1）。現在，部分的，ならびに，一次元の指標は，世界中の多くの空港で利用されているが，これは特定のインプットとアウトプットの関係を分析し，

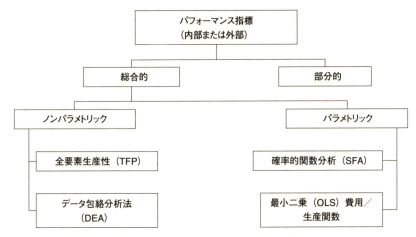

図5.1　パフォーマンス評価の形態

選択されたパフォーマンスの領域について焦点をあてている。これらは概して比率やパーセントで示されており，比較的容易に計算し，理解することができる。またこれらは，特定の領域の強みや弱みに焦点をあて，一定の改善案を示すことができるという利点がある。しかしながら，それぞれの指標は，相互に相関・依存するため，独立にとらえるべきではなく，1つのシステムとして総体的に把握する必要がある。

　これらのほとんどは，インプットとアウトプットの関係（例えば，労働者1人あたりの収入に対する1人あたり人件費）を検証しているが，その一方で，これらをインプット＝インプット指標や，アウトプット＝アウトプット指標（例えば，旅客1人あたり収入）として把握し，観測されるパフォーマンスにさらなる視座を提供することが有益になることもある。また，インプット，あるいはアウトプットの混合指標（例えば，総費用に占める人件費の割合，総収入に占める非航空系収入の割合）も有用かもしれない。実例を示すため，表5.1にはレイ・フィッシャーの研究で実際に使用された指標が提示されている。これはインプット対アウトプット，インプット対インプット，およびアウトプット対アウトプットの混合比である。

表5.1　レイ・フィッシャーによって用いられた空港ベンチマーク指標

ATMあたり総収入
1000ATUあたり総収入
旅客1人あたり総収入
従業員1人あたり総収入
ATMあたり航空系収入
総費用に占める航空系収入の割合
総収入に占める航空系収入の割合
1000ATUあたり航空系収入
旅客1人あたり航空系収入
旅客1人あたり非航空系収入
総収入に占める非航空系収入の割合
ATMあたり総費用
旅客1人あたり総費用
1000ATMあたり総費用
旅客1人あたり営業費用
旅客1人あたり材料費およびサービス費
営業費用に占める人件費の割合と人件費
1000ATUあたり人件費
旅客1人あたり人件費
売上額に占める人件費の割合
旅客1人あたりネットキャッシュ額
EBITDA
雇用資本利益率
株主資本利益率
投下資本利益率
従業員1人あたり旅客数
ATMあたり旅客数
従業員1人あたりATU
旅客1人あたり総資産額
自己資本比率
流動比率
従業員1人あたり資産額
旅客1人あたり資本支出
売上額に占める旅客1人あたり資本支出の割合
税の影響

出所：Leigh Fisher（2014）．

表5.2 ACIによって示された経済・財務パフォーマンス指標

生産性／コスト効率性	財務／商業
従業員1人あたり旅客数	旅客1人あたり航空系収入
従業員1人あたり機材稼働数	1機材稼働あたり航空系収入
1ゲートあたり機材稼働数	総収入に占める非航空系収入の割合（％）
旅客1人あたり総費用	旅客1人あたり非航空系収入
1機材稼働あたり総費用	営業収入に占める負債サービスの割合（％）
WLUあたり総費用	旅客1人あたり長期負債額
	EBITDA対負債の率
	旅客1人あたりEBITDA

出所：ACI（2012）．

　主としてこれらの指標は，異なったパフォーマンス観念として分類される。例えば，ICAO（2013）は，生産性（例：労働者1人あたり機材稼働回数，ゲート1カ所あたり機材稼働回数，労働者1人あたり旅客数，労働者1人あたり貨物トン）とコスト効率性（1機材稼働あたり総費用，旅客1人あたり総費用，旅客輸送1,000単位あたり総費用，売上に占める人件費割合）との違いを区別するために鍵となる指標をいくつか示している。表5.2はACIによって示された指標を表している。ここでは，生産性とコスト効率性および財務部門と商務部門の区別がなされている。その他の評価でもさまざまな基準に分類されているが，例えばリチャードソン他（Richardson et al.）（2014）はコスト効率性，収入の生起，商業上のパフォーマンス，収益性，資本投資を用いている。図5.2は現在利用されている最も一般的なパフォーマンス基準を図示している。空港運営者以外の組織が自らに特化した基準に焦点をあてる。例えば，投資家には旅客1人あたり収入や費用を考慮する者が一定数存在するが，通常は純粋な財務比率に着目する傾向が強い。

　部分的な指標の仕組みについては，理屈上，各レベルの分散の程度に従って階層的な構造をとるが，それらは空港の相対的パフォーマンスに関わるさまざまな事象を考慮した指標から，空港運営の各領域に焦点をあて具体的な変化を詳細，かつ容易に読み取ることができる指標に至るまで幅広い。そうした階層構造の頂点に位置する高位の指標は，一般的にキーパフォーマンス指標（KPIs），あるいはコア指標と呼ばれており，それらはそれぞれ空港が達成すべ

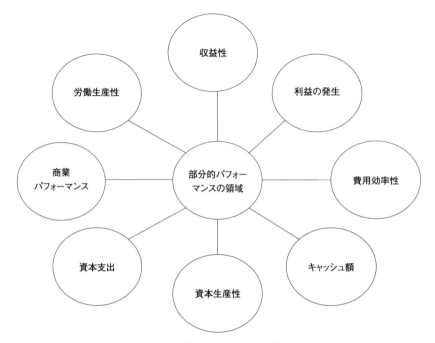

図5.2　パフォーマンスの計測領域

き具体的目標と結びついている。それ以外は階層構造に位置するその他の段階の指標を示すが，例えばハーゼル他（Hazel et al.）(2011) は（部門別に）空港にとって鍵となる部門や活動の運営において重要な指標を指摘し（表5.3参照），第2の部局や支配人，もしくはそれ以下のレベルにとって有用なその他の段階の指標を示している。数多くの指標および階層的な水準の中で指標を選択する場合，数の限界との調整をとる必要があるため，選択される指標は容易に計算，解釈されうるものとなる。その一方で，これと同時に，選択された指標はすべての領域における重要性を考慮するほどの十分な数が確保されていなければならない。大概，高位のデータは，ほとんどの空港において入手できるが，それ以外の詳細なデータは公表されていない場合があるため，容易に利用できない場合がある。

　パフォーマンスについてかなりの程度，詳細で体系的な分析が可能な指標の

表5.3　Transportation Research Boardによって示されたコアおよび鍵となる財務指標

コア指標	鍵となる指標
敷地あたり運航費用	売掛金償還日数
敷地あたり空港費用	運航1回あたり費用
債権の格付け	旅客外空港収入（％）
手持ち資金	総収入に占める契約サービス費用（％）
敷地あたり負債	営業収入に占める負債サービス（％）
債務返済率	投資資産割合（％）
総営業収入に占める非航空系収入の割合（％）	敷地あたり長期負債額
敷地あたり非航空系収入	敷地あたり営業純利益
敷地あたり営業費用	正味運転資本（営業流動性）
	1営業あたり営業費用
	敷地あたり人件費

出所：ACI（2012）．

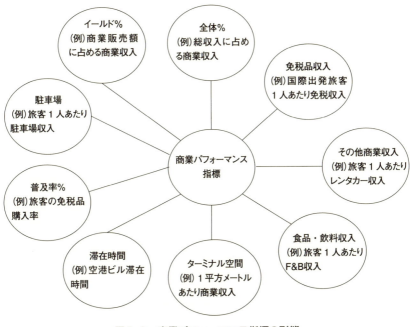

図5.3　商業パフォーマンス指標の形態

1つとして商業収入がある。図5.3は，一般的に利用される指標のいくつかを示したものである。これらのいくつかは（1平方メートルあたり収入など）単純なインプット対アウトプットの指標を利用しているが，それ以外の多くではこうした特定の領域のパフォーマンスを注視する際に手助けとなるその他関連指標を取り上げている。

5.5　総合的なパフォーマンス指標

　部分的なベンチマーキング指標が空港産業内で幅広く利用され，財務分析家によって頻繁に使われているという事実にも関わらず，それらには数多くの欠点が存在する。第1に，名目上それらは部分的な状況の評価しかできず，選択する指標の数やバイアスのかかった指標の選択により，誤った解釈が生じるかもしれない。それらは実質有用な視座を提供する可能性があるが，完全な姿を示すためには多くの指標が必要となる。しかし，この場合の真の数は把握することが困難である。第2に，そうした指標は，各要素の代替性（例えば，もしある空港が特殊業務を遂行するために従業員を利用するが，その一方では機械を利用する場合）やインプット価格とアウトプット価格の違い，ならびにその他運用上の条件を考慮しなければ，利用される複数のインプットと生み出されるアウトプット交互の関係を無視してしまうおそれがある。例えば，多くの活動を外注に高く依存する空港は極めて高い労働生産性が導出されるが，実際のところそれはインプットとしての労働力をその分だけ効率的に利用しているのではない。要するに，ある領域で相対的に良いパフォーマンスを発揮しても，それ以外の領域ではその分だけ弱いパフォーマンスが生み出されているのである。

　こうした弱点を克服するための1つの方法は，統計的手法を用いて，結びつきのあるインプットとアウトプットとの関係を精査し，1つの複合領域からなるパフォーマンス指標，または効率性指標を示すことである。空港産業の内部（通常は経済的規制に関わる分野の内部）では実質上，利用が極めて限られるが，ここ20年もの間そうした「総合的な」指標の開発は，学術上の世界において幅広い関心が寄せられてきた。これらの手法は，平均的な評価と計測された効率的

フロンティアとの比較を行い，決定論または確率論的に取り扱われ得る（これらの手法に関する詳細は，Merkert et al.（2012），Liebert and Niemeier（2013），Lin et al.（2013）を参照のこと）。

以上については，主に図5.1のような3つの手法が存在し，その2つはノンパラメトリックなもの，残りはそれぞれパラメトリック，統計学上のものであることが読み取れる。最初に2つのノンパラメトリックな手法は，トーンクイストの全要素生産性分析（TFP）のような平均インデックス数アプローチである。この場合，すべてのアウトプットは収入シェアにウェイト付けされた1つのアウトプット指標に集約され，インプットもすべてインプットにかかる費用のシェアにウェイト付けされた1つのインプット指標にまとめられる。

このアプローチは Air Transport Research Society（ATRS）によって毎年発行されているグローバル・エアポートベンチマーキングレポートにおいて利用されている。ウェイト付けされたアウトプットは，機材稼働数，旅客数，貨物量，および非航空系収入をベースとし，その一方でウェイト付けされたインプットは，労働，その他資本を除くインプット（ソフトコスト），滑走路数，ターミナル規模，およびゲート数をベースに構成されている。なお，データが把握困難であることや焦点のほとんどが変動要素生産性（VFP）にあてられているため，資本インプットからは数多くの指標が取り除かれている。VFPでは，（空港規模，国際および貨物輸送のシェア，キャパシティ制約のような）いわゆる経営コントロールの要素から除外される粗生産額，現在価値と正味／残余価値といった2つの価値が取り上げられている（ATRS, 2015）。

2つ目の方法は，以上よりもずっと広く利用されているものであるが，データ包絡分析法（Data Envelopment Analysis）と呼ばれるノンパラメトリック，かつ決定論的なアプローチである。これはまたウェイト付けされたアウトプット指標に対する（ウェイト付けされた）インプット指標の関係から示されるが，ここでは線形計画法が用いられるため，同じノンパラメトリックな方法でもTFPのように事前にウェイト付けを行う必要がない。これらはデータ確保の必要性があまり要求されない場合，より利用が望ましい方法となる。これは全体のサンプル数とも関係するが，空港（一般的には意思決定ユニット，あるいは

DMUsと呼ばれる）の相対的な効率性を評価する際に有用である。最も効率的な空港は，相対指標1.00のフロンティア上に位置付けられる。

　規模に対する収穫一定と規模に対する収穫変動という2つのモデルが存在するように，DEAアプローチは平均して規模の効果を計測するために利用される。さらに，DEAを用いてマルムキスト指標が導出されれば，その指標は効率性の変化に対する生産性の変化と，新たな技術を獲得したことによって生じる技術変化に分けて示されるため，時系列での生産性の変化が明確に示される。しかしながら，DEAモデルは線形やパラメータの選択にかなり影響を受けやすく，誤ったインプットやアウトプットが選択された場合，結果の解釈が極めて困難である。また，インプットとアウトプットの組み合わせの合計が空港数に対して多ければ，空港のパフォーマンスは過大評価され，多くの空港が最大効率値＝1と評価されてしまうおそれがある。

　その一方で，3つ目の方法はパラメトリック，あるいは確率論的なアプローチである。ここでは，パフォーマンスに影響を与えるいくつかの変数を組み込んだ生産関数や費用関数を用いる。例えば，費用関数は大抵，費用をアウトプットの関数として，また，インプット価格，およびアウトプットとインプットに影響を与えるその他の要素についても表現する。関数は最小二乗回帰や修正二乗回帰，または，現在，より一般的に用いられている効率的フロンティアの測定，および確率的フロンティアの測定をはじめとする平均論的アプローチから計算される。この方法では極めて細かいデータが必要で，関数形を特定しなければならないことから，その他上記で述べた2つの方法と比較して複雑である。

5.6　実際の適用例

　これらのすべてのベンチマーキング手法は，注意深く，適切に利用すれば強力な分析ツールとなり得る。総合的なパフォーマンス指標は，空港全体のパフォーマンスに明確な視点を与える。しかしながら，こうした単独での総合的評価は現実の空港の環境と関連付けることが困難であることから，得られた帰結は空港事業者にとってあまり有益な帰結をもたらさない。ただ，このことは

サンプル数が極めて少なく誤解が生じる場合や，サンプル数が多すぎて評価を困難にする場合があるが，解釈が容易な部分的な指標を取り上げるべきであるということではない。全体として，理論上，総合的指標と部分的指標は，空港の強みと弱みを明らかにし，これらが生じる要因を裏付けることによって，パフォーマンスの改善を促進するための補完的な手法として利用されるべきである。

このような外部要因を検証するために，いくつか統計分析を試みることも可能である。例えば，部分的指標と総合的指標両方について，パフォーマンス指標（従属変数）と外生変数（独立変数）の関係を探るために，いくらかの回帰分析を試みることが可能である。どの方法を用いるかについては，パフォーマンス評価方法に依存する。DEA によるフロンティアアプローチでは1を上限とした値が導出されるので，（通常の最小二乗法よりもむしろ）トービット・モデルが用いられる傾向にある。また，近年ではブートストラップ法と呼ばれる手順を利用することによって，分析の信頼性が改善されつつある。

第2章で議論したように，導出されるパフォーマンス指標の背後にはさまざまな要因が存在する。既存の文献で共通して認識されている要因の中には，立地，空港規模，扱っている輸送の種類（例えば，コネクション vs ターミナル，国際 vs 国内，LCC vs ネットワークキャリア），混雑水準，所有，ガバナンス，および規制が含まれる。ただ，ATRS の研究で示されているように，これらの中から空港事業者のコントロールが及ばないと考えられる変数のいくつかを取り除くことが可能である。これらの効果が実際に定量化されるか否かに関わらず，あらゆるパフォーマンス評価においてこのような外部要因と，空港事業者による裁量を強く受ける（外部委託の程度，サービスの品質および投資サイクルなどの）内部要因の区別をつけることが重要である。さらに，実際に空港事業者のコントロールがほぼ不可能に近いということが判明した場合には，利害関係者の影響に関する評価が実施されなければならない。いずれにせよベンチマーキングを試みる上で鍵となるポイントは，導出された結果そのもので終わりではなく，そこで生み出された課題を糧にさらなる調査を試みることである。

ベンチマーキングは，それぞれ数多くの異なった特有の段階から構成されている空港パフォーマンスマネジメントの過程における1つの要素である。これ

らはビジネス上の目標とベンチマーク領域（例えば，キーパフォーマンス領域（KPAs））の定義から始まる。その後，どのようなパフォーマンス指標が使われるか，どのようなデータが利用されるべきか，およびどのようにベンチマークを設定するかについての意思決定の内容が続く。そしていったんこれらが決定されれば，データが集められ，外生変数を考慮した結果が導出される。最後に，すべての意志決定者に対する情報伝達が行われ，パフォーマンス改善のための戦略が提唱される。情報伝達は内部の利害関係者ばかりではなく，特に商業的志向を重視する外部の利害関係者にとって重要である。この連続的なパフォーマンスマネジメントの過程は，こうした新規戦略がパフォーマンスにどのように影響を与えるかを評価することによって再度繰り返される。

　外的なベンチマーキングについては，空港が参加し，帰結をもたらした数多くの研究が存在する。そのうち著名な研究は，すでに本章でも取り上げたレイ・フィッシャーとATRSの2つである。両者はそれぞれまったく異なったアプローチをとっている。レイ・フィッシャーはさまざまな活動によって生み出される比較可能な問題について説明するためにデータを用い，部分的な指標のみを導出している。ATRSは，レイ・フィッシャーと同様，一部部分的な指標を計算している箇所もみられるが，現データを用いてVFPを導出している。これら2つの研究で導き出された結果は，例えば図5.4と図5.5に掲載されているアジア・太平洋地域におけるいくつかの空港の例である。ACIの地域組織（ヨーロッパ，北アメリカ）のいくつかはまた部分的な指標を計算する際に含まれており，その主な結果は参加メンバー間のみで共有されている。例えば，北アメリカACI（ACI-NA）はメンバー間の商業収入に関わる詳細なベンチマーキングを試みている（ACI-NA, 2014）。図5.6は，指標の一例であるが，規模別空港グループの総計で，かつ公刊されているのはごく簡単な要約データのみである。また，2014年に120空港を対象に行われた「空港商業収入調査」と呼ばれる商業活動を取り扱った別の研究も存在する（Moodie International and the SAP Group, 2014）。図5.7には，利用された指標の例が図示されている。商業上の理由から，レポートでは個々の空港についての結果は示されていないが，その一方で，地域，空港規模別の平均値は示されており，広範囲のベンチマー

第 5 章　空港のベンチマーキング | 131

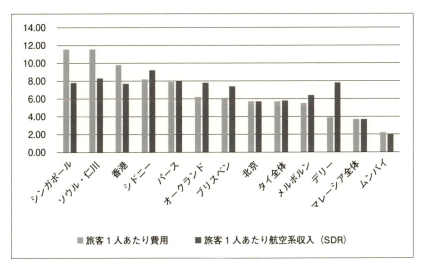

図 5.4　2013年のアジア・太平洋空港を対象としたレイ・フィッシャーによる
　　　　ベンチマーク分析例

（注）SDR＝標準絞率（例：1SDR＝1.52米ドル，1.21ユーロ）
出所：Leigh Fisher（2014）.

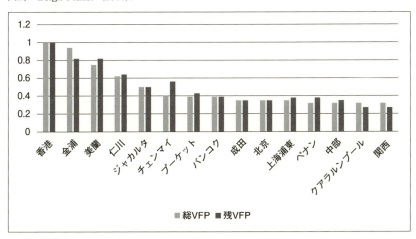

図 5.5　2013年のアジア空港を対象とした ATRS のベンチマーク分析例

（注）香港を 1 とした値で指標化。値が高いほどパフォーマンスが良好。
　　　VFP＝変動要素生産性と経営コントロールが及ばない変数の影響を除いた残存値。
出所：ATRS（2015）.

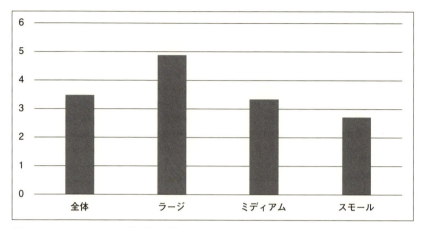

図5.6　2013年の米国の空港形態別敷地あたり免税品,新聞,土産品および特産品売上額の中央値
出所：ACI–North America（2014）.

キングに適用可能である。

　しかしながら，すべての空港がこうした産業調査に参加できるわけではないし，自身の事業そのものにとって有意な見解が導き出されるわけでもない。この場合，より個別詳細にデザインされた同種のベンチマーキングが策定される必要がある。これを可能な限り有用なものにするためには，可能な限り類似の空港で，物理面での環境や運用条件の違いが最小限の同質的なグループで行うべきである。ただ，ボーゲルおよびグラハム（Vogel and Graham）（2013）で議論されているように，最適な空港を抽出するにあたってはしばしば困難が伴い，もし，十分な比較対象が選択されない場合，空港は達成不可能なベンチマーキング目標を設定することにつながる。通常，立地，規模，または所有のような一次元の基準は空港選択の際に用いられるし，これらはデータの利用可能性，あるいは活用可能性の理由からも選択されうる。とはいえ，実際のところ，空港のパフォーマンスは，通常では単純で支配的ではない多種多様な要因から影響を受ける。例えば，部分的な指標に目を向けたとき，（例えば，コストに関係する）パフォーマンスに関する1つの見方は，主に国際線輸送割合のような輸送特性に関連する。

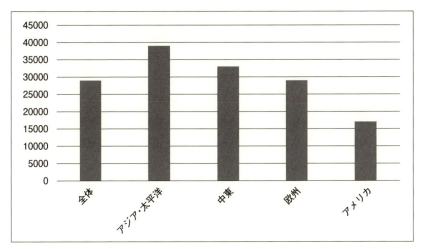

図5.7 2013年世界地域別1平方メートルあたり免税品販売額
出所：Moodie International and the SAP Group（2014）.

　これは部分的な指標において，同種のベンチマーキングの導出が，規制決定の誘導のために利用されるか否かという問題を生み出す（第10章参照）。イギリス，アイルランド，ベルギー，オーストラリア，およびイタリアのようないくつかの国では，ある程度こうしたことが試みられている。例えば，イギリスでは2008～2013年の間，規制当局（CAA）が，営業費用の約20～30％を数える数多くのプロセスをベンチマーキングするため，14のイギリスおよび国際空港のサンプルを利用した。彼らは特定の領域において，同種のベンチマーキングを使用し続けている。また，アイルランドでは以前はベンチマーキングを用いていたが，空港の選択が不適切で，発生した輸送と契約の背景を十分に考慮していなかったことから失敗に至り，非難を浴びた。理論上，規制コントロールが設定される場合であっても，あたかもいくつかの公的規制が存在するかのように，良好なベンチマークは内部における会計費用の評価を向上させ，それは実際に反映される可能性がある。しかし，空港市場の異質性から，アイルランドやその他の地域で生じた実質的な問題は，イギリス民間航空局（CAA）やその他の規制当局がこうした方向にすすむことを躊躇させてきた。それにも関わら

ず，同種のベンチマーキングは，いまだ非公式に規制当局の意思決定を援用するための手段かもしれない（例えば，Reinhold et al.（2010）を参照のこと）。

5.7　要　約

本章では，空港のベンチマーキングについて，空港の基本的な財務特性や財務パフォーマンス計測のための有用な方法に関し，前章の議論のいくつかをさらに拡張し，より具体的に考察した。ここでは，なぜ内部のベンチマーキングおよび外部のベンチマーキングを提示することが必要か，なぜインプット，アウトプットを定義するか，なぜ主ないくつかの比較可能な問題の存在を提示するかについて取り上げた。これは，部分的なベンチマーキングと総合的なベンチマーキング技術を両方考慮することによって結論付けられる。これに続いて，次章では空港財務比較分析におけるもう1つの重要な観点，つまり，空港の価値を検討する。

本章全体で主張してきたことであるが，空港のベンチマーキングについては，最近20年の間に進展してきたにも関わらず，どのようにそれが実施され，利用されるかについて，いまだ実質，共通のコンセンサスは存在しない。また，有効なベンチマーキングを行うには，データの制約，方法論の確立，比較可能な問題をはじめ数多くの障害が存在する。その一方で，かねてからこれをどのように進展させるべきかという重要な議論も行われてきた（例えば，Morrison（2009），Adler et al.（2009）参照）。目標や優先順位，つまり物理的環境，運営環境，経済環境，政治環境，および資源の利用可能性をもとに具体的な選択を行うのは，空港事業者やその他利害関係者でなければならない。業界では引き続き部分的な指標を支持し，学術界では総合的な指標を支持する可能性が高いが，これらのアプローチ両方について検討の余地がある。しかしながら，関係者全員にとって言えることであるが，商業上の競争圧力によって何らかの制限がもたらされても，空港が互いに協力し合い，先進的な実践例を共有し，可能な限り多くのデータと情報を交換するという開かれた環境が，ベンチマーキングを有効に導く上で重要な役割を果たすことは間違いない。

Column　ASEANにおける空港整備の経過と課題

　ASEAN加盟国の空港整備・運営は原則として国によって行われてきたが，1980年代以降，民間資金，あるいは民間のノウハウを活かした空港整備，運営が実現している。例えば，フィリピン・マニラのニノイアキノ国際空港は，第3空港ターミナルビルの拡張工事において，他のASEAN加盟国に先駆けてBOTを導入した。1990年に業者を選定するために公開入札を開催し，その結果，フランクフルト空港会社（Flughafen Frankfrut），日商岩井株式会社，Singapore Chuan Hup Holding Limited，国内企業5社の支援に基づき設立された合弁会社「PIATCO」が25年，総額5億米ドルで落札した。しかしながら，PIATCOの落札後，競合他社が入札に不正があったとして訴訟を起こしたため，空港ターミナルは本来の開業日よりも6年遅い2008年に開業した。PIATCOは空港ターミナルの開業が順延したことを受け，空港管理者のマニラ国際空港公団（Manila International Airport Authority）に賠償金を請求すると同時に，向こう3年間においてはマニラ・クラーク国際空港拡張計画を凍結すべきとの見解を示した。

　タイでは，空港運営の効率化やサービス品質の向上，および民間資金の調達を推進するとの目的のもと，交通・コミュニケーション担当省（Ministry of Transport and Communication）が，1998年からタイ空港公団（Airport Authority of Thailand）の民営化に向けた検討を開始した。その結果，バンコク・ドンムアン国際空港，スワンナブーム国際空港の完全民営化と3空港（チェンマイ空港，プーケット空港，ハートヤイ空港）の合同会社の設立が提案された。翌年「民間企業法人法案（Privatization Corporatization Bill）」が通過し，ドンムアン国際空港，スワンナブーム国際空港の完全民営化と3空港の合同会社案が正式に承認された。現在，民営化された5空港以外の残る26空港についても民営化がすすめられている。

　インドネシアとマレーシアでは，長期経営権の売却を通した民営化がすすめられている。インドネシアでは，従来，東部の12空港を所轄する「Ahgkasa PuraⅠ」と9つの国際空港を担当する「Ahgkasa PuraⅡ」によって空港が管理，運営されてきたが，1998年からスカルノハッタ国際空港の民営化に関わる協議が始まり，国内企業出資のもとで合弁会社を創設し，完全民営化を達成することが了承された。最終的に，スキポール空港会社が20年の契約で長期経営権を取得するに至っている。マレーシアでは，1991年に「民営化マスタープラン（Privatization Master Plan）」が策定され，①旧クアラルンプール国際空港の経営権を民間に付与し，そこで得た収益を新クアラルンプール国際空港の建設にあてること，②マレーシア民間航空局管理の19空港と12の関連施設の運営権を「マレーシア空港株式会社（Malaysian Airport Sdn.Bhd.）」に移行すること（30年契約），③マレーシア民

間航空局管理の12の関連施設のうち5つと新クアラルンプール国際空港の運営権について，マレーシア空港株式会社の子会社「MAセパン（MA Sepang）」に与えること（50年契約）が規定された。マレーシア空港株式会社とMAセパンへの運営権の移行は1992年よりスタートし，1998年までにはすべてのプロセスが終了した。2000年に，マレーシア政府はマレーシア空港株式会社とMAセパンの株式を公開し，その48％を民間の投資家に売却した。

　各国間の比較から次のような特徴を指摘することができる。第1に，外資の参画を積極的にすすめ，空港運営専門オペレーターの高度な技術や知識，ノウハウを取り込んでいる。第2に，各国の市場環境に応じて，BOTや長期経営権の売却などさまざまな形で民営化を実現している。

　アジア・太平洋地域の航空需要は，GDPの拡大や輸出・輸入の伸長とも相まって飛躍的に伸びていくことが予想されている。とはいえ，大都市圏空港を除く地方空港は整備の遅れが生じている。また，その中には国内航空需要の自然増加にさえ対処していない空港も多い。ASEANオープンスカイの進捗によって航空需要がますます伸びる中，空港整備は航空需要を左右する最も重要な要素になりうる。

（小熊　仁）

第6章 空港の価値評価

6.1 はじめに

　空港は，空軍力や防衛を担うといった従来の役割から，近年では商業的施設あるいは地域の資産へと変化を遂げてきた。つまり，現在の空港所有者は，空港用地および滑走路の設置に対して費用を支払ったわけではない。ところで，空港が中央・地方政府によって所有されている限り，一般に空港の価値評価は必要とされない。しかし，空港の一部もしくは全体を売却することになれば，評価が必要となる。評価は，売却する側や潜在的な購入者，多くの場合は両者によってなされる。ちなみに，売却は少数の私的な利害や一般公衆の利害のために行われ，それらの売却は「民営化」と定義される（第8章を参照）。

　評価は多くの理由から要請される。あるものは一度きりの目的のために，またあるものは継続的に評価を行うことが求められる。評価の目的として，以下のことがらが考えられる。
・株式上場（IPO: Initial Public Offering）
・合併・買収（株主はいくらならそれを受け入れるべきか？）
・アナリスト分析（現在の空港株価は基調から外れているか？）
・負債問題（空港の担保価格）

　空港会計は，空港の価値がどの程度なのかを示したり，空港の固定資産の価額を明示したりすることが期待されているわけではない。このことは，ロンドン・シティ空港のような最近になって新規造成された空港よりも，長年にわたって運営されてきた空港に特に当てはまる。固定資産は，通常，減価償却を

控除した当初の取得原価で評価されている。ある時点における有形資産の帳簿価額が，その資産の市場価値もしくは再販価値と一致することはほとんどない。土地は財務諸表からしばしば除外される。また，たとえ計上されても減価償却はなされない。第3章は，空港の株式市場における価値と，その資産の帳簿価額との違いに焦点を当てた。

この章では，IPO，トレードセールにおける株式の価格設定を支援する空港評価を行う際の問題について述べる。その内容は，BOT（Built-Operate-Transfer）のような長期のコンセッション契約およびそれに類する契約に対する入札を行う際の空港評価もカバーする（第8章を参照）。

6.2　評価へのアプローチ

空港の価値評価の方法には主に3つある（他のすべての企業についても同様である）。
・会計・財務諸表
・指標（例えば，株価収益率やEV/EBITDA倍率）
・割引キャッシュ・フロー（DCF）

評価は，しばしば，上に掲げた方法を組み合わせて行われる。空港がすでに株式市場に上場している場合，その評価は最近の株式取引を通して形成された価格と，市場での価値と比較することができる。投資銀行で空港株を専門にするエクイティ・アナリストは独自の評価法を用いて，市場が空港を過大評価・過小評価しているのかを考える。また，機関投資家らに，上場されている空港を買収すべきなのか売却すべきか，あるいは保持すべきなのかをアドバイスし，投資銀行の取引部門のビジネスをも創出する。しかし，投資家が新しい情報を得るまで，「正確な」評価は「効率的な」市場によってなされているということもできる。

空港の1株あたり価格は，株式市場を参照し，日次ベースで知ることができる。発行済み株式総数が与えられれば，空港全体の市場価値，すなわち株式時価総額を知ることができる（3.4.5節を参照）。このような評価は株式の需給状

況により，分単位・時間単位・日単位で変動する。こうしたことから，投資家の一般的な心理として，現金より株式を保有することを好むのか，また空港セクター，さらに当該空港会社の株式を保有する選好を持つかということにも影響を受ける。

　上場している空港にとって，株式の時価評価は投資家による空港全体の総合評価額を表すが，この中には無形資産，すなわち経営力や経営見通し，あるいは空港の「フランチャイズ」といわれるようなものまで含まれている。これらの無形資産は貸借対照表に含まれるものはほとんどない。この評価法については，次の節で最初に説明する。

　株価の形成には，入札価格と公募価格の2つの要素がある。例えば，平均55,000株の取引が行われるパリ空港公団（Aéroport de Paris）における入札価格と公募価格のスプレッドは，0.5〜1％程度である。一方，上場しているものの，ほとんど取引のない空港の場合，スプレッドはずっと大きい。この理由は，上場している株式の数が非常に少ないことのほか[1]，民間の所有者がその株式を手放したがらないからである。取引高が低い場合，株式市場は評価の方法としてあまり有益ではなく，価値の幅を示唆しているに過ぎない。

　BAAは1987年にIPOを通して民営化されたが，その際，株価は2.45ポンド，企業価値は約12億2,500万ポンドで上場した。ロンドン株式市場に初めて上場した当日，株価は2.91ポンドに上昇し，それにより企業価値は14.55億ポンドになった。つまり，政府にアドバイスをしていた投資銀行は，16％ほど企業価値を過小評価していたことになる。より最近では，フェロビアル（Ferrovial）が代表をつとめるコンソーシアムが，BAAに対して1株あたり8.10ポンドで敵対的買収を仕掛けた。当時の株式市場における価格が6.40ポンドであったことから，その価格は市場価格を大幅に上回っていた。BAAの経営陣や株主は当初の提案を拒否したが，結果的には1株あたり9.55ポンド，すなわち株式市場価格と比べて49％上回る価格で決着した。このように，企業価値評価は大きく変動することがある。

　次の節では，企業価値評価の方法についてそれぞれ解説し，あわせてそれぞれの事例および利点と欠点について述べることにする。

6.3 会計学に基づく企業価値評価

6.3.1 会計学に基づく企業価値評価へのアプローチ

　空港は，財務諸表に示される正味資産価額（net asset value）を調べることで評価できる。正味資産価額は，貸借対照表上の資産価額と対外債務を結合したものである。そして，最も悪いシナリオとして，空港運営を休止した場合に，その資産と対外的な債務を返済する場合を考えるものである。この方法は第1の問題をもたらす。航空機はそれぞれ1機ずつ別々に売却することができるのに対して，滑走路など空港資産の多くは個別に売却することはできない。そのため，継続企業（going concern）としての空港全体を売却することの方が道理にかなっている。フラポートのような巨大空港グループにとって，例えばグランドハンドリング（第3章の表3.1参照）のように，彼らの一部分を売却することは可能かもしれない。そして，株式を所有している他の空港や経営権を他の空港に売却することも可能かもしれない。しかしながら，フランクフルト空港の主要な航空関連資産をパーツに細分化することは困難である[2]。

　このアプローチには以下の方法がある。
1．貸借対照表の正味資産価額
2．取り替え原価（Replacement cost）
3．既存の同一サービスを生産することに使う資産の最低購入費用
4．正味実現可能価額
5．空港資産の売却により実現する市場価値（公正な市場価格）

　これらの方法は次以降の節で詳述する。ただし，第3と第4の方法は比較的似かよった方法であり，1つの節でまとめて説明する。

6.3.2 貸借対照表の正味資産価額

　ほとんどの空港では，過去の費用から現在までの減価償却累計額を控除した資産の価値が記録されている（表6.1）。これは空港全体を評価するための出発

点であり，その情報はすでに利用可能で，コストがかかるような評価は必要ないという利点がある。空港資産のほとんどは固定資産だろう。例えば，ヒースロー空港の2011年度末における有形固定資産額は，109億ポンドで，総資産価額が130億ポンドのうち84％を占めるものであった。唯一の無形固定資産は，ロンドン市内を結ぶヒースロー・エクスプレスに対する投資であり，380万ポンドと評価された（コストに基づく評価）。

　有形資産は，空港の固定もしくは物理的資産と，他企業や他空港などへの長期投資を含む。前者はほとんどが滑走路，旅客および貨物ターミナル，エアサイドやランドサイドの建物である。また，車両や各種装置（例えば，バゲッジ・ハンドリング，ランプサービス，消防サービスなど）も含む。後者は，上場企業の株式など，市場価格に基づいて評価されるものである。非上場企業の場合，経営者は会計目的のために推計を行う。その際には当初コストを利用する（上述のヒースロー・エクスプレスなど）。

　減価償却の償却率は空港によって異なっているが，一般には滑走路が最も長い償却期間となっている。その次にターミナルビルであり，最も短いのが車両や各種装置である。ヒースロー空港は詳細かつ有用な資産リストを提示しているが，他の空港では資産をより一般化してまとめて分類している（第3章の表3.5）。土地は通常，減価償却されることはなく，建物や他の構造物に不可欠なものでない限り資産に含まれることはない。

　そのほかの無形資産には，のれんやソフトウェア，他の空港の営業権のため

表6.1　空港の貸借対照表における正味資産価額

上場企業	期末	空港価値（10億米ドル）	会計方針
フラポート	2008.12.31	4.8	コスト
フェロビアル	2008.12.31	25.4	コスト
北京首都国際空港	2008.12.31	3.9	コスト
タイ空港公社	2008.8.30	3.1	コスト
南アフリカ空港会社	2008.3.31	1.3	コスト
オークランド国際空港会社	2008.6.31	1.4	市場価格

出所：Parker（2011）.

の支払いなどがある。しかし，これらはある1つの空港という観点から言えば，あまり重要ではない。それらは，25年近くにわたって償却していく。ソフトウェアは比較的短い償却期間である。コンセッションは資産を利用する権利であり，資産の設計および建設によって生まれるコストを考慮する。また，権利の終了時点で返却しなければならない（第8章で詳しく論ずる）。

　第2の問題は，貸借対照表や他の財務諸表における資産評価の方法である。通常，当初のコストにそれ以降の追加および減耗等を考慮する。土地など空港運営者に当初に与えられたものは，資産には含まない。しかし，土地を評価し，インフレを考慮に入れてヒストリカル・コストを調整することがある（すなわち，現在の原価計算に変換される）。他の資産も，次の節で述べるように現在価格に調整されることがある。

6.3.3　取り替え原価（Replacement cost）

　取り替え原価は，歴史的に評価付けされた資産を現在価格で考える。したがって，空港のターミナルビルや装置に用いることは適切である。しかし，この評価の対象になるコストは，資産全体における重要性に照らして用いられるべきである。明らかに，土地や滑走路はこうした方法で評価されるべきではない。

6.3.4　実現可能価額（Realisable value）

　実現可能価額は通常，発明や株式に対する貸借対照表上での評価を行うために利用される。また，空港資産についても利用することができ，売却時に実現可能な資産の価値から売却に際して予想される費用（例えば，委託費や広告費）を控除したものとして定義される。

　しかし，潜在的に空港を購入しようとする主体の数が限定されていることや，市場で同様の資産が供される場合と比較して資産が荒廃しているかどうかなど，現実的にはこのような価値を予測することは極めて難しい。

6.3.5　市場価格

　市場価格による評価は，表6.4で示すように空港にも適用されてきた。1つ

の方法は，市内中心部に近い空港を閉鎖してショッピングセンターに転換した場合の市場価値で評価するという方法である（もちろん，セキュリティやその他空港に特有の制約を除いて評価する）。しかし，多くの都市では，代替的な活用を制限するゾーニングや，計画規制がある。国際会計基準のIAS16は，専門家が実施する市場のエビデンスによる市場価値評価を想定している。この方法は，オークランド国際空港で活用された。そして，2008年における空港の市場価値は，貸借対照表の費用として報告されているものよりも1,054％高いものとして評価された。同じ年に，建物は貸借対照表で報告されているコストよりも205％高いものとして評価された。この方法の問題点は，土地を資産の大部分として考慮することである。オークランド空港の場合は，2009年の貸借対照表の資産のうち，59％を占めた。

6.3.6 規制を目的とした資産評価

　民営化された空港は，独占，準独占の立場を利用することを阻止するために，政府当局による規制が行われることが一般的である。これはプライス・キャップ規制，すなわち空港料金の上限規制の形式をとることが多い。そして，その上限は財務的な資産の報酬率というよりも，「経済的な」報酬率を考慮する。この率のことを「規制資産ベース（Regulatory Asset Base: RAB）」といい，空港利用者である航空会社が利用する資産のみが含まれる。このことは，第10章でいくらか詳細に検討し，さまざまな規制の手法について述べている。

　イギリス民間航空局（CAA）は，国内の大規模な空港の経済規制に責任を負っているが，その第1回目のレビューから資産の報酬率を規制手法として用い，取得原価（historical cost）に基づく空港純資産の報酬率が適用されてきた。しかし，第3回目のレビューから現在に至るまで，指標化された取得原価（indexed historical cost），すなわち現在原価会計（current cost accounting）が利用される。これは小売物価指数をインフレ指標として活用することで，取得原価を現在原価に調整する。そして，5年間の資産追加や除却を考慮して修正していく。表6.2はロンドン・スタンステッド空港のRABの調整例である。

　資本支出は，期初のRABと同様に，航空会社の営業に必要なものに限定されるべきである。明らかに，空港は利潤を拡大させるため，資産を膨張させる

表6.2　スタンステッド空港における規制資産の計測（2006/07〜2008/09）

100万ポンド	実績値	予測値	計画値
	2006/07	2007/08	2008/09
期初RAB価額	912.1	1,028.3	1,134.0
資本支出	111.4	118.2	131.8
除却による収入	0.0	0.0	0.0
減価償却費	−40.5	−45.8	−41.7
インフレ調整	45.4	33.3	27.9
期末RAB価額	1,028.4	1,134.0	1,252.0

出所：CAA（2007）．

ことに熱心になりがちである。逆に，航空会社は彼らにとって不必要な，いかなるプロジェクトについても反対する立場にある。減価償却は空港政策に基づくものであるが，インフレ率は政府統計から得られるものである。

　滑走路を追加する場合など，将来的に土地を新たに取得する場合もあるだろう。この取得費用は，施設が運用に入った段階で固定資産として認識され，コストが発生する。したがって，航空会社はこれらの関連する資産が運用開始に至るまでは料金として課金されることはない。

6.4　DCFモデル

　この方法は，空港の価値を将来のキャッシュ・フローを現在価値に割り引いたものに基づいて推計する方法である。将来のお金を割り引くという概念は，お金の時間価値として知られている。つまり，より直近で稼ぐお金の価値は，もっと将来に稼ぐお金の価値よりも高い。例えば，今日，空港が稼いだお金は，20年後の同じお金の価値よりも大きい。これは，そのお金を再投資することで，その間にさらにリターンを得ることができ，また支払いが遅れるとその価値は達成されないからである。この割引の大きさは資本の機会費用に基づいて設定され，「割引率」と表現される。割引率は，2008年の金融危機を受けて非常に低水準に落ち込んだとはいえ，今なおこの割引は不可欠なプロセスであ

第6章 空港の価値評価 | 145

る。第4章では，空港の割引率をどのように計算し，価値評価や資本評価モデルに適用する際の割引率の典型的な水準について述べた。

まず，毎年のキャッシュ・フローの計算にあたっての第一歩は，EBITDAの把握である。EBITDAは損益計算書によって公表される。それは，つまるところ税引き前利益に，減価償却および資産減耗（これは実際のキャッシュの動きはない）を加えたものである。EBITDAからその年の資本支出やキャッシュ税額，運転資本増減を控除したものがフリー・キャッシュ・フローである。レバレッジド・フリー・キャッシュ・フローは，実際の債務に対する利子を考慮に入れた代替的な計測手法である。そして，これをレバレッジを活用していないフリー・キャッシュ・フローから控除する（EBITDAが利払い前のものであることを想起する）。

DCF法による評価では，まず投資によって，もしくは企業（空港）が稼ぐ将来のキャッシュ・フローを推計する。この過程で，空港が「経済性」を確保すると思われる期間を決定する。これは経済的な価値を有する年数よりは短いだろうが，期間の最終時点における残存価値（terminal value）を反映させなければならない（もちろん，その時点における価値も割り引く）。その後，それらのキャッシュ・フローのリスクの大きさや資本市場の利子率を考慮する。そして，最後に割引率を決定する。割引手続きによって将来のキャッシュ・フローの現在価値を把握し，資本投資の予定と比較することができるようになる。

残存価値の計算方法には2通りあり，「ゴードン法（Gordon Growth Model）」と，「最終倍率法（Exit multiplier（ratio））」である。最初の方法は，最終年度のキャッシュ・フローの予想を考え，さらにそれが平均的な成長率でもって永遠に成長すると考える。例えば，20年後の最終年度のキャッシュ・フローが5,000万ドル，長期キャッシュ・フローの成長率が年率2％だとすると，残存価値は5,000万ドルに1.02／(0.07－0.02)を乗じた値で算出される。この定式では，成長率と割引率を用い，この例の場合では7％という割引率を想定している。したがって，残存価値は10.2億ドルと計算される。

　残存価値＝［予想最終年度におけるキャッシュ・フロー×（1＋長期キャッシュ・フロー成長率）］／［割引率－長期キャッシュ・フロー成長率］

2番目の空港残存価値の推計方法は，適切な倍率すなわち，キャッシュ・フ

ローに対する価値の倍率を推計し、それを最終年度の予想キャッシュ・フローに適用する方法である。一般的に利用される倍率は、EV/EBITDA倍率であり、これはすでに時価総額がわかっている同様の空港を参照することにより計測される。上の例を用いた場合、ゴードン法を利用して推計したときに10億ドルという残存価値であったから、EV/EBITDA倍率は20と想定される。

　空港価値の決定方法は、しばしば「3段階DCF」といわれる。第1段階は詳細な空港収益が予想される。これは3年程度先までのことであり、5年を超えることはまずない。第2段階は投資機会という特徴を持ち、だいたい5～10年先のことを把握する。そして、第3段階において、資本収益率は企業の資本コストにむかって次第に低減していく。これら3段階の最長は40年程度であろう。キャッシュ・フローはそれぞれ3段階の期間において予想され、加重平均資本コスト（WACC）を利用して現在価値に割り引かれる。企業価値総額は、期初の投資資本、DCF値、そして期末時点の残存価値の現在価値を合計したものである。これは非空港資産やその他を株式価値としてあたえ、それを発行済み株式総数で割ると、1株あたりの価値が算出される。

　ドイツを本拠地とする空港グループ、フラポートの2010年5月の平均株価は33ユーロで、額面で9,190万ユーロの発行済み株式があった。これは時価総額では30.33億ユーロであったが、表6.3に示すようにDCFよりも低い値であった。

　DCFの大きな利点は、航空系事業、グランドハンドリング、駐車場、商業などについて、それぞれ個別に予測できる点にある。正味現在価値（net present value）は、さまざまな経済的シナリオ、航空業界のシナリオのもとで計算される。そして、あるプロジェクトの外的な「ショック」の影響度についても推計される。キャッシュ・フローの予測モデルは、立地地点および地域的な要素、また、他の空港との競争についても考慮に入れることができる。さらに、将来にあり得る資本投資についても考慮される。加えて、プライス・キャップ規制など経済的規制の影響についても調べられる（第10章参照）。DCF法は、このような規制がある場合とない場合、あるいは空港への補助金の影響についても調べられる（Jorge-Calderon, 2013）。

　一方で、この方法の欠点は、30～40年先のこと、あるいは20年先のことでさ

表6.3　フラポートの評価（2010年5月），WACC 7.02%

キャッシュ・フローの現在価値，2010-2015年	マイナス8億8,970万ユーロ
キャッシュ・フローの現在価値，2016-2035年	29億8,600万ユーロ
キャッシュ・フローの現在価値，2036-2049年	12億2,350万ユーロ
残存価値	18億2,620万ユーロ
総事業価値	51億4,600万ユーロ
純債務, リース, さまざまな調整事項を控除した総資本価値	36億ユーロ
総資本価値を発行済み株式数で割った1株あたり価値	3,900万ユーロ

出所：Lobbenberg (2010).

え予測することが難しい点である。例えば，1990年代の初頭から半ばの時期において，たとえ，そのときすでにアメリカではLCCが大きな競争圧力となっていたという事実はあったにせよ，来たるべきヨーロッパのLCCの成功についてはほとんど予想されていなかった。

6.5　市場ベースのモデル：倍率法

6.5.1　空港と関連ビジネス

　前節では，DCFモデリングへのインプットとして残存価値を決定する1つの方法で比率（倍率）を使用した。しかし，倍率は，現在の収益水準やキャッシュ・フローに基づいて資本価値を推計するためにも利用できる（すなわち，実際の最新の収益もしくは翌年の推計値）。これは金融アドバイザーがよく利用する方法だが，株価収益率もしくは関連する比率（倍率）（第3章）を適用する方法である。それは，「類似取引比較（transaction comparables）」とも呼ばれる。それはキャッシュ・フローや残存価値など詳細な予測を避け，よりシンプルに評価する方法である。本節では，この評価方法を空港（もしくは空港グループ）全体に適用し，次の節でそれぞれの空港ビジネスの評価を行う。株価収益率を用いて株式の価格付けをするためには，以下のステップを踏むことになる。

・空港の，今年度と最低次の年の収益もしくは純利益を推計する。
・ヒストリカルもしくは予測されたP/E倍率を，同様の空港のP/E倍率との

比較に基づいて推計する。このとき，市場の中から参照した空港のP/Eと市場全体のP/E倍率との関係を比較する。
・空港の時価総額を計算する（収益をP/E倍率で乗ずる）。
・発行する株式数を決定し，1株あたり株価を決める。

　P/E倍率の代わりに一般的に利用される倍率は，EV/EBITDA倍率である。上記の方法の大きな問題点は，P/EあるいはEV/EBITDA倍率の推計においてみられる。適切な比率(倍率)の選択は，同規模で上場している多くの空港を見つけることによって決定する。つまり，公表されている株価(および負債総額)と今期収益を利用することで計算できる。しかし，これらの比較によって評価を行うと，多くのゆがみが生じる可能性がある。例えば，減価償却の方針や貸借対照表外で行う資金調達，オペレーティング・リースなどによって評価は変わる。課税方針も異なり，地域市場では比較においてさらにバイアスが追加される。
　ときに，これらのいくらかを除去するための計算が行われることがある。株価キャッシュ・フロー倍率などがその例である。これはおおまかには減価償却を考慮したP/E倍率である。これは新しい施設の運営を行う空港では好まれる方法である。その代わり，減価償却を調整し，すべての空港に同じ減価償却の方針を適用する。しかし，この場合もその他のゆがみは依然として残される。
　そのほかの方法で，多くの金融アドバイザーに支持され利用されている評価方法は，「企業価値（Enterprise Value: EV）」の計測である。この方法は，計算の最初の段階で企業の時価総額をとらえ，純負債の帳簿価額を加算する。この方法はエクイティも負債も資金調達の原資として評価することになるので，比率（倍率）のゆがみは生じない。空港の長期負債は，通常，取引可能な証券として発行されることはないので，市場価格を評価に用いることはできない。
　EVは従来のP/E倍率の分母を改善する。分子については，上記の他のゆがみを考慮して収益が調整される。この方法は，ビジネスサイクルの変動幅は小さいが，「勘定科目の収益に対する相当な減価償却効果の隠蔽」という欠点がある（Vogel and Graham, 2010, p.29.）したがって収益は，利息，支払い税額，減価償却および減耗の前（EBITDA）に考慮される。代替的な方法として，賃借費

用を控除する方法である（EBITDARもしくはEBDRIT）。EVのEBITDAに対する比率もしくはEVのEBDRITに対する比率は評価のために利用され，空港どうしで比較される。あるアナリストはEV/売上を利用することもあり，この場合はパーセンテージで表現する。

　図6.1は，過去15年間の空港のさまざまな価値評価を支える比率（倍率）を調べたものである。あるものは買収されたもの，またあるものはブラジルの空港民営化のように長期のコンセッションで民営化されたものが含まれている（民営化のプロセスについては第8章を参照）。取引の本質が異なることは無視するが，2000年から04年までの期間において，EV/EBITDA倍率は12～18倍である。また，2005～08年の期間は20～30倍であり，2008～10年はふたたび10～13倍に戻っている。最近では15倍程度で落ち着いている。

　倍率法は，評価において利用されるさまざまな倍率を比較参照する空港群に依存する。このため，その空港特有で，参照する空港群にはまねできない要素を無視することになる。したがって，以下の点は考慮すべきである。

・空港の成熟度
・非航空系収入の改善に向けたポテンシャル
・経済的規制の環境
・航空交通の組み合わせ
・航空会社への依存度
・空港容量の制約
・潜在的な後背圏
・環境上の制約

　ここに示した要素は将来の交通量，収益の成長性を制約し，他のリスクを追加しうるものである。もちろん，成長や収益性を加速させ得るものでもある。空港とはまったく関係のない事業者によって運営され投資される鉄道あるいは高速鉄道ならなおのこと，後背圏は大きく広がるだろう。空港に隣接する都市は潜在的に大きな成長性を有している（例えば，中国の都市）一方，飽和もしくは縮小にも直面するかもしれない（例えば，デトロイト）。

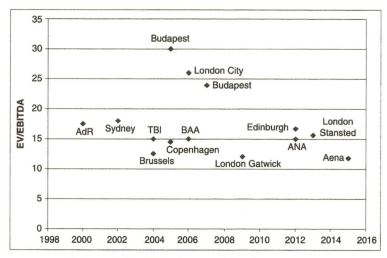

図6.1　空港の取引価値に関する倍率（1985－2015年）
（注）取引価値は10億ユーロを超えている
出所：Aviation Strategy（2015a, 2015b, 2015c）.

　経済的規制の環境はそれぞれの空港で大きく異なる。例えば航空会社にとっては好まれるシングル・ティルや，空港にとって好まれるデュアル・ティルがある。またほかの空港ではあまり複雑でない価格規制の方法もある（第10章参照）。プライス・キャップ規制は，DCF法と部分総和での評価法に組み込むことができる。そうした評価手法において，倍率を用いて考慮することは難しい。例えば，ヒースロー空港やADP，フラポートはそれぞれ異なる規制手法を用いている。
　環境面での制約は，離着陸の騒音規制や，空港周辺の騒音で影響のある地域に住む人々への補償などがある。このうち後者は，騒音課金によって資金が調達される。エンジンからの排出物についても課金の対象となり，しばしば歳入中立的である。環境規制はロンドン・ヒースロー空港の第3滑走路の建設がNOxに関するEU規制の対象（航空機および地上車両の双方に関係する）になるなど，拡張計画において決定的な役割を帯びることがある。
　最後に，可能性のある評価方法で評価に含めることが容易でないその他の要素としては，1つの航空会社への依存度がある。これは影響としてポジティブ

にもネガティブにもなり得る。巨大なネットワークを有する航空会社に依存することは，他のハブ空港にその機能を移転させることは難しいため望ましい。その一方で，航空会社は大きな交渉力を持ち，接続便の運航をその航空会社が持つ他のハブ空港に移すことができるようになる（例えば，ルフトハンザがフランクフルトからミュンヘンに，IAG がヒースローからマドリッドに移すなど）。しかし，LCC に大きく依存する状況は，空港経営のうえでリスクとなり得る。なぜなら，彼らは簡単に拠点空港を移動させることができるからである。

6.5.2　SOTP 法（Sum of the Parts Valuation）

　もう1つのアプローチは，空港グループとして営む各種の事業をそれぞれ個別に考慮するという方法である。これらは前節で述べたような倍率法を利用して個別に評価する。そして，例えば空港のグランドハンドリングだけを売却するときのように，実際に個別の事業を売却する場合に基づいて評価する。空港の運営や入居テナントからの収入にほぼ限られる小規模な地方空港にとっては，空港全体の評価が適切である。ただし，SOTP 法の場合，全体としての評価よりも低くなる可能性があるという点は注意が必要である。

　表6.4はフラポート・グループに適用した場合の結果である。フラポートは4つの主要事業を抱えている。それぞれ，フランクフルトの航空ハブとしての事業，小売り・不動産事業，グランドハンドリング事業（それらは最近ではコンセッションとして外注していることが多い），その他事業である。これらは，過去にリマ空港やリュブリャナ空港，および Fraport Twin Star Airport Management のもとで大半の株式を保有していた事業である。HSBC はフランクフルトの航空事業を規制資産ベースで評価した。というのも，これが同社の収入や価値を効果的に制限していたからである。小売り・不動産事業およびグランドハンドリング事業の EV/EBITDA 倍率はそれぞれ8.2倍，6.0倍であった。そして空港ホールディングスは，フラポートが株式を保有していることを考慮してそれぞれの空港の EBITDA に適用し，倍率は10〜21倍の範囲であることを推計した。

　表6.4は EV の計算結果である。時価総額を計測するために，マイナーな持ち株は EV のグループに帳簿価額もしくは市場評価で追加する必要があり，

表6.4　フラポートにおけるSOTP評価

	2015年度 EBITDA (100万ユーロ)	EV/EBITDA ターゲット	2015年度末企業価値 (Implied Value) (100万ユーロ)
航空事業	237.6	9.7	2,300
小売り・不動産	362.1	8.2	2,969
グランドハンドリング	51.6	6.0	310
その他事業	173.0	various	1,142
グループ	824.3	8.2	6,721

出所：Lobbenberg (2014b).

マイナーな利息や負債は控除する必要がある。この例では，1株あたりの価値は45ユーロであるとしている。一方，2014年11月における株価は47.8ユーロであった (Lobbenberg, 2014b)。

6.6　要　約

本章ではさまざまな評価方法と，必要とされる評価法の適切な使用機会についても述べた。一般的に投資銀行の株式アナリストはDCF法を使う傾向にある。というのも，評価モデルが現在の市場の株価を評価することに主な焦点を置いているからである。一方，IPOアドバイザーは倍率法や，よりシンプルでさまざまな評価が可能で1株あたり価格の算出も可能な取引価格倍率 (transaction multiples) を好む傾向にある。

貸借対照表に基づく評価方法は，時間を追って記録され法律や会計目的のために形式的に決められた貸借対照表を利用することができるため，最も簡便な方法である (第4章参照)。ここでの大きな問題は，資産の評価のために利用する減価償却の累計額よりも低くなる過去の費用を利用することである。第1に，資産はかなり以前に取得されており，土地の価値はすべてを含んでいないかもしれない。現在のコストに評価を更新したり，取り換え費用を評価することは極めて難しい。もちろん，国の価格指標を用いてそれを行うこともある。あるいは，経済学的な概念である機会費用を用いてこれを行うこともある。空

港がプライス・キャップ規制の対象となるという場合，一般的には規制資産ベース（RAB）を構築するために現在価値の評価が行われる。

　DCF法を実施するにはたいへん多くの費用がかかる。しかし，一度それができれば感応度分析にも利用することができる。空港特有の要素も簡単に取り入れることができ，プライス・キャップのような規制によるコントロールも柔軟に対応できる。株式の価値，そして企業価値を決めるために，現在の市場価格を利用することで逆向きの推計を行うこともでき，DCFモデルを収益の成長率に関する再計算に使うこともできる。

　倍率もしくは比較可能な取引を参照する方法による大きな問題は，まず，参照する空港グループの選択にある。それらはすでに上場されていたり，少なくとも一度はトレードセールや株式の売り出しが行われたものである。第2の問題は，倍率の選択である。特に企業が収益性を持っていない場合は問題となる。このような場合，EBITDAは収益よりもよい指標となる。しかし，「収入」は倍率の割引のために選択される必要がある[3]。一方，分析にあたって複雑さや時間のかかる予測（1年後などとは異なる）も必要なく，非常に容易な方法である。

　結論的に，より多くの空港が民営化され，株式が上場されると，空港はより一層，取引の比較対象や倍率分析に利用されるようになるだろう。こうなると，これらの分析技法はさらに魅力的となり，DCF法はより大きなIPOに利用されるようになるだろう。

　企業価値は，空港の価値評価において重要なものとみなされる。次の章では，負債と株式が企業価値評価や資産ベース，拡張事業に対する資金調達に決定的な役割を担うことを明らかにする。

【注】

1）例えば，タイの財務省は上場企業であるタイ空港公社（Airports of Thailand）の70％の株式を保有している。
2）ブリュッセル空港もこれに成功していない。ある時期は，2つの別々の事業者が運営に関わっていた。1つはターミナル事業，もう1つは（ほとんど）エアサイド事業を運営していた。
3）アマゾンや多くのハイテク企業のIPOに同様のことが言える。

第7章 空港の資金調達

7.1 はじめに

　空港は，伝統的に，特に年間の旅客者数が百万人を超える場合，比較的利益を生むものであり，一般的に（1.5節で論じた通り）営業費用（operating costs）を賄うことができる。このことは，大部分の空港が国または地方政府によって所有され，公共事業として運営されているという事実にかかわらず，少なくとも最近までは，真実であった。この新規投資の資金調達のインプリケーションは，多くの空港に関して，資本投資のために用いられた資金の大部分は内部で生み出されたキャッシュ・フローによって賄うことができている。

　少なくとも，従来は開発資金を調達するための手法として費用のかかる資金調達手段ではなかった，内部で生み出されたキャッシュ・フローの利用に加えて[1]，空港はいくつかの代替的資金源を利用してきた。それらには以下のようなものがある。

- 内部資金，利益留保（キャッシュ・フロー）
- 地方，中央政府からの貸出あるいは補助金
- 商業銀行貸付（負債による資金調達）
- 債券あるいは手形借入れ
- EU あるいは他の政府機関からの貸出あるいは補助金
- 株式による資金調達，部分または完全民営化
- ジョイント・ヴェンチャー
- リース／フランチャイジング
- BOOT（Build-own-operate-transfer）方式（特に短期的スキル不足が生じている新興市場）

以下では，それぞれについて，全体の資金調達における相対的重要性とともに順に検証を加える。資金調達は空港の資本投資以外の理由が必要だとしばしば言及される。これは，空港の立ち上げ段階あるいは操業開始当初の資金調達も含む。

この後の節では，アメリカ以外の国際空港について分析する。アメリカの空港の資金調達については，この章の最後の節（7.8節）で分析する。民間による資金調達は，多くの空港が民営化されるか，少なくとも商業的に別に操業している子会社によって運営されているヨーロッパにおいて役割を増している。ヨーロッパでは2011年から2015年の間に，半数以上の空港が民間資本投資を行っている。一方，アジアではわずか15％，オーストラリアでは14％，アメリカでは9％である（The Economist, 2015）。

7.2 内部資金

空港投資の内部資金による資金調達は，主要な空港の主だった手段である。これは通常，最も安価で最も効率的な開発の資金調達手段である。キャッシュ・フロー水準が資本支出のために必要な資金を賄うには不十分であるような，小さく，収益性の高くない空港は，支出ニーズがより大きく，より収益性の高いグループ空港のキャッシュ・フローで賄うことができるような複数の空港組織により所有されることは十分な便益がある。スペインのAENAや以前のイギリスのBAA，ポルトガルのANA，ノルウェーのアヴィノオなどがその例である。

営業収入水準は，航空関連および非航空関連事業の双方に関係し採用される価格政策に依存する。空港の支出には，職員や，外部委託活動，減価償却，メンテナンス，原材料，販売経費，エネルギー消費（公益事業）などがある。（営業収入と支出という）2つの活動水準の差が，調達のために利用可能な資金を提供する。しばしば提起される疑問は，将来の投資資金を賄うために，どこまで付加することが許されるかという点である。この点に関する政策は変化するし，規制当局は立場を決める必要がある（この点の詳細は10.5節を参照のこと）。

内部の資金源から利用可能な資金量を計測する適切な尺度は，キャッシュ経常収益（cash operating profits）の水準を計算することで得られる。これは，資金移動を含まない主要な支出項目前の営業利潤の水準を計算することで得られる。減価償却がその種の項目のうち唯一の主要な項目であり，キャッシュ・フローを求めるために営業利潤に合計する。正味金利支払いあるいは配当支払いは，投資の資金を賄うために利用可能なキャッシュ・フローを計算するために差し引く必要がある。例えば，マレーシア空港は2006年から2013年まで，毎年10センから20センの配当を支払っていた。投資家が配当を株式と交換することを認めるような配当再投資プランも用意していた。一方でマレーシア航空は，2004会計年度に配当を支払ったのが最後である。

小さなビルン空港から中規模のハンブルグ空港，大規模なコペンハーゲン空港が，キャッシュ・フローから投資資金を賄ってきている。例えば，コペンハーゲン空港の2014年の営業活動からのキャッシュ・フローは18億600万デンマーククローネで，9億5,700万クローネの配当と9億2,200万クローネの投資を賄うためにほぼ十分な水準であった。

ルクセンブルクやアイスランド，ギリシャのように政府の部門や民間航空局（civil aviation authority）として運営されている空港は，しばしば区別が曖昧となる一般税収と空港利用量の双方で資金を賄っている。ノルウェーとスウェーデンは，より大きな財務的な独立性を持つ別の機関により運営されている。

内部で生み出された資金とそれが株主に変換する程度に依存して，金利支払いコストは，絶対水準としても影響費用の割合としても，空港によって大きく異なる。利潤の多くの部分を株主に変換する空港は，巨額の資本支出を行うときにはより多くの借入を必要とする傾向にある（例えば，3章で示したヒースロー空港）。コペンハーゲン空港は，常に投資のために十分な資金を生むわけではないし，金利支払いは高い投資の時期をカバーするための過去の借入を反映したものである。ウィーンのような投資の大部分をキャッシュ・フローによって賄っている空港は，借入は小さく金利支払いは比較的低い。

公企業として運営している空港は，ほとんど株主に配当を払っていない。デュッセルドルフ空港，マンチェスター空港，そしてインド空港当局は，まれ

な例外である。しかし，民間，あるいは半民間所有の企業は，一般的に投資に対してすべてキャピタルゲインではなく，いくらかの所得を必要とする特定の投資家（例えば，年金基金）を満足させるために配当を支払う。一部またはすべて民間所有の企業，ウィーン空港は現在，正味利潤の40％をわずかに下回る程度の割合を株主に分配していて，パリ空港は，ここ2-3年間にわたって，正味利潤の60％を分配するルールを適用している。フランクフルト空港は2013年末までの5年間，毎年，通常株1株当たり1.25ユーロの配当を支払った。これは2013年のグループの正味利潤の52％（の配当性向）に達していて，2013年12月末の株価を基準にすると2.3％の配当利回りを提供している。ウィーン空港は2013年に1株当たり1.30ユーロの配当を支払った。年末のフランクフルト空港（2.1％）と比べるとわずかに低い利回りで，配当性向は37％であった。アジア太平洋地域では，オークランド空港が税引き後利潤の100％を株主に分配した。

空港の投資は，均等に生じるというよりは，巨額で散在する傾向にある。これは新しい旅客や貨物のターミナルと滑走路の最小サイズによる。例えば，第2滑走路を追加したりターミナルの拡張をしたりする場合，小規模な能力の拡張をすることはしばしば困難が伴う。そうすることは，大きな混乱を招くことになり，空港システムの相互依存特性を考慮に入れていないことになる。

したがって，資本支出のタイミングと規模は重大であると判断される。もし早すぎると，空港は利用しない資産を抱えることになるし，遅すぎると，交通（収入）が能力の制約あるいは航空会社の顧客にもたらされる遅れにより失われることになる。このことは巨額の投資活動を行う特定の時期に，資金準備が積み上げられている場合でも，内部資金の補完として他の資金源が必要であることを意味する。例えば，フランクフルト空港の第2ターミナルやブリュッセル空港の新ターミナル建設時には，銀行から巨額の借入を行っている。また，内部資金と過去5年にわたる投資の関係を検討することは，必ずしも十分に正しい，あるいは満足できる空港の資金調達に関する公正な状況を示すわけではないことも意味している。しかしながら，空港部門は，負債（借入）をしばしば満期が25年を超えるような，かなりの長期にわたって受けることができる。

7.3　短期の資金調達

　大部分の企業は，銀行あるいは当座貸越の取引を1行あるいはそれ以上の銀行と行っている。空港もまた例外ではなく，大規模な空港や空港グループは1行以上の銀行と取引を行う傾向にある。例えば，オークランド国際空港は，2013年末に3つの商業銀行とこうした取引を行っていた。135,000NZドルと47,270豪ドルをオーストラリアのコモンウエルス銀行と，150,000NZドルを東京三菱銀行と，80,000NZドル相当のNZドルと豪ドルのマルチ・カレンシー契約をバンク・オブ・ニュージーランドと結んでいた。これらは，提示された金額まで引き出すことができるが，これらの1つは2013年末までに引き出されていない。それらは短期の満期の負債を持っているが，双方が満期になるまで実行された。金利水準は3％から3.6％の範囲で，その種の短期借り入れは比較的安価である必要はないが（金利の短期的変動の影響を受ける），非常に短期の申し込みで資金を利用することができる。こうした機能あるいは短期のローンの目的は，通常予測できない支出の急増に対応することにある。

7.4　株式による資金調達と株式上場

　新株発行による資金調達は，新規プロジェクトや民営化（第8章で論じる）以外ではあまり一般的ではない。普通株と転換貸付の組み合わせがありうる。これは転換オプションによって要求利回りを変更することができる。優先株式も利用可能であるが，他の産業ほど一般的ではない。国による株式の発行は，部分民営化や海外保有の制限がしばしば行われる。

　BAAやウィーン，コペンハーゲン（後述），アイルランド空港公団などの注目される事例では，ユーロハブ時代以降におけるビリンガム空港の株式保有比率を利用している。しかしながら，オーストラリアの空港株式の資金ルートは，場所によっては，トレード・セール（trade sale）であると考えられている。バーミンガム空港のユーロハブ旅客ターミナルは，このようにして民間部

門の株式投資家によって資金調達がなされた。同様にブリュッセル空港の新規顧客ターミナルの20％は，普通株と転換貸付によって資金調達がなされた。ミュンヘンの新しい空港のコストのうち40％をわずかに下回る金額が新規株式発行によって資金調達され，そのうちおよそ３／４は利払いを伴わない優先株式の形式でなされた。

コペンハーゲン空港の25％民営化は，新規の株式を発行したのではなく，単に政府保有分を民間の投資家（および空港スタッフ）に移転しただけである。そのため７億デンマーククローネをわずかに下回る売却の果実が，デンマーク政府に移転した。同様の移転が，新規株式発行を伴わない中央や地方政府のウィーン空港の株式売却でも生じた。

株式による資金調達は，本章で論じる外部の長期資金の２つの主要な源泉のうちの１つである（もう１つの源泉は借入・債券による資金調達）。空港により発行される株式には，対価あるいは価格の違いによりさまざまな種類がある。株式発行は，それに続いて上場したり，売買されたりする。証券取引所を通じて行うのが通常であるが，私募やトレード・セール（別の空港事業者への売却）により直接取引されることもある。新規発行株式は一般公衆（および金融機関）に公開されることもあれば，金融機関のみに割り当てられることもある。前者は「新規株式公開（IPO）」と呼ばれ，その後売り出しが行われる。過去の財務状況や短期的な見込みを示す目論見書が発行される。発行がうまくいくためには引き受けが必要で，（引き受けは）決められた株式数を，収益と手数料のために割り引かれた価格で引き受けるといういくつかの金融機関からのコミットメントを得ることで実行される。売り出しにも目論見書が必要であるが，この場合，一般公衆への売り出しなしに，時には株式市場へ上場することなしに，金融機関に対して直接に株式を売却することもある。

7.4.1　株式発行

事業資金を調達するために，さまざまな種類の株式が企業によって発行される。株式の保有者は，通常以下のような，さまざまな権利を有している：
・申告した場合には配当を得る権利

・さまざまな会議において，あるいは郵送で投票する権利
・清算時に（他の優先する請求権に対する支払いがなされた後）資産の割合に対する権利

　株主の権利は通常，企業が本拠とする国の会社法に基づいた定款に記載されている。いくつかの国（中国やロシアなど）では，会社法が未整備であるため，株主は権利を主張するためには政府機関に依存する必要がある。
　空港の貸借対照表は，申込に際して支払われたプレミアムとともに，発行株式の名目すなわち額面金額が示されている。株主が承認した株式総数も同時に示されている。ヒースロー空港 Ltd は，2011年度末に1株2ポンドの名目価値がある（払い込み済み，配分および全額支払い済み）8億5,760万株を発行していた[2]。名目価値以上の株式発行で得られた金額は，資本剰余金準備（share premium reserve）という名前で，株主の資金のもとの準備の一部として示されている。双方とも，剰余あるいは不足，他の準備や前期の留保利潤あるいは損失の再評価として提示される株主資本（shareholders' or stockholders' equity）の項目に見ることができる。125の空港のケースのうち資金調達が小さかったものは，オークランド空港の場合で，払込済の12,000株は，正規あるいは額面価値を持っていない。貸借対照表は払込資本金額を示しているのみであった。
　異なった種類の普通株が発行され，株主資本の項目に別々に示されることがある。例えば北京国際空港は，2013年度末に全体で433万株（すべて額面は1人民元）を発行し，188万の外国人が保有し香港株式市場で売買できる H 株と，245万の中国国内向け株式に分けた。H 株に対する配当が人民元で表示され，香港ドルで支払われること以外に，国内株と H 株はさまざまな側面で公平な扱いになる。加えて，国内株式は，中華人民共和国の法律によって課せられる制約を受けることになる。
　空港が外国の利害関係者にコントロールされるには，あまりに戦略的なものとして考えられる場合，政府は空港を民間部門に移転する際に「黄金株（golden share）」を手元に残すことができる。イギリスの BAA 空港グループの場合がこのケースに相当する。2003年時点で，黄金株はイギリス政府にふさわしく

ない利害関係者に支配権を売却するというような重要な意思決定において拒否権を与えていたが，EUがその種の取り決めはEU法に反すると決めたため，BAAや他のEU企業の黄金株の発行を続けることができなくなった。

例えば，3株当たり1株の新規株式というような所与の割合で，現行の株式所有割合に応じて新株を発行する株主割当増資（rights issue）（それぞれの株式所有者は権利を有するが，払い込む義務はない）により，現行の株主が資本を払い込むことができる。株主割当増資を行う場合，価格は現行の株価より最大15％割り引いて設定をする必要がある。このことで全額払い込まれる以前に権利それ自身が価値を持つ。新規株式は，株式無償交付（scrip or bonus issue）により，会社の準備（前年の利潤から蓄積された）の無償の分配という形で発行することもできるが，この場合，新規資本を増やすことはない。

株主割当増資の例としては，16株に対して1株を割り当てた2010年2月に行われたオークランド空港の例がある。この増資では，提示された1株1.65NZドルで99.82％の申し込みがあり，空港に1億2,640万NZドルの資金をもたらした。

7.4.2　新規株式公開（IPO）

新規株式公開は，株式を公衆に最初に売り出すことで，通常は上場前に行われる。その後，株式は流通市場で取引できるようになる。しばしば，そのプロセスは，ビジネスをベンチャーキャピタル企業とともに立ち上げ発展させた，民間あるいは地方当局のような創業者株主の所有株式の一部または全部を売却する手続きとなる。拡大のための新規資本として，新規株式も同時に発行されることがある。空港や空港グループBAAのケースと同様，民営化の手法として利用されることがある（8章を参照）。より最近では，スペイン政府によるスペインの空港グループの売却に利用されたアプローチである。

新規株式公開は，通常すべての株式が申し込まれるような水準に価格設定される。そうでなければ，1行かそれ以上の銀行が発行を引き受ける：優遇価格や手数料により購入されなかった株式を引き受けることに合意する[3]。時折，価格は発行主幹事（投資銀行）を通じた市場からのフィードバックを受けて，

下方に調整される。これは市場全般あるいは当該産業または企業に特有の要因にマイナスの影響を与える事象のためである。この例としては，急速に拡大していたインドの航空会社エア・デカン（Air Deccan）の2006年の株式公開がある。航空会社は，当初300インドルピーから325インドルピーの範囲の株価を考えていたが，アドバイザーは150インドルピーから175インドルピーの範囲がより現実的であると説得した。結局，株式は148インドルピーで売り出されたが，主にインド市場全般に影響を与えた要因のため，ムンバイ証券取引所での売り出し初日に株価は98インドルピーに下落した。さらに翌月には，株価は85インドルピーに下落した（Aviation Strategy, 2006）。これは過度に楽観的な価格設定（当該航空会社は赤字であった）と公開を取りやめるには遅すぎるという景況感の悪化の例である。

IPOはしばしば，それぞれ与えられた株式で一般公衆と金融機関で別々に行われる。1株当たりの価格は事前に決定され，申し込みは固定価格にて行われる。しかしながら，見込申込では，入札価格はその範囲を上回る価格を提示される。公衆は支払金額を提示することを求められ，株価に応じて受け取る株式数が決定する。最終価格はアドバイザー金融機関である主幹事の投資銀行の参加により，株式の需要と入札価格の意図のもと「ブック・ビルディング（需要積み上げ方式）」局面の結果に従って決定される。

注文が締め切られると，価格が決定される（2つの価格が存在する可能性がある：1つは金融機関のためであり，もう1つは公衆のためである）。購入希望が売り出しを上回っている場合，入札は公衆と金融機関でしばしば別々に比例配分され処理される。また，購入希望が上回った場合は，「グリーンシュー」オプションが実行され[4]，追加の株式は，取引開始後に短期間で売却される可能性がある。少数の創業者株主が新規株式公開後に大きな持分を保有する場合，特定の「ロックアップ」期間（通常6カ月から1年）の間，その株式を売却しないことに同意することがある。

新規株式公開は，政府保有株式を民間部門に売却する方法（民営化）の1つであり，財政赤字の削減に寄与している。しかし，空港に資金を注入するために新株式を発行することは可能であろう（表7.1参照）。これは民営化前にしば

表7.1　株式上場している大規模な国際空港

2015年11月4日時点

	空港	株価	時価(100万ユーロ)
ヨーロッパ・アフリカ	フラポート	57.34ユーロ	5,287ユーロ
	パリ空港公団	113.50ユーロ	11,232ユーロ
	AENA	98.90ユーロ	14,835ユーロ
	チューリヒ	745.00スイスフラン	4,241ユーロ
	ウィーン	84.60ユーロ	1,777ユーロ
アジア・太平洋	マレーシア空港	8.00リンギット	2,477ユーロ
	タイ空港	190.00バーツ	6,072ユーロ
	オークランド空港	4.11ニュージーランドドル	3,084ユーロ

出所：Lobbenberg（2015b）．

しば行われているが，空港の貸借対照表上の負債を削減するためにも使用されることがある。資本の源泉としては，以下のものがある。
・個人投資家
・ヴェンチャーキャピタル企業およびプライベートエクイティ
・投資信託，年金基金，保険会社

　（期待収益率を除いた）主な問題は，どのレベルの支配が株式の投資家に渡されるかであるが，多くの年金その他の資金の投資家は喜んで少数派の立場をとることが多い。年金基金は最近，空港への主要な資金源となっており，主にヨーロッパを中心として，個々の空港で大規模な保有を行っている。オンタリオ教員年金制度は（マッコーリー・ヨーロッパ・インフラストラクチャー・ファンドと共同で）コペンハーゲン空港の共同所有，バーミンガム空港の48.25％，ブリストル空港の100％（マッコーリーから50％を購入），ブリュッセル空港の39％を所有；イギリス大学年金基金は，ヒースロー空港の10％を所有；カナダの公的部門年金委員会は，アテネ，ブダペスト，デュッセルドルフ，ハンブルグ，シドニー，ティラナの各空港について，ホッホティーフ（Hochtief）ポートフォリオの少数

派の持株を取得した。後に，ガトウィック空港の少数株主には，韓国の国民年金サービス（12.14％），カリフォルニア州年金基金（CalPERS）（12.78％）がいる（第8章も参照）。保険会社だけでなく，年金基金も，国債を上回る収益を上げているにもかかわらず，空港はほとんど倒産することなくリスクが低いため，自身の長期負債と空港の長期資産を一致させることができ，成長の見通しが良いと考えている（Condie, 2016）。これらの投資家は，空港が行う定期的な配当支払いに依存する信頼できる現金支払いを好む。

政府系投資ファンドもまた，空港への投資家である。アブダビ投資庁はガトウィック空港の15.9％，カタール空港投資は20％を保有しており，中国投資公社はヒースロー空港の10％を保有している。

7.4.3　ジョイント・ヴェンチャー

ジョイント・ヴェンチャー（JV）は，通常，空港と外部投資家が混在する特別設立会社である。このアプローチの利点は，外部のJV投資家が追加の資本と経営スキルをもたらすことである。さまざまな利害関係者に共通または一貫した目標は根本的なことである。ヴェンチャーが実行される前に，出口の仕組みが空港と投資家の間で合意されなければならない。そのようなジョイント・ヴェンチャーの1つは，マッコーリーとオンタリオ教員年金基金（上述）であり，これらは一緒に多数の空港に投資を行った（第8章も参照）。

表7.2の再売出しのいくつかは，ジョイント・ヴェンチャーである。例えば，フラポートのような空港事業者が，ギリシャのコングロマリットと提携して入札競争に勝つ機会を増やすためのものであった。他のものは，年金基金などの1つあるいはそれ以上の金融機関である。これらの取引に関わる空港は，ウィーン空港やロンドン空港の場合のように，以前，株式公開を通じて民営化されていた。

7.5　借入および債券による資金調達

前のセクションでは，会社が営業を続けている限り返済する必要のない「永

表7.2 完全または一部の空港株式流通状況

空港	種類	売り手	買い手	年	取引金額(百万)
ギリシャ地方空港（14）	Ful	ギリシャ政府	Fraport and Copelouzos Group	2015	€ 1,234
ウィーン空港	一部(29.9%)	オーストリア政府	ヨーロッパ空港グループ	2014	€ 514.9
アバディーン，グラスゴー，サウザンプトン	全部	ヒースロー空港持株会社	Macquarie and Ferrovial	2014	
ベルファスト国際	全部	TBI/Abertis	ADC-HAS	2013	€ 297
アテネ，ブダペスト，デュッセルドルフ，ハンブルグ，シドニー，ティラナ	一部	Hochtief AG	カナダ公共部門年金投資理事会	2013	$2,000
カーディフ（UK）	全部	Abertis	Welsh government	2013	£52
ロンドン・スタンステッド	全部	ヒースロー空港持株会社	マンチェスター空港グループ	2013	£1,500
ロンドン・ガトウィック	全部	BAA	グローバル・インフラストラクチャー・パートナーズ（GIP）	2009	£1,500
エディンバラ	全部	BAA	グローバル・インフラストラクチャー・パートナーズ（GIP）		£807
オークランド（NZ）	一部(7.6%)	ニュージーランド年金ファンド	さまざまな機関		NZ$ 276

出所：Tretheway and Markhvida（2013）および著者による（さまざまな報道発表と空港のウェブサイトから）。

久の」資金調達として，エクイティ・ファイナンスについて説明した。投資家は，配当と株式の買い戻し，そして究極的には株式の売却益により資金を取り

戻すことができる。一方，借入と債券での資金調達は，一般的には返済しなければならない期日または期間があり，利息は通常，残高に計上される。

借り手の債務返済不履行に対して債務と債券投資者を保護するために，契約時に担保や抵当（a security or charge）をとることが多い。これは，債務不履行または破産の場合に，貸し手に移転する可能性がある借り手の資産である。特定のプロジェクトのためのファイナンスは，プロジェクトを通じて調達された資産によって生み出されるキャッシュ・フローを担保とすることもある。

固定や変動の抵当が，企業の借入を担保するために使用される。このような借入は，多くの場合，会社が発行した社債の条件で行われる。会社資産に対する抵当は，企業登記局（Companies House）または同様の政府機関に登録する必要がある。また，他の方法で登録することが必要な場合もある。例えば，土地と建物の担保は土地登録所（Land Registry）に登録しなければならない。

固定の担保は，特定の不動産に対する担保あるいは抵当権である。空港の場合には土地や建物，設備，他社の株式などがこれに該当する。変動の担保は，特定の種類の担保であり，企業のみが利用できる。これは，通常の業務の過程で企業が扱うことのできる，現在および将来の（通常は）すべての会社の資産に対する公正な担保である。非常時には，当該企業の株式など，会社の資産種類に対する担保である。

変動の担保は，担保として使用できる保有不動産などの特定の資産がなくても借りることができることから，多くの企業にとって有益である。変動の担保は，株式，プラント・機械，車両などのすべての資産に課すことができる。

2007年8月に始まった銀行危機の結果，より弱い商業銀行がより厳しく規制されることとなった。その結果，空港や空港関連のプロジェクトへの融資が削減され，残った商業銀行の融資は，より高価（高いリスク・プレミアム）で短期になった。これにより，年金基金や投資信託などの貯蓄機関から直接，資金を募り，銀行を迂回する多くの企業が生まれた。これは「ディス・インターミディエーション」と呼ばれ，より最近では（そして簡単に言うと）「シャドーバンキング」と呼ばれている。空港はすでに一部の資金調達については債券に依存していたが，2007年から2014年の傾向は，より多くの企業が銀行からの融資と同じ

条件，しかし，しばしばより長期で，債券発行と金融機関からの直接借入を増やし，商業銀行借入を減らした。

7.5.1 銀行借入

銀行借入は，銀行や銀行連合からの融資を通じた空港の資金調達方法である。銀行は仲介機関として機能し，借入金とともに預金を業界に貸し出している。融資期間は短期・長期ともに可能であるが，12年を超えるものは少ない。金利は，融資期間一定の固定金利か（市場のLIBORまたは同様のレートを参照して定期的に調整される）変動金利のいずれも可能である。融資は通常，空港の自国通貨建で行われ，しばしば変動金利と外貨建の両方でリスクをカバーするためにヘッジ手段を取得する必要がある。

3つの主要なデフォルト・イベントが含まれる：
・発行者が，期日の到来後30日以内に元本または利息その他の金額を支払うことができない場合。
・発行者が30日以内にすべての義務を果たさない場合。
・発行者の支払い停止または破産の場合。

次の条項のいずれかが遵守されていない場合は，デフォルトとなる。
情報条項：会計年度終了後150日以内に，一定の期間内に財務諸表およびその他の情報を提供すること。
運営条項：法人としての法的地位を維持し，空港が対象とする事業または収益の種類を制限する。
財務条項：信用格付の格下げ（7.6節を参照），キャッシュ・フロー／金利比率が1.5以上に維持され，債務／資産比率が0.7以下に抑えられている。

上記のいずれかの違反は，返済を要求し，より進んで義務を解消する権利を貸し手に与える。債務に関するもう1つの要件は，債務返済（金利と元本の支払い）が可能な別の銀行口座への資金の移転である。その一例は，シドニー空港の借入金の返済にのみ使用できる別の銀行口座に，2013年度に1億600万豪ド

ルの現金残高が置かれていることである。

　商業銀行融資は，ドイツやオランダ，フィンランド，フランス，ベルギーの空港で広く利用されている。金利は，特に政府の保証が利用可能な場合，民間所有の同じ空港の場合よりも多少低くなる。コペンハーゲンは，デンマークの抵当金融機関から12億ドルの貸出を受け，1990年の法人化後にこれらの資金調達を利用し始めた。ブリュッセル空港の新旅客ターミナルと関連施設の大部分（57％）は銀行融資で調達された。アムステルダム空港は，取引可能で高い信用格付を与えられた債券を発行することに加えて，融資をかなり使用している。2013年12月末のパリ空港の銀行借入は，主に欧州投資銀行（EIB）から4億8,000万ユーロの15年ものを，カリヨン（CALYON，現在のクレディ・アグリコル・コーポレート・アンド・インベストメント・バンク）および他の銀行からさらに8,500万ユーロの借入を行っていた。後で述べるように，空港は債券の発行に，より多く依存している。

　小規模な空港は，特定の投資プロジェクトに関連する公的機関からの助成金や資金調達に頼っている傾向がある。依然として政府が所有しているが，取引所に上場し取引されているこの種の小規模空港の1つに，フィレンツェ空港（Aeroporto di Firenze（AdF））がある。

　フローレンス空港を所有することに加えて，シエナとピサの同じイタリア地方のより小さい空港を所有している（2012年に合計190万人の旅客があった）。

　借入や債券の資金調達では，一時期に集中したり急に大きな返済をしたりしないで，返済が均等になされることが重要である。これにより，短期借入を追加することなく，空港財務担当者がコミットメントをより簡単に満たすことができる。パリ空港は，空港の負債返済計画の一例を提供しており，深刻な返済の集中はないものの返済金額の違いが見られる（図7.1）。図7.1に示されている返済金額の違いは，2018年から19年，2024年から2026年および2028/29年に満期を迎える新たな債券を発行することによって補填することができる。空港の平均負債満期は7.5年であり，長期資産を有する会社にとっては比較的短期間であるが，2012年末には6.4年であった。大部分は，金利スワップの必要性がほとんどない固定金利債務であった。

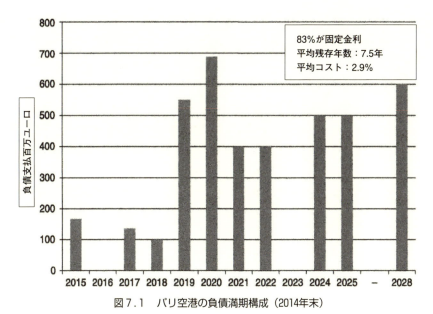

図7.1 パリ空港の負債満期構成（2014年末）
出所：Aeroports de Paris（2015）.

7.5.2 債　券

　債券は，銀行を介さずに投資家に直接売却される有価証券である。2008年以来，商業銀行は大幅に規制され，貸借対照表からリスクの高い資産が除去され，リスクの高い貸出が減少した。これは，少なくとも大型空港では，魅力的な選択肢となっている。社債は，空港の自国建通貨に加えて外貨で発行することができ，銀行が企図するよりも長期になることが多い。世界最大の市場はアメリカだが，投資家は明らかに米ドルで発行された債券を好む。社債は，主に商業銀行に預金を積み立てるための，高いリスクと高いリターンの代替案として金融機関に販売されている。発行体は，通常，債券の市場での消化を円滑にするために信用格付を取得する。

　通常，1つ以上の銀行が債券を売却し，引受手数料（元本の0.35％）に加えて，売却されていない有価証券をやや魅力的な価格で受け取ることに同意する。また，売却目論見に関して相当量の書類がある。これには，前節で説明し

た主要なデフォルトのイベントと条項が含まれる。金利の計算および支払方法により3種類の債券がある。

　固定利付債券：金利が固定金利で計算され，毎年あらかじめ決められた日に支払われる債券。

　変動利付債：利息が変動金利で計算され，毎年あらかじめ決められた日に支払われる債券：変動金利は，指定された日付に発表される市場金利（例えば，毎年4月1日の6カ月物米ドル銀行間レート）を参考にして決定される。

　ゼロクーポン債：無利息の債券。保有者が利息を受け取らないことを補償するために，額面償還価額から大きく割り引いた金額が提示される。「発生主義債」とも呼ばれている。

　保有者が登録簿に保管されている「登録債券」と，債券クーポンが提示された場合にのみ利息を支払うことができる登録されていない「無記名債券」がある。空港の債券は，通常，発行する空港の通貨により，わずかに割り引いて（例えば，額面から1％程度割り引いて）発行される。外貨の魅力的な低金利は，為替レートの変動によって相殺され，借入コストが高くなることがある。空港の収入の大半は自国通貨建であるため，他の通貨ではヘッジ能力はほとんどない。ヘッジは，為替レートの下振れリスクの一部を相殺するために使用できるが，これにはコストがかかる。例えば，ヒースロー空港ホールディングスは，外貨建ての債券発行の利息および元本支払に関する通貨リスクをヘッジするために通貨スワップを行った。これは，借入コストを1％上昇させた。シドニー空港の73億豪ドルの借入は，大部分が豪ドル建てで，一部がカナダドルと米ドル建てであった。

　2003年6月に，パリ空港公団は，金利2.75％，期限25年（2028年6月5日償還）の6億ユーロ相当の債券を発行した。これは，額面の98.841％で割引発行され，最終利回りは2.78％であった。このように，空港は魅力的な低金利で長期資金を確保する機会を得た。利息は毎年支払われ，債券はユーロネクスト証券取引所で価格付けされている（頻繁には取引されていないが）。この債券発行の目

表7.3　ヒースロー空港ホールディングス Ltd 通貨別債券残高（2012年12月31日現在）

通貨	残高（100万ポンド）	比率（％）
英ポンド	8,686	85.5
ユーロ	2,214	21.8
米ドル	959	9.4
カナダドル	245	2.4
スイスフラン	268	2.6
合計	10,158	100

出所：Heathrow Airport Holdings（2013）Ltd.

的は，空港の継続的な投資計画の資金調達のためだった。当時，空港グループはスタンダード＆プアーズ（S&P）のA+格付を受けていた。

　ヒースロー空港ホールディングス Ltd（以前は，ヒースローと，スタンステッド，ロンドン郊外の3つのイギリス空港の持株会社であったBAA plc）は，2012年12月末に100億ポンド以上の発行済み債券を発行した（表7.3）。これらは2013年から2041年の間に支払われ，金利は1.65％から12.45％（平均4.4％）の範囲であった。そのほとんどはポンド建てでの調達であった。2014年6月，カナダ政府が借り入れることのできる金利よりわずか1.17％だけ高い固定金利で，4億5,000万カナダドルの債券を発行した。

　一方，パリ空港公団はほとんどユーロのみで資金調達を行っており，外貨（スイス・フラン）建ての債券は，35億ユーロの債券全体のうち1億6,300万ユーロに過ぎなかった。

7.5.3　貸出／政府からの補助金

　国や地方自治体が所有する空港は，これらの出所からの助成金や融資を利用することがある。フランスでは，多くの空港が地方自治体や地方当局からの助成金により資金を得ている。ドイツでは，地方自治体の株主（デュッセルドルフなど）から借りた空港もあるが，最近返済されている。新ミュンヘン空港は，国，地方，地域政府の株主から25億ドイツマルクを優先株式で借りた。これ

は，空港が利益を上げた場合に利息のみを支払わなければならないことを意味し，この事態が起こる数年前であった。マンチェスター空港も地方自治体の株主からの融資を利用した。

ミラノなどのイタリアの空港には，総投資額の20％の補助金も州から与えられている。同様に，州からの補助金は，トリノ空港の開発計画の19％に寄与した。パレルモの新しい旅客ターミナルは，地方政府（60％）と州（40％）によって完全に資金提供された。

オランダでは，マーストリヒト空港の投資は，地域開発や地方交付金を含め外部から90％を資金調達している。一方，スウェーデンの空港では，資金の9％のみが政府補助金からのものであり，残りは内部資金であった。政府の貸付金および助成金に関する現状を要約すると，以下の通りである。

・これらは地方自治体または国からのものであるが，これは国によって異なる。
・この資金調達方式は，ヨーロッパの空港業界の初期開発において重要な要素であった。
・返済の要件と償却の傾向は国によって異なる。
・政府が空港をより商業的な立場に置こうとする中で，資金源として重要性が減りつつある。

しかし，補助金は，引き続き経済的便益の面で公共の利益になると考えられる地域空港の資金源となる。

7.5.4　EU機関からの融資／援助

スペイン，ポルトガル，ギリシャ，アイルランド，さらに最近では東ヨーロッパ諸国など，EUの開発地域の空港では，融資や補助金が容易に入手できる傾向にある。EIBの与信枠と融資は，ドイツを中心とするEUの豊かな地域の空港でも使用されている。EUからの資金調達は，補助金（欧州地域再生基金 ERDF および結束基金 Cohesion Fund），保証（欧州投資基金 European Investment Fund）および融資（欧州投資銀行 EIB）に分類することができる。

欧州地域再生基金

1975年に設立されたERDFは，EU地域間の経済発展の格差を縮小するために欧州委員会が設定した4つの構造基金の1つである。1975年以来，開発途上国（第1目標）地域で300億ECU（European Currency Units）以上のプロジェクトが実行されてきた。この基金は，目標1地域のプロジェクトの費用の最大75％，目的2地域および5b地域のコストの最大50％の財政援助を提供している。

以下の空港プロジェクトがERDFによって資金提供されている。

フランス：アジャクシオ，バスティア，カルビ，フィガリ（すべてコルシカ島），そしてさまざまな海外地域

ギリシャ：アテネ，イラクリオン，テッサロニキなど26空港

アイルランド：ダブリン，コーク，シャノン，コンノート

ポルトガル：マデイラ，ポンタデルガダ，コビラ，フィゲイラダフォーズ，ヴィラチャ

スペイン：マラガ，アルメリア，ラ・コルミア，ビーゴ，サンティアゴ・デ・コンポステーラ，アリカンテ，カナリア諸島（エル・イエロー，ランサローテ，フエルタベントゥラ，グランカナリア，テネリフェ）

イギリス：ベルファスト国際，ベルファスト市

ベルギー（ゴスリ，ビエルセ），フランス（メス・ナンシー，シャルルヴィル・メジエール），ドイツ（ドルトムント），オランダ（トゥウエンテ），スペイン（バルセロナ），イギリス（マンチェスター，ハンバーサイド，グラスゴー，プレストウィック，ダンディー，ニューキャッスル，テッセサイド，バーミンガム）などの多くの目標2地域の空港プロジェクトも，融資された。

欧州投資基金

この基金は，1992年12月の欧州理事会で，EUの経済成長と雇用を促進するために設立された。これは，小・中規模の企業，そして欧州横断ネットワーク（Trans-European Networks；TEN）を対象としている。

後者には空港および航空管制（ATC）資金が含まれる。ファンドは，貸出金または債券発行に関する保証を提供する。その意図は，空港のプロジェクトリスクの一部を肩代わりすることによって，民間による資金調達がより容易に実現することである。設立以来，ファンドはミラノ・マルペンサ空港の開発の7,500万ユーロを含む7億5,000万ユーロを保証している。

結束基金

これは1992年12月に，EU 平均（ギリシャ，スペイン，ポルトガル，アイルランド）の90％以上の1人当たり GDP を持つ国々における社会経済的結束を促進するために設立された[5]。EU の拡大に伴い，多くの東欧諸国はアイルランドなどの国を犠牲にして適格となった。結束基金は，EU 州の環境および輸送関連プロジェクトの資金調達に使用される。基金は，欧州横断輸送ネットワーク（TEN-T）の枠組みの中で，インフラ整備を強化することを目的とした輸送インフラ・プロジェクトを支援している。アテネ，コルフ，パルマ・デ・マヨルカ，テネリフェ島の空港は，約1億ユーロの助成金によりこのファンドの恩恵を受けている。

欧州投資銀行

これは，ローマ条約によって EU の優先事項，特に地域開発を満たすプロジェクトを促進する特定の設備投資を支援するために創設されたものである。他の EU 金融とは対照的に，補助金よりも融資の形態をとる。このような融資は通常20年までの期間で，総投資額の50％までをカバーする。借入費用は，EIB が借りることのできる金利に行政手数料0.15％を上乗せしたものに基づいている。欧州投資銀行が持っているトリプル A 格付が，商業銀行融資と比較して魅力的な金利を提供できることを意味する。

2005年から2015年の間に空港プロジェクトに融資が行われた。これは合計で50億ユーロを少し超えた水準で，非 EU 諸国にはさらに8億6,800万ユーロの融資を行った。このため，空港への貸付総額は59億ユーロ，同期間の全輸送プロジェクトの総貸付金の4.2％に過ぎなかった（表7.4）。

表7.4 ヨーロッパ投資銀行のEU空港向け貸出 2005-2015

プロジェクト	国	時期	金額（100万ユーロ）
ミラノ空港Ⅲ	イタリア	2006年から2014年	344
ニース空港開発	フランス	2013年11月	100
アムステルダム空港—セキュリティ	オランダ	2010年7月および2013年9月	550
リヨン空港開発	フランス	2013年8月	30
グダニスク空港近代化	ポーランド	2013年6月	36
バルセロナ空港インフラ	スペイン	2010年11月	300
カナリア諸島空港インフラ	スペイン	2009年12月	80
ANA空港拡張	ポルトガル	2009年7月	72
フランクフルト空港A380拡張	ドイツ	2008年9月	460
ベルリン・ブランデンブルグ空港	ドイツ	2008年9月	983
マラガ空港インフラ	スペイン	2008年11月	250
ダブリン空港開発	アイルランド	2008年9月	460
ローマ空港Ⅱ	イタリア	2008年5月	80
ウィーン空港拡張	オーストリア	2006年12月	100
ライプツィヒ・ハレ空港	ドイツ	2005年12月	85
AENA V-バルセロナ空港	スペイン	2006年から2007年	1,100
EU全体			5,030

出所：EIB (2015).

　表7.4から，スペインが最大のシェアで総貸付の34％を占め，次いでドイツが30％を占めていることがわかる。大半の非EU融資は，北京国際空港拡張プロジェクト（5億ユーロ）のための中国向けで，オスロ空港ターミナル2はさらに2億ユーロを借りた。

欧州復興開発銀行（EBRD）

　EBRDは，東欧の共産主義の崩壊に対応して1991年4月に業務を開始した。

同社の株主は64カ国とEUとEIB（前述）であった。中・東欧の中心からモンゴル，トルコ，エジプト，そして最近ではギリシャやキプロスなどの国々に拡大された。これは，主にプロジェクト単位で融資および株式を提供し，通常は民間部門の資金調達の触媒として機能する。融資の基礎は，プロジェクトの予想キャッシュ・フローと，合意された期間に融資を返済する顧客の能力である。信用リスクは，銀行が全面的にとるか，あるいは部分的に市場と共調することも可能である。貸出金は，借り手の資産によって担保されている可能性があり，かつ／または株式に転換されているか，株式にリンクされている可能性がある。完全な詳細についてはケースごとに顧客との交渉になるが，主要な条件は以下のとおりである。

・最低500万ユーロから1,500万ユーロ。ただし場合によってはこれより小さくてもよい
・固定レートまたは変動レート
・シニア，劣後，メザニンまたは転換社債
・主要外貨または現地通貨建て
・短期から長期の満期，5年から20年
・プロジェクト特有の猶予期間が組み込まれることがある。

EBRDは，ロシアと東ヨーロッパの多数の空港，特にプルコヴォ・サンクトペテルブルクに融資資金を提供している。

7.5.5 国際開発銀行の融資／援助

世界銀行の空港関連融資の一例は，2013年に中国の江西省上浦にある新空港の約半分を融資するために5,000万ドルを拠出したものである。前節で議論したEUの資金調達機関に加えて，開発銀行は長年，世界中の他の地域でも活動してきた。アフリカ開発銀行，アジア開発銀行，米州開発銀行は，すべて空港に長期借入金を提供するとともに，空港プロジェクトの技術支援を提供している。これらは，世界銀行として一般的に知られている国際復興開発銀行（IBDR）と非常によく似た方法で運営されている。

融資は，通貨（米ドル）の基準金利に変動の上乗せ金利を加えた変動金利で

25年以上の返済期間である。2010年，世界銀行は，カイロ空港ターミナルTB２の改修および拡張の４億3,600万ドルの資金調達を支援するために，２億8,000万ドルの融資を行った。これは，LIBOR に上乗せ金利で20年間の融資だった。

7.6 　格付機関の役割

　格付機関の役割は，本質的に，中・長期債（bond and note）のような債務有価証券に投資する人々にサポートを与えることにある。そのような債務を発行する会社は，借り手とデフォルトに関する徹底的な分析を投資家に提供するために，格付機関に代価を支払うことがよくある。それらの企業は，航空会社と空港を含み，投資家に報告書を販売するだけでなく，証券（債券，コマーシャルペーパー，あるいは，優先株）を発行することを望む航空会社，空港を含む企業から収益を得る。例えば，S&P とムーディーズ（Moody's）は，サウスウェスト航空の無担保債券の発行を格付するのに，１億米ドルを受け取った（Morrell, 2007）。

　その機関の分析は，元金と債務証券に関連する利息のタイムリーな返済と，優先株の配当のようなものを評価することに目的がある。その分析は，一般の航空産業と特定の状況，関係する空港あるいは空港グループの展望の双方を含んでいる。２つの主要な機関は，会計慣行の差異で何らかの必要な調整をして，企業の財務諸表に関する100以上の詳細な分析をともに有している。

　空港で発行されているものを含め，引き合いに出された債務証券の格付を出している２つの主要な機関は，S&P とムーディーズである。第３の格付機関はフィッチ（Fitch）である。これらはみな，すべての産業のすべての負債の90％以上を格付している。それらは，エンロンとパーマラッド，ごく最近では，リーマン・ブラザーズのような倒産を予知しなかったことで批判されてきたが，それらの会社の擁護者は，最初の２つのケースでは，不正なデータが提供されていたと論じている。その評価機関は，リーマンと多くの他の銀行の正確な状況を認識せず，それに基づいて行動しなかった唯一の機関ではない。競

争が参入要件によって制約されていたと論じることができ，このことはアメリカで，議会と米証券取引委員会（SEC）で言及されている。しかしながら，銀行の倒産以来，成功的なマーケティングによって，格付を必要としている債券発行の増加から，便益を得ている。下記は，S&Pが使用する格付システムと，それに対応するムーディーズの格付を示している。

両社は空港によっては，わずかに異なる格付をつけていることがある。

投資適格銘柄

S&P：AAA，AA，A，BBB

（＋や－は，それぞれの格付内での相対的な位置を示している）

すべては利息と元本の返済能力を有している。格付が落ちるほど経済環境の悪化に伴い返済能力に傷がつく可能性が高くなる。

ムーディーズ：Aaa，Aa，A，Baa

投機的銘柄

S&P：BB，B，CCC

（＋や－は，それぞれの格付内での相対的な位置を示している）

すべては利息の支払や元本の返済に関して不確かな性格を持っている。格付が落ちるほど債務不履行の可能性が高い。Cは利息支払に関して脆弱であり，Dは債務不履行状態にあることを示している。

ムーディーズ：Ba，B，Caa，Ca，C

投資適格格付（investment grade rating）は，証券などの発行者に，2つのかなりの利点をもたらしている。第1に，証券に思惑に基づく投機より低い価格での，数％のポイント低い利子付きで発行を許容している。第2に，機関投資家によっては，投資等級の資料だけの購入もできる。

S&Pあるいはムーディーズのような格付機関が，北アメリカの空港についてAA＋／－の層で，世界の他地域ではそれよりも高い層ですら，空港の債券格付（長期と短期）を付与しているのは注目に値する（表7.5）。しかしなが

表7.5 空港の格付例

		S&P 格付	日付	債券種類
ヨーロッパ	パリ空港	A+	2012年12月	長期債
	アムステルダム・スキポール	A+	2014年4月	中期債
	コペンハーゲン	Baa2*	2015年5月	
	マンチェスター空港グループ	BBB+	2014年12月	長期債
	ローマ	BBB	2003年12月	シニア債（無担保）
	チューリヒ	A+	2015年4月	長期債
アジア・太平洋	香港空港当局	AAA	2013年9月	シニア債（無担保）
	オークランド空港	A−	2015年2月	中期債
	マレーシア空港	AA3*	2015年5月	
	シドニー空港	BBB	2014年4月	中期債（有担保）

＊はムーディーズの格付。
出所：S&P および空港のウェブサイト。

ら，政府が空港に100％もしくは大半の統制を敷いているところでは，格付は，空港の財務記録より政府の財務記録を反映する傾向がある。多くの空港が今なお，かなりの割合で政府に株式保有されているのを強調すべきではあるが，それに匹敵する空港は多くはない。

7.7　リース

リースは，ビルディング，エプロン，あるいは滑走路よりも，空港設備にとってより適切なファイナンスの形態である。多くの空港が，より小さな設備項目でリースを利用するが，フランクフルトとステュットガルト空港の両空港は，リースが資金調達の大きな金額を占めていたと報告している。中には，長期リースで販売されている空港もある（例えば，オーストラリアの空港）。直接的購買のオプションは，この疑似ファイナンス構造に組み込まれる。アメリカの

空港では，その土地の上に後にターミナルなどを建てる航空会社に土地をリースしており，約25年経過後に期間を再交渉する。

7.8　アメリカの空港に対するファイナンス

　アメリカの空港のファイナンスは，他の諸国と極めて異なっている。資本投資のために使用料を設定したり，補助金を供与したりするなど，連邦の介入に近い。アメリカの外でのアプローチは，まず空港が中央あるいは地方の政府のファイナンスの一部として運営されているか，あるいは，それが「企業化」あるいは民営化されてきたかどうかに依存する。第1のケースでは，空港投資のファイナンスは，国家あるいは地方政府の予算プロセスの部分をなす。第2のケースでは，商業的源泉は，補完的な内部のキャッシュ（それは，使用料金と総資産利益率に対する経済的規制に依存する可能性がある）でありうる。

　表7.6は，免税債券の発行を除き，ゼネラル・ファンドが，連邦補助金と旅客料金の重要な源泉を伴って，アメリカの空港の最大で唯一の源泉であったことを示している。大・中規模の空港は，旅客施設使用料（PFCs）に多くを依存し，空港改善プログラム（AIP）の補助金にはそれほど依存していない（GAO, 2015）。

　基金は，国内・国際旅客の移動による税金と，航空によって輸送される国内

表7.6　合衆国空港の資金源*　2009－2013平均

	100万米ドル	％
空港改善プログラム（AIP）補助金	3,304	24.9
空港利用料（PFCs）	2,744	20.7
州または地方からの支出	1,121	8.5
空港収入	6,083	45.9
総計	13,252	100

＊債券発行を除く。
出所：GAO（2015）.

貨物，航空燃料からの収入を受けた空港・航空路信託基金からの議会によって用いられる（第2章を参照）。AIP基金から空港に配分される複雑なシステムがある。議会は，空港開発用に，旅客料金から資金を徴収する権限を商業空港に与えた。PFCsから徴収する資金のほとんどは，大・中規模の空港からきている。運航区間につき4.50米ドル，往復トリップにつき18ドルのキャップの増加は2000年に許容された。ほとんどすべての州で，AIP補助金に充てる資金に相応するよう，主に補助金の形態で，空港への財政支援に供与されている。これらの補助金は，航空燃料，航空売り上げ税を含む多様な源泉の手段で供与されている。

近年の民営化への関心後も，なお，アメリカの空港は政府によって所有され，公益事業として運営されている（このことは，第8章で論じられている）。かくて，公共セクターの掛かり合いは，ターミナルと商業フランチャイズを運営するコンセッションに限定されてきた。資金調達は，空港が発行する免税債券によって占められ続けているが，例えば一航空会社が，拡張の資金（それらは「特定財源債（revenue bonds）」と呼ばれることもある）を徴収する理由とする旅客ターミナルを占有するというように，既存の航空会社のリース主体によって保証されている。上記で引用したGAOの調査によれば，債券は，大空港によって，特定の資本プロジェクトを賄うために発行されている。2009年から2013年の間，債券は，年当たり平均63億米ドルが発行されている。

アメリカの空港が発行する特定財源債の一例は，シカゴのオヘアである。それは別会社として空港の財務諸表を発行していないが，オヘアとミッドウェイの空港収入費用の詳細と財務諸表は，シカゴ市の年次レポートや声明書の中にみることができる。

7.9　要約

空港は一貫して利益を計上しているが，ファイナンスは依然として，「ランピー（一塊）」という特性を持つターミナル，あるいは滑走路の拡張といった主要なプログラムに使用される傾向がある。空港によっては，より多く，株式所

有者に配当支払いを分配するが，かくて，より頻繁に基金が資金を徴収する必要がある。最も共通の資金調達手段は，銀行借入と債券であり，債券は，成功裏に金融機関が購入する信用格付を必要とする。ほとんどの空港は，今なお，政府が少なくとも株式の一部を保有しているため，信用格付は魅力的であり，利率は政府債を少し上回っている程度である。期間は5年から15年まで多様である。より長い期間の場合は，空港プロジェクトが広範な便益を生むところでは，世界銀行や欧州投資銀行のような政府系の開発銀行が用いられる。

次章は，すでに紹介されている多くの資金調達の技術と投資家のタイプをもとに，空港の民営化のプロセスを深くカバーしている。

【注】
1）その費用は，代替プロジェクトへの投資や金融機関への預金によって得られる金利や収益という観点での機会費用である。また，外部からの資金調達の際にしばしば課される制限的な条件や契約も回避することができる。
2）ヒースロー空港はまた，それぞれ1ポンドの償還可能な優先株式10万件を発行し，1ペンスの償還不可能な優先株式2,200万株をわずかに下回った。
3）引き受け割引および手数料は，JetBlue IPOの場合は1株当たり1.89ドル，発行価格の7％の合計額であった（JetBlue Prospectus, 2002年4月11日発行）。
4）訳者注：グリーンシューオプションとは，オーバーアロットメントにより引受会員が投資家に販売した株券を，借入者に返却する方法の1つ。引受会員が元引受契約の締結に当たり付与を受ける，募集または売出しに係る株券等と同一銘柄の株券等を当該株券等の発行者または保有者より取得することができる権利。行使期間は，募集または売出しの申込期間の終了する日の翌日から最長30日間（日本証券業協会 website http://www.jsda.or.jp/sonaeru/words/0082.html より2017年11月16日アクセス）。
5）訳者注：結束基金とは構造政策の実施スキームの1つで，GNI（国民総所得）がEU加盟国平均の90％を下回る国の交通・環境インフラ，エネルギー効率，再生可能エネルギーに焦点をあて支援するための基金（外務省EU関連用語集 http://www.mofa.go.jp/mofaj/area/eu/keyword.html より2017年11月16日アクセス）。

第8章 空港の民営化

8.1 はじめに

　本章では，民営化について取り扱う。これは，25年以上にわたり空港産業の主要なトレンドであり続けたものである。民営化は，空港における航空系・非航空系収入の獲得，費用のコントロールと費用効率性，空港の拡張，投資のソースを含む，空港財務のおよそすべての領域に大きな影響を与えうるものである。

　民営化とは，時に企業の株式を証券取引所に売却することと定義される。しかしながら，民営化とは，施設やサービスを政府の管理下から民間部門の関与に移譲するすべての動き，とより一般的には解釈される傾向にあるという理解に基づけば，この定義は非常に狭い意味合いということになる。言い換えれば，民営化とは公的部門から民間部門に経済活動を移転することである，と考えることができる。このことは民間部門による経営というものを明確に包含するわけであるが，必ずしも政府所有を放棄することに常に結びつくものではないかもしれない。この文脈においては，数多くの異なった空港民営化の手法が存在し，そのいくつかは，より急進的なものである。こうした事柄について本章では議論する。

　本章では，まずはじめに空港産業における民営化の理由，そしてその起源と発展について述べる。続いて，民営化を決定する際に取り扱うべき重要な問題について検討し，実際のさまざまな民営化の種類について説明をする。そして，空港における民間部門の関与，こうした関与の国際的な違い，財務的な帰結，に関する現状を評価する。さいごに，空港民営化に関与する主要な組織，それに続いて現れてきた国際的な空港運営体や投資機関について議論を行う。

8.2　空港に対する民間部門の関わりにおける発展

8.2.1　民営化の理由

　一般的な経済学の観点では，民営化の利益に関しては多くの議論がある。包括的な理由としては，明確な利潤最大化の動機を有する民間企業は，経済効率を上昇させることにより，よりうまく経営を行うインセンティブを持つことが予想されると信じられているからである。民間企業は商業的に焦点を当てた経営を導入することができ，それは革新的でありうるものであり，多様性のある機会を開拓しうるものである。同時に，民間部門は投資のために商業的な市場にアクセスを有するであろう。その一方で，リスクと財政的な負担，おそらく政治的なコントロールもまた，公的部門から取り除かれることもある。このこと自体が民営化の実施から得られる金銭的な便益となりうる。対立する議論としては，民間企業の利潤最大化目的は，過度に高水準な価格設定，低位なサービス水準，不十分な投資につながるかもしれない。さらには，衛生面や安全面，従業員に対する労働条件と同様に，環境面への影響に対する管理や社会的公正の維持といった外部性に関しては十分に考慮されていないかもしれない。

　この25年くらいにわたり，民営化される空港が増えてきている。こうした進展に対する明確な理由は，先に論じた一般的な経済学的議論を非常に密接に反映したものである。例えば，リクヒィ他（Rikhy et al.）(2014) は，その理由について，輸送需要を増大もしくは需要を満たすため，より広範な経済発展をもたらすため，連邦政府や地方政府もしくは空港の貸借対照表におけるレバレッジを解消してキャッシュを受け取るため，大規模な空港インフラに対して資金調達するため，リスクを低減もしくは移転するため，技術的・経営上の専門知識を移転するため，ベストプラクティスを共有するため，計画や運営に対して効率性を導入するため，というように整理している。

　学術文献で議論されている数多くの民営化に関する研究では，空港民営化の目的として以下の6つが最も重要であるとしている。重要な順に列挙すると (Graham, 2011)，

1　効率性と経営成果の改善
2　新しい投資ファンドの供与
3　経営品質の改善と多角化の促進
4　サービス品質の改善
5　公的部門に対する財政的な利益の創出
6　公的部門による影響の軽減

歴史的に，空港は相対的に魅力的な投資対象であると考えられてきた。その主たる理由は，強力な成長可能性，商業的機会（これらの要素は，他のインフラ資産の民営化では，あまり観察されない），高い参入障壁による限定された競争環境，他に代替される脅威が最小限，ということである。こうした考え方は，いまだ一定程度は存在するものの，第9章で述べるように，空港における競争力は著しく上昇しており，より気ままな性質の航空会社（特にLCC）や成果に劣る他の航空会社の存在が，とりわけ小規模空港における経営環境を，まさにいま，より一層挑戦しがいのあるものにしている。近年の外生的な衝撃，脆弱な経済状況，不安定な株式市場はまた不確実性を増長してきた。そして，時として，これらの要素が，空港に民間部門が関与することの魅力を減じている。さらには，空港における長期的な投資は，ビジネス面の成長において安定した環境を提供することができる一方で，空港運営には複数のステークホルダーが関与しており，空港経営の多数の領域で高次の規制が必要であることから，巨額の先行投資が必要なことや，遠い将来に関して不安定性が増すことを考えると，こうした長期的な投資によるメリットについては懐疑的なものである。それにもかかわらず，ほとんどの空港民営化計画は，潜在的な民間部門の経営者や投資家から多くの関心を集め続けている。

8.2.2　空港民営化に向けた動き

　空港産業は公的サービス義務を有する国有事業であると主としてみなされていた時からずいぶんと進歩した。第1章で述べたように，航空輸送産業は1970年代と1980年代に規制緩和や所有主体の変更によって成長して進化をはじめる

につれて，空港は商業的な企業として，より一層に認識されるようになった。こうした「商業化」は，非航空系収入の生み出しに注力することで空港運営をよりビジネスとして扱ったり，顧客に対して積極的に自らの空港を売り込んだりというように，政府との結びつきを緩めることで（例えば，政府所有のもとで企業化するなど），多くの空港経営者を，より自立させることになった。ある意味において，空港民営化は，こうした商業化の動きが自然に進化したものと考えることができる。同時に，空港が取扱量を増加し続けるには新規投資における確固とした必要性があり，財政的な補助がより価値あるものとみなされる保健部門や教育部門のような他の活動領域とは異なり，自ら資金調達能力のあることが明らかにされてきた部門に関しては，その資金調達に政府が関与することの消極性はより大きいものとなっている。

　世界で初めての空港民営化は，1987年にイギリスで実施された。これは，イギリス政府が所有するBAA（British Airports Authority：イギリス空港公団）の株式を100％公開するというものであり，その当時，BAAは，ヒースロー，ガトウィック，スタンステッドのロンドン空港，グラスゴー，プレストウィック，エディンバラ，アバディーンのスコットランド空港を所有していた。この民営化は，民営化推進を政策とする保守党政権が多くの国有産業を民営化していた時期において実施された。株式公開による民営化は，株価が上昇して財務成果の改善されたことが証明され，その結果として，他の空港も民営化すべきかというさらなる議論を喚起したことで，財務上の観点からは極めて成功であったとみなされた。しかしながら，これに続く数年間は，わずかの空港（ウィーン，コペンハーゲン，イギリスのいくつかの地方空港）が実際には民営化されたに過ぎなかった。この予想外に民営化が進展しなかった一因は，1991年の第1次湾岸戦争であり，これにより経済や政治の不確実性がもたらされたからである。

　1996年には経済状況はより好ましい状態となり，航空輸送は堅実に成長して多くの空港で大規模な投資の必要性が生じた。その結果，主として，必要性の高い投資を行う手段として，もしくは空港の経営または効率性，あるいはその双方を改善する方法として，空港民営化に対する関心が世界のさまざまな箇所で増大そして回復した。その後の数年において，空港民営化の実施例は，ヨー

ロッパ（例えば，デュッセルドルフ，ナポリ，ローマ，バーミンガム），南部および中央アメリカ（例えば，アルゼンチン，ボリビア，メキシコ），南アフリカ，マレーシア，オーストラリア，ニュージーランドにおいて観察することができた。この期間は，空港を取り巻く環境が好調であったことと，より多くの利益が得られる採算性と相対的な安定性を持つ投資機会と考えられるものに関与したいと多くの経営者が望んでいたことから，空港民営化の「ゴールド・ラッシュ」時代と見ることができる。

　しかしながら，アメリカ同時多発テロ事件と，これに続くアフガニスタンとイラクにおける戦争，そしてサーズ（SARS：重症急性呼吸器症候群）の大流行，といった出来事で経済状況が悪化し，将来的な不確実性が増大したことにより，こうした民営化の動きのほとんどは，一時的に中断された。ブリュッセルやミラノなど，いくつかの民営化計画は断念され，民営化されたのは，ごく少数の空港（例えば，シドニーやマルタ）のみであった。しかしながら，2004年には全般的な見通しが改善され，民営化は多くの空港で検討課題として戻ってきた。その事例となる空港として，ブリュッセル，ブダペスト，ラルナカ／パフォス，パリ，そしてタイの空港経営体を挙げることができる。インドもまた，強力な経済ならびに輸送量における成長により，空港の近代化と拡張が喫緊に必要となったニューデリーとムンバイ空港で民営化を実施した。この当時，投資家の多大な関心が沸き起こり，空港に支出される金銭は安定的に増大した。

　こうした空港民営化における2度目の大きなうねりは，やがて2008年に世界金融危機と経済不況が発生したことで下火となった。その結果，例えば2009年のシカゴ・ミッドウェー空港の民営化計画が失敗したように，全般的に投資ファンドによるアクセスは一層困難となった。他方で，民営化はまた，巨額の国家的負債の救済資金を高める方法としても考えられた。そうした民営化の事例としては，例えば，2013年に民営化されたポルトガルの空港会社であるANA，2015年に民営化されたスペインの空港運営企業であるAENAとギリシャの14の地方空港が挙げられる。金融危機以前の時期と比較すると，近年の民営化の動きは，より全体的に限定されたものとなっているが，それでもな

お，この2年間（2014〜2015年）をみると，フランスのトゥールーズ，日本の関西，フィリピンのマクタン・セブ，チリのサンティアゴ，トルコの新イスタンブール空港，ベトナム空港会社など，さまざまな空港で数多くの新たな進展が観察されてきた。

8.3　民営化のコンセプト

8.3.1　考察すべき課題

　民営化の人気が高まったため，非常に多くの種類の民営化オプションが提供されている。突き詰めると，民営化の選択は，民営化を検討する政府の目的に非常に大きく左右されることになるであろう。その目的とは，例えば，主目的が経営成果の改善なのか，投資に対する新たな財源調達なのか，経営の品質向上なのかといったことである。最も重要かつ複雑な事柄の1つは，民営化後に政府がどの程度に関与を続けるかである（Brutsch, 2013）。多くの政府は，空港が国や地域の資産として果たす戦略的な役割，貿易や観光を促進する能力，空港がもたらす極めて大きい外部性を理由として，空港に対して少なくとも一定程度の管理を保持しようとする。その結果，多くの民営化は「部分的」なものとなる。その中で，公私双方の部門がおそらく異なる全体目標を持っていることを考えると，このことは挑戦しがいがあるものの，空港の管理は公的部門と民間部門で分担されることになる。別の手段としては，代表的なものとしてPPP（公民連携）や，所有権もしくは全体の管理を除く運営権を民間部門に移転するといった手法のように，民間部門からの資金調達が挙げられるであろう。もし政府による影響力がほとんど残されていなかったり，当該空港もしくは問題となっている空港が著しい市場支配力を有していたりするようであれば，そうした空港は私的独占のような行動をするであろうことが，しばしば懸念される。このようなケースでは，そうした空港は，料金を引き上げたり，サービス品質を低下させたり，インフラに対して十分な投資をしなかったりすることで，必ずしも利用者の最大の利益に沿った経営をするとは限らないかもしれない。これらのことを理由として，民営化は，第10章で詳しく述べるように，し

ばしば新たな経済的規制環境と同時に進行するのである。

　さらに考慮すべき選択として，国営空港のグループ（もしくは「ネットワーク」または「システム」）は，単一組織として民営化すべきか，個別の空港民営化計画として分割して民営化すべきか，ということである。第2章で述べたように，空港グループの中では，しばしば収益性の高い少数の大規模国際空港と，採算のとれない数多くの小規模な地域もしくは地方空港が含まれると思われる。その結果として，大規模空港からの利益は不採算空港に内部補助がなされ，それゆえ小規模空港だけで民営化をすることは非常に魅力のないものとなるであろう。くわえて，グループによる空港経営では，資産や専門知識を共有できたり，規模の効果によって費用を節減できたり，空港整備に対して戦略的かつ協調的なアプローチを導入することができたりと，潜在的な便益のあることが指摘できる。しかしながら，他方で，グループでの空港経営は，競争が抑制されたり，（他に代替容量を持つ空港があるならば）特定空港に対する投資が消極的となったり，ある種の革新的で専門的な空港ビジネスモデルを開発する経営能力が弱体化したりするかもしれない。その結果，第9章でさらに述べるように，単一組織として民営化されてきた空港グループ（例えば，BAA，アルゼンチン，AENA）がある一方で，これらの影響が及ぼす要因の相対的な重要性に重きをおく政府によっては，分割して民営化されてきた空港グループ（例えば，オーストラリア，ブラジル）もある。グループでの民営化における総取引費用は，個別民営化よりもはるかに低いものと考えられる。

　民営化の最も望ましい形態を決定する複雑な過程の中で他に考慮すべき問題は非常に多くある。ICAO（2012b）は，こうした意思決定を助けるための空港民営化に関するマニュアルを作成した。このマニュアルには，空港の規模，期間，資本市場の健全性，投資の必要性，その他の多くの要因が包含されており，図8.1は，これらをまとめたものである。

8.3.2　民営化のアプローチ

　あらゆる経済活動で適用されうる民営化や民間部門が関与するアプローチには，数多くの多様な種類が存在する。これらは，空港産業における具体的な

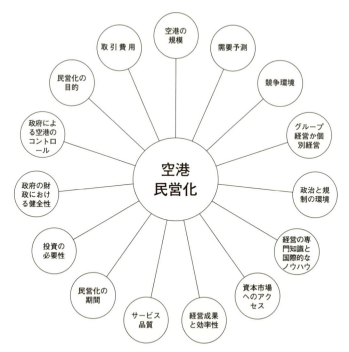

図8.1　空港民営化の形態に影響を与える要因

ニーズに適合するために発展ならびに形成されてきた。表8.1に整理されるように，これにはハイブリッドな形態もあるものの，4つの一般的なアプローチが知られている。それぞれのオプションでは，民間部門の関与は完全なものもあれば部分的なものもある。

　1つ目のアプローチである，株式公開もしくは株式市場に関する問題は，空港における資金調達の手段の1つとして第7章で議論をしてきた。一般的に，このオプションでは，売却益は政府の所有者に直接もたらされることになると考えられる。例えば，近年ではスペインの空港経営体であるAENAの2015年におけるIPO（新規公開株式）は，同国の巨額な財政赤字を減少させる手助けとなった。この民営化では，株式の21％が事前合意された3社のコンソーシアム（フェロビアル・エアロプエルトス，アルバ金融会社，イギリスを拠点とする「子ども投資

表 8.1　空港民営化モデルの主要な特徴

	株式公開	トレードセール	コンセッション	BOT（建設-経営-譲渡）
主な特徴	空港運営企業の株式が IPO や第 2 次放出を通じて証券取引所に売却される	空港が公開入札を通じて単一または複数の戦略的投資家に売却される	空港の運営権（コンセッション）が所定の期間において供与される	空港の建設ならびに運営の権利（コンセッション）が所定の期間において供与される
所有権者	株主	投資家	政府	政府
リスクの所在	株主	投資家	政府と運営権者	政府と運営権者
経営に関する専門知識	当初は不変	新規	新規	新規
運営期間	永久的	永久的	限定的（一般的には20〜30年）	限定的（一般的には20〜30年）
その他	経営者と従業員は株式所有を通じてインセンティブを有することができる	(a) 個人所有者, もしくは (b) 外国投資家, もしくは (c) 競争関係にある空港の所有者に対して最大保有株式の制限が課されることがある	前払い, もしくは年間での料金が支払われることになる。コンセッション契約はサービス品質や投資要件に関するものが含まれる	新規建設は, 何らかの施設やターミナル全体に関するものとなる。コンセッション契約の特殊形態と考えることができる

基金財団（Children's Investment Fund）」に売却され，さらなる28％は IPO によって売却された。政府は AENA の所有権の51％を保持している。他方で，ベトナム空港会社の2015年における部分的 IPO のように，その資金が将来的な空港投資の財源として充当されたケースもある。これが自己資本に対して高すぎる場合は，簿外債務として処理することもできる。

　100％の株式公開では，空港はすべての商業的企業が直面する以外の政府のコントロールはほとんど受けることはない。しかしながら，国益に反するとみ

なされる望ましくない買収に対する拒否権を持つ黄金株を発行することで、政府は幾分かの影響力を依然として保持することができる。これは、EU法により黄金株が禁止された2003年までBAAの民営化で観察された状況である。くわえて、こうしたBAAの民営化を除けば、株式公開による空港民営化の全ては、部分的な形での民営化しか実施されてこなかった。こうした形態の民営化に関する重要な特徴は、一般的に極めて多数の小規模で受動的な投資家が存在するため、経営アプローチや空港経営者の構造における急激な変化は起こりにくいであろうことである。概して、このアプローチは民営化の初期の時代では非常に一般的な選択肢であったものの、表8.2に見られるように、近年では非常に少数の事例しか観察されない。

　トレードセールもしくはフリーホールドセールは、ほとんどの場合、より一般的な選択肢となってきた。これは、単一の投資家、もしくは、より一般的には投資家のコンソーシアムに対して、完全または部分的（しばしば「マイノリティセール」と呼ばれる）に空港を売却することである。歴史的には、これらはトレードセールと呼ばれ、戦略パートナーは、既存の空港経営者、もしくは土木、建設、公益事業やインフラ企業から構成され、これらが協力して追加的な資金調達を可能にするのみならず、空港ビジネスの複雑性に対応するためのさまざまな技術的、経営的、財務的、商業的な技能やノウハウを保有することにもなる。しかしながら、こうしたトレードセールは、グローバルなファンドマネジメント産業の関与によって、ますます支配されてきている。例えば、イギリスのMAG（マンチェスター空港グループ）で2013年に実施されたトレードセールでは、主としてMAGがスタンステッド空港を購入できるようにするために、グループ企業の35.5％がオーストラリアのファンドマネージャーであるIFM（インダストリー・ファンズ・マネジメント）に売却された。近年における、その他のトレードセールの事例を挙げると、フランスで最初の主要地方空港の民営化となるトゥールーズでは、2014年に香港のインフラ投資会社（富泰資産管理有限公司）と、投資、建設、高速道路の運営を専門とする中国の企業（山東高速集団有限公司）から構成されるコンソーシアムに株式の49.9％が売却された。さらに8つの主要地方空港でトレードセールが予定されており、次はニースとリ

表8.2 空港の部分民営化と完全民営化の事例（2000年以降）

株式公開	トレードセール	コンセッション	BOT
中国（2000年）：BCIA	ドイツ（2000年）：ハンブルク	ペルー（2000年）：リマ	トルコ（2003年）：アンカラ
スイス（2000年）：フルークハーフェン・チューリッヒ	イタリア（2000年）：トリノ	ジャマイカ（2003年）：モンテゴ・ベイ	インド（2004年）：ハイデラバード，バンガロール
ドイツ（2001年）：フラポート	イギリス（2001年）：ニューカッスル	インド（2006年）：デリー，ムンバイ	アルバニア（2005年）：ティラナ
中国（2002年）：海口美蘭	マルタ（2002年）	トルコ（2007年）：アンタルヤ	キプロス（2005年）：ラルナカ／パフォス
タイ（2004年）：AOT	オーストラリア（2002年）：シドニー	コソボ（2010年）：プリシュティナ	ブルガリア（2006年）：ヴァルナ，ブルガス
イタリア（2004年）：ベニス	ハンガリー（2005年）：ブダペスト	ロシア（2010年）：サンクトペテルブルク	ジョージア（2007年）：トビリシ，バトゥミ
フランス（2005年）：AdP	イギリス（2007年）：リーズ・ブラッドフォード	クロアチア（2012年）：ザグレブ	チュニジア（2007年）：モナスティル，エンフィダ
イタリア（2006年）：ピサ	中国（2007年）：西安	ブラジル（2012年）：ブラジリア，サンパウロ（グアルーリョス，ヴィラコッポス・カンピーナス）	サウジアラビア（2012年）：マディーナ
スペイン（2015年）：AENA	イギリス（2013年）：マンチェスター	ポルトガル（2013年）：ANA	トルコ（2014年）：イスタンブール
ベトナム空港会社（2015年）	フランス（2014年）：トゥールーズ	日本（2015年）：関西	ミャンマー（2015年）：ヤンゴン

（注）この表は初回の民営化のみ示している。その後に変化があったり，さらなる売却がなされたりするケースもある。
出所：各種資料より筆者作成。

ヨンで計画されている。

　売却を実行するためのすべての財務的，商業的，経営的，戦略的な想定事項を分析して検証することにより実効性のある企業調査を行うことは，この民営化アプローチでは不可欠な要素である。このようにして，投資のリスクが正確に評価され，事前に対処することが可能となる。こうした予防策を実施したとしても，トレードセールによって民営化された空港では，空港または投資家の（あるいは，その双方の）状況変化に伴ってパートナーが非常に頻繁に交代したりするなど，ある一定の流動性が存在することになる。しかしながら，空港の2次的な売却のいくつかは，単に資金調達源を変更する必要性や，インフラファンドにとっては相対的に短期的となりがちな資金調達サイクルが終了したことを動機づけとするものに過ぎなかった。イギリスは，世界のどの国よりも多く，単一空港におけるトレードセールを経験してきており，表8.3に見られるように，2次的売却が極めて多くなされているために，当初の民営化パートナーと関係を維持しつづけている空港はほとんど存在しない。

　3つ目の民営化アプローチは，コンセッション契約である。IPOやトレードセールとの違いは，所有権は政府が保有していることと，この民営化モデルは一般的に20～30年間という一定の年数しか維持されないということである。リース期間がより長い場合，例えばオーストラリアの空港のように50年間（49年の延長オプション付き）というようなケースでは「トレード」セールとみなされがちであるものの，リース契約のいくつかの形態もまた，コンセッション契約の定義に包含されると考えられる。こうしたリース契約の主要な特徴はまた，さまざまなものとなりがちである。

　コンセッションによるアプローチは，一般的に総収入に対する一定比率に基づいた年間料金を前払いすることになる。サービス品質や投資要件に関する追加的な条件が付加されることもある。期間が固定されていることから政府はより大きな柔軟性を有することになるが，契約期間の終盤において運営者による投資やモチベーションが抑制される可能性がある。これはまた，導入が極めて複雑なモデルである。なぜならば，空港経営者と政府間のすべてのリスク配分に関する契約を策定しなければならないからである。これはすなわち，取引費

表8.3　イギリスにおける空港民営化

空港	現在（2015年12月）の所有者	民間出資比率（2015年12月現在）(%)	最初に民営化された年	当初の民間所有者
アバディーン	フェロビアル，マッコーリー・グループ	100	1987年	BAA
ベルファスト国際	エアポーツ・ワールドワイド	100	1994年	TBI
バーミンガム	地元自治体，オンタリオ州教職員年金基金，従業員株式信託	51	1997年	地元自治体，エール・リアンタ，ナット・ウエスト・ベンチャーズ，従業員株式信託
ボーンマス	MAG（マンチェスター空港グループ）	35.5（100% MAG）	1995年	ナショナル・エクスプレス・グループ
ブリストル	オンタリオ州教職員年金基金	100	1997年	シントラ，マッコーリー銀行
カーディフ	ウェールズ政府	100	1995年	TBI
ダラム・ティーズ・バレー	地元自治体，ピール・グループ	89	2003年	地元自治体，ピール・グループ
イースト・ミッドランズ	MAG	35.5（100% MAG）	1993年	MAG
エディンバラ	GIP（グローバル・インフラストラクチャー・パートナーズ）	100	1987年	BAA
エクセター	リグビー・グループ	100	2007年	バルフォア・ビューティー
グラスゴー	フェロビアル，マッコーリー・グループ	100	1987年	BAA
リーズ・ブラッドフォード	ブリッジポイント	100	2007年	ブリッジポイント

リバプール	ピール・グループ	100	1990年	地元自治体，ブリティッシュ・エアロスペース
ロンドン・ガトウィック	GIP，アブダビ投資庁，カリフォルニア州公務員退職者年金基金，韓国国民年金公団，ガーディアンズ未来基金局	100	1987年	BAA
ロンドン・ヒースロー	フェロビアル，カタール・ホールディング・LLC，ケベック州貯蓄投資公庫，シンガポール政府投資公社，アリンダ・キャピタル・パートナーズ，中国投資有限責任公司，英国大学退職年金基金	100	1987年	BAA
ロンドン・ルートン	アーディアン，AENA	100	1998年	TBI，ベクテル
ロンドン・スタンステッド	MAG	100	1987年	BAA
マンチェスター	MAG（地元自治体，IFM（インダストリー・ファンズ・マネジメント））	35.5	2013年	MAG（地元自治体，IFM）
ニューカッスル	地元自治体，AMPキャピタル・インベスターズ	49	2001年	地元自治体，コペンハーゲン空港
ノリッチ	地元自治体，リグビー・グループ	80.1	2004年	地元自治体，オムニポート
プレストウィック	スコットランド政府	100	1987年	BAA
サウサンプトン	フェロビアル，マッコーリー・グループ	100	1961年	ナット・ソーマーズ

（注）ルートン空港はコンセッションであるため，所有権でなく運営権のみが民間部門に移転された。
出所：各種資料より筆者作成。

用が相対的に高くなることを意味する。空港と航空交通量の運営や資金調達に関するリスクは、こうしたリスクの評価と管理に最も適した能力を持つと一般的に考えられる運営権者に通常は引き渡される一方で、計画の遅延、テロ、不可抗力、外部から課される安全規制や保安規制の変化に起因する、その他のリスクについては、政府に留保されることになるであろう。トレードセールと同様に、運営権者にとって不可欠なことは、企業調査の実施に加えて、政府との間で適切なバランスによりリスク分担されていることを確認することである。

近年の事例では、日本の関西空港と大阪空港を運営することになる新関西国際空港株式会社で2016年に開始された44年のコンセッション契約が挙げられる。この事例における運営権者は、日本の金融サービスグループであるオリックス株式会社と、フランスの空港運営企業であるヴァンシ・エアポートである。

BOT（建設－経営－譲渡）による民営化モデルでは、コンセッションと類似したアプローチが採用される。BOTとは、BLT（建設－リース－譲渡）、BOOT（建設－所有－経営－譲渡）、BTO（建設－譲渡－経営）のような数多くの関連オプションで適用されている総称である。BOTとコンセッションによる民営化の主要な違い（実際には、BOT契約は、しばしばコンセッション契約の特殊形態と単に考えられるものの）は、多くの場合では完全な新規空港、もしくは、場合によっては新規旅客ターミナルやその他の施設に対して、BOTでは主要な投資が必要となることである。その事例としては、ミャンマーのヤンゴンで新規に建設が計画されているハンタワディー空港が挙げられる。このBOT協定は2014年に合意され、その期間は30年間の予定である。その契約は、チャンギ空港グループの子会社を含むシンガポールと日本のコンソーシアムに対して与えられた。表8.4は、コンセッションとBOT契約のさらにいくつかの事例を示している。

経営委託については、これまであまり述べてこなかった。これは、委託期間が一般的に5〜10年間と短期間であるため、真の「民営化」として定義すべきでないという議論がある。この手法では、受託者は日常的な意思決定コントロールを引き受けるものの、戦略的責任や投資義務は非常に限定的なものとなる。経営委託では、通常は株式を通じた関与はない。この手法は、ハイリスクな領域、規制や財務的制約により他の民営化モデルが適用できない場合、政府

表8.4 コンセッション／BOTによる空港民営化の事例

空港	契約年度	契約期間	収入に対する年間の支払比率	投資条件
ペルー：リマ	2001年	30年間	47%	はじめの180日に130万米ドル、2005年までに1億1,000万米ドルの投資が要求される
インド：ニューデリー	2006年	30年間	46%	開発の第1段階として20億米ドルの投資が要求される
インド：ムンバイ	2006年	30年間	39%	開発の第1段階として16億米ドルの投資が要求される
ヨルダン：アンマン	2007年	25年間	54%	7億5,000万米ドルの投資が要求される
コソボ：プリシュティナ	2010年	30ヵ月のターミナル建設と20年間の空港経営	18%〜55%	1億4,000万米ドルの投資が要求される
ロシア：サンクトペテルブルク	2010年	30年間	100万米ドルの年間固定料金と11.5%の収益連動料金	2013年までに10億米ドルの義務的投資、その後は取扱量の増加に連動して投資が要求される
ブラジル：サンパウロ（グアルーリョス）	2012年	20年間	10%	27億米ドルの投資が要求される
ブラジル：サンパウロ（ヴィラコッポス・カンピーナス）	2012年	30年間	5%	50億5,000万米ドルの投資が要求される
ブラジル：ブラジリア	2012年	25年間	2%	16億米ドルの投資が要求される

出所：各種資料より筆者作成。

がより急進的な民営化モデルの実施に反対している場合に，しばしば適用される。受託者は，空港の一部またはすべての経営に対する手数料を通常は受け取ることになる。近年の経営委託における多くの事例に含まれるものとして，スキポール・グループのアルバ空港に対する経営委託，パリ空港公団のアルジェ空港に対する経営委託，フラポートのカイロ空港とジッダ空港に対する関与が挙げられる。

8.4　現在の状況

ACI（2015b）によると，概して，世界の空港の70.8％が公的所有，13.8％が民間所有，残りの15.4％が官民混合の所有形態である。旅客取扱量を基準とした同様の統計（66.7％，15.4％，17.9％）では，完全もしくは部分民営化による空港がわずかに高い比率を示している。これは，民営化は最大規模の空港で実施される傾向にあることが理由である。実際に，ヨーロッパの空港に関する研究では，78％を占める公的所有空港はヨーロッパの航空輸送量のわずかに52％しか取り扱っていないのに対して，残り22％を占める完全もしくは部分民営化による空港は輸送量の48％を取り扱っており，このこともまた，民営化は，より大規模な空港において特徴づけられていることが示されている（ACIヨーロッパ，2010）。

表8.5は，民間部門が関与する空港経営体について，2014年における収益上位20空港を示したものである。これらのすべては，世界の上位45空港の中に位置づけられている。さらには，上位40の民間空港会社における収益は，上位100の空港経営体の収益の半分を構成している（CAPA, 2015c）。これらの民間空港会社のいくつかは，IPOを通じた民営化の結果として（例えば，AENA，パリ，フラポート，チューリッヒ），もしくは以前から民間企業であったことを理由として（例えば，日本空港ビルデング，TAVエアポーツ，GMRエアポーツ），国内もしくは外国の証券取引所に上場されている。

ACI（2015b）によると，2013年の総計では，世界には555の民間部門が関与する空港が存在する。概して，コンセッション契約が最も一般的であること

表8.5　民間部門が関与する空港経営体の所有権構造（収益上位20空港：2014年）

世界ランク	空港会社	国名	収益(100万USドル)	民間比率
1	ヒースロー空港ホールディングス	イギリス	4,425	完全
2	AENA アエロプエルトス	スペイン	4,172	部分
3	パリ空港公団	フランス	3,679	部分
4	フラポート	ドイツ	3,156	部分
13	日本空港ビルデング	日本	1,566	完全
17	TAV エアポーツ	トルコ	1,296	完全
19	北京首都国際空港グループ	中国	1,241	部分
20	タイ空港公社	タイ	1,230	部分
21	マンチェスター空港グループ	イギリス	1,185	部分
22	アエロポルト・ディ・ローマ	イタリア	1,061	完全
23	フルークハーフェン・チューリッヒ AG	スイス	1,048	部分
24	サザンクロス空港会社ホールディングス	オーストラリア	1,043	完全
27	ガトウィック空港リミテッド	イギリス	1,024	完全
28	マレーシア空港持株会社	マレーシア	1,018	部分
30	上海空港有限公司	中国	932	部分
32	広州白雲国際空港	中国	896	部分
33	GMR エアポーツ	インド	892	完全
36	フルークハーフェン・ウィーン AG	オーストリア	831	部分
42	南アフリカ空港会社	南アフリカ	698	部分
44	コペンハーゲン・エアポーツ A/S	デンマーク	684	部分

出所：Airline Business（2015）.

が，図8.2より観察することができる。上場企業に関しては，中国は国内（廈門，深圳，上海虹橋，北京，海口美蘭，広州）もしくは香港証券取引所のいずれかに，最も多くの上場空港を有しているのに対して，イギリスでは，表8.3にみられるように，個々の空港のトレードセールを最も多く経験してきた。実際に，ヨーロッパでは，ルートン，プリシュティナ，ザグレブ，アテネ，ラルナ

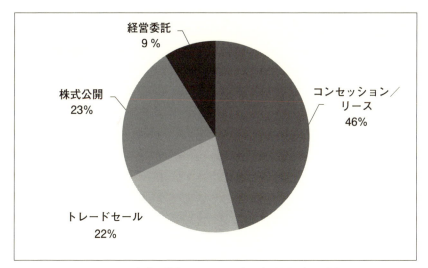

図8.2　空港民営化におけるモデル別の比率（2013年）
出所：ACI（2015b）.

カ／パフォス，トルコの数空港，を除いて，コンセッションやBOT計画は相対的に稀であった。対照的に，新興経済国ではコンセッションによる民営化は群を抜いて最も一般的である。実際に，世界銀行（2015）によると，1990年から2015年までの中低所得国におけるコンセッションは，空港契約の51％，投資活動の62％を占めている。

図8.3は，世界で初めて民営化を経験した大陸であるヨーロッパは，民間部門が関与する最も多くの空港を有しており，これにラテンアメリカ－カリブ諸国，アジア太平洋地域が続いていることを示している。しかしながら，近年では，第1章で述べたように，北アメリカや西ヨーロッパなどの成熟市場よりも高い成長率を遂げてきたと見込まれる新興市場において，より多くの民営化が実施される傾向にある。少数の例外（例えば，アテネとフランスの地方空港）を除いて，ほとんどの将来的な民営化の動きは，こうした地域以外，主として新興経済国だけでなく，おそらく日本においても発生するであろう。日本は世界最大の航空輸送市場の1つであるにもかかわらず，これまでのところは，近年

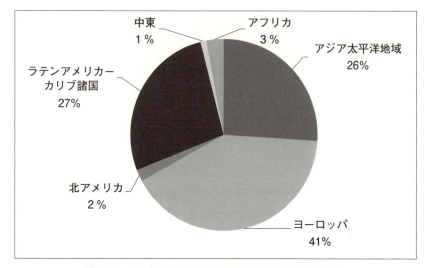

図 8.3 民間部門が関与する空港の地域別比率（2013年）
出所：ACI（2015b）.

の仙台空港と新関西国際空港株式会社（NKIAC）のコンセッション契約を除いては，民営化を経験しておらず，乗り越えるべき大きな障壁が依然として存在しつづけている（Graham et al., 2014; Miyoshi, 2015）。

　北アメリカの空港には，民間部門が関与するものは，ほとんどない。その部分的な理由として，カナダでは，主要空港において，空港は中央政府により所有される一方で，その経営は地域の非営利の空港当局による長期リースのもとで実施されるという特有のガバナンスモデルが存在するからである。さらに，アメリカでは，ほぼすべての空港が地元自治体の所有のもとにある。第7章でも述べたが，アメリカの注目すべき特徴として，空港は資金調達源としての免税公債を通じて常に資本市場に対する相当程度のアクセスを有してきており，それゆえに，新たな資金調達源の注入を認める民営化という状態は，おそらく説得力に乏しいものとなる。さらには，その他にも，民営化に向けたあらゆる動きをより困難なものとする，顧客である航空会社との法的拘束力のある契約や，AIP（空港改善計画）（第2章を参照）を通じた補助金，といったアメリカにお

ける制度上として特有の要因がある。くわえて，その他にも主要な法的障壁がある。中でも注目すべきは，空港の収益（売上金額を含む）を空港以外の用途に使用することを禁じるもの（いわゆる「収益流用法（revenue diversion laws）」）である。

しかしながら，連邦政府予算の削減や，その他にも，空港を所有する多くの地元自治体における脆弱な財務体質という要因を理由としたAIPによる資金調達に対する圧力の増加は，空港民営化に対する関心が増加してきたことを意味する（例えば，Enrico et al., 2012を参照）。実際に，1996年に遡れば，連邦政府は「空港民営化実験プログラム（Airport Privatization Pilot Program）」を導入した。これは，5つの空港に対して，これまで民間部門に空港を売却することを妨げてきたいくつかの法的要求事項を適用除外とするものである。2012年には，このプログラムの適用は10カ所の空港に拡大された（FAA（Federal Aviation Administration[1]：連邦航空局），2013）。しかしながら，二度にわたる民営化計画の失敗を経験しているシカゴ・ミッドウェー空港を含む多くの空港が，このプログラムに興味を抱いてきたものの，わずか1つの空港，すなわちプエルトリコのサンファン空港のみ民営化が実行された（Poole, 2015）。アメリカには重要な新規投資の必要性が存在しているにもかかわらず，あらゆる主要空港で近い将来に民営化が進展する可能性は，ほとんどないようである。おそらく唯一の実行可能と考えられる選択肢は，官民パートナーシップの可能性であると考えられ，これは，ニューヨークのJFK空港の第4ターミナルと，オーランド・サンフォード国際空港の国内・国際ターミナルで実施された新規ターミナルの建設と運営，ニューヨークのラガーディア空港の中央ターミナルビルにおける計画，で採用されている（CAPA, 2015d）。

8.5 民営化の財務的な帰結

現在，550を超える空港で民間部門による参画が行われていることを考えると，民営化の効果は何であったか？　民営化で表明された目的は達成されたのか？　が重要な問題となるであろう。経営成果や効率性における改善の観点からは，ACI（2015b）によると，完全または部分的な民営化空港は，航空系と非

航空系の双方の領域で，平均してより多くの旅客当たり収益を獲得していることが観察された。しかしながら，それらの空港はまた，より高い旅客当たり費用を発生させており，こうした空港は，よりうまく費用管理を実施しているという仮定とは一致しない。全体として，完全民営化による空港で最も高いEBITDAマージン（56％）が達成され，これに公営空港（54％）がつづき，そして官民混合の所有形態による空港（45％）がつづいている。このことはまた，学術文献の中では結論を得ていない議論である。例えば，バサイおよびゴルジドゥーズ（Vasigh and Gorjidooz）(2006) は，アメリカとヨーロッパにおける官民それぞれの22空港をサンプルとして分析した結果，効率性と空港の所有権構造には有意な関係はないことを明らかにしている。さらには，オム他（Oum et al.）(2003) は，アジア太平洋，ヨーロッパ，北アメリカの主要空港における大規模サンプルについて分析をしたところ，同じく所有権構造は有意な影響を持たないことが観察されている。しかしながら，ヴォーゲル（Vogel）(2006) は，ヨーロッパの完全または部分的な民営化空港は，公営空港よりも効率的に運営されていることを明らかにしている。同様に，オム他（Oum et al.）(2006) は，完全な公有空港は効率性に劣るという統計的に有意な結果は得られなかったものの，政府が所有権の大多数を持つ空港は，民間部門が所有権の大多数を持つ空港よりも，効率性が有意に劣ると結論づけている。同じく，オム他（Oum et al.）(2008) は，民間企業が大部分を所有／運営する空港は，政府が主要な部分を占める混合企業により所有／運営される空港よりも高い効率性を達成している可能性が高いという結果を導いた。より近年では，バサイ他（Vasigh et al.）(2014) は，イギリスの民営化空港は，ラテンアメリカの部分民営化空港と政府所有空港よりも効率性に優れている―しかしながら，アメリカの公営空港は，このいずれのグループにおける空港よりも効率性に優れている，ことを確認している。

　多くの事例で，民営化は新しい投資注入を可能にしてきたという圧倒的な証拠が存在する。それにもかかわらず，政府と新規の民間経営者との間で生じる対立と民営化に関する合意事項の履行，最適な投資者の選択に関する問題，もしくは航空旅客需要や財務状況に関する不適切または非現実的な想定，といっ

たさまざまな理由により，少数の空港では民営化はうまく機能してこなかった。例えば，政府による一方的な協定破棄（例えば，ブダペスト，マニラ，マレ），空港の売り戻し（例えば，トロント，スチュワート，コスタリカ），または，締約済協定の再交渉（例えば，キト，アルゼンチン）などが生じている。

近年のより経済的に困難な時代では，小規模な空港は魅力に欠ける存在とみなされ，よりリスクが高いものと考えられている。すでに議論したように，その理由の一部としては，それらの空港に固有の財務的に不利な状況，または少数の国内航空会社や，増加する非常に気ままなLCCに対する高頻度の依存，などが挙げられる。こうした理由により，ドイツのフランクフルト・ハーンやリューベック，イギリスのプレストウィックやカーディフのように，空港が一時的もしくは永久的に政府に売り戻された事例がある。

第6章で議論したように，空港に投資をする可能性のある投資家は，投資の可否を判断する際，一般的にEV／EBITDA倍率（比率）を使用して，利潤との関係における空港の価格（EV：企業価値）を検討する（図6.1を参照）。BAA，コペンハーゲン，ウィーンのような初期のIPOでは，その倍率は5倍から10倍くらいであった。9/11（アメリカ同時多発テロ）以前のブリストル，カーディフ，ウェリントン，ハンブルク，オーストラリアと南アフリカの主要空港といった，初期の部分的または完全なトレードセールのいくつかの事例では，この倍率は10倍から20倍の間に上昇した。これにつづく，フラポートやパリ空港公団のような部分的なIPOでは，その倍率は約10〜11倍に下落したものの，2000年代なかばに空港民営化に対する関心が復活し，主要な投資家として国際的なファンドマネージャーが出現してくると，ブダペストやリーズ・ブラッドフォードの空港民営化の事例では，空港の価値は史上最高値である30倍ちかくまで急騰した（Aviation Strategy, 2015a）。

しかしながら，2008年の金融危機以降は，ブラジルにおける民営化の事例を除いては，こうした空港における高水準な価値は中断することになった（Leigh-Fisher, 2012）（このことは，特に高い成長予測率を理由に，空港ビジネスになじみのない地元のインフラ企業にとって非常に魅力的なものと捉えられた）。近年の取引では，再び15倍くらいに空港価値が上昇してきているものの，金融危機以前の過熱的な価

値には及んでいない。2015年にIPOが実施されたAENAでは，倍率は約12倍であった。しかしながら，一般的に，トレードセールはIPOよりも高い価格で空港を売却することを可能にする，ということを指摘しておかなければならない。その理由は，トレードセールでは，民営化後の財務，運営，経営体制に対して，より大きなコントロールを及ぼすことができることと，詳細なデュー・ディリジェンスの過程でリスクの低減が促進されるからである。実際に，2015年におけるヨーロッパの上場空港グループの倍率は約11倍であったのに対して，他の空港における近年のトレードセールや民間取引では，その倍率は15〜18倍という水準であった（Aviation Strategy, 2015b）。

8.6　空港民営化の参加主体

　空港の民営化計画には，広範囲に及ぶさまざまな投資家や企業が関与してきた。これは，AENA，フラポート，マレーシア空港持株会社，パリ空港公団（AdP），フルークハーフェン・チューリッヒ，バンクーバー，シンガポールのチャンギ空港のような伝統的な空港運営会社のいくつかを含んでおり，これらの会社は，これまでは明確に定義されてきた国家的な境界を拡張することを可能にしてきた（表8.6）。また，TAVエアポーツや，その他の空港会社のように，もともとは，不動産，公益事業，インフラ，建設業などの関連部門を起源とする新しい専門的な空港運営会社もある。こうした会社は，空港経営に対して，ある程度の実行可能な機会や潜在的な相乗効果を見込んでいる。これには，フェロビアル，ヴァンシ，ホッホティーフ（現在の「アヴィ・アライアンス」），インドの企業であるGMRとGVKが含まれる（表8.7）。これらの空港運営会社には，株式を通じたパートナーシップに関する，ますます多くの事例がいくつか存在する。例えば，AdPとスキポール・グループの間における8％の株式の持ち合い，AdPによるTAVエアポーツの38％の株式保有，バンシによるAdPの8％の株式保有などである。

　金融機関（例えば，投資銀行，年金基金，プライベート・エクイティ・ファンド）は，常に空港民営化のコンソーシアムを支える主要な役割を担ってきたが，より近

表8.6　既存の空港運営者に関係を持つ国際的な空港の運営者／投資機関

運営者／投資機関	主要空港／空港との関連性	関与している空港（経営委託は除く）
パリ空港公団マネジメント（AdPM）	パリ空港公団（AdP）の完全子会社	チリ：サンティアゴ クロアチア：ザグレブ ヨルダン：アンマン モーリシャス ベルギー：リエージュ メキシコ：OMA ギニア：コナクリ サウジアラビア：ジッダ（ハジ・ターミナル） AdPはTAVエアポーツの株式の38％，スキポール・グループの株式の8％を保有
AENAインターナショナル	AENAの完全子会社	イギリス：ロンドン・ルートン メキシコ：メキシコ・パシフィコ空港グループ（GAP） コロンビア：カリ，カルタヘナ・デ・インディアス
エアポーツ・ワールドワイド	ヒューストン空港システムの関連企業	イギリス：ベルファスト国際 コスタリカ：サンノゼ，リベリア スウェーデン：ストックホルム・スカブスタ アメリカ：オーランド・サンフォード
チャンギ・エアポーツ・インターナショナル	チャンギ空港グループの完全子会社	ブラジル：トム・ジョビン・リオデジャネイロ ロシア：クラスノダールの地域空港 インド：ベンガル・エアロトロポリス ミャンマー：ハンタワディー（ヤンゴン）
フルークハーフェン・チューリッヒ	チューリッヒ	ブラジル：タンクレド・ネヴェス（ベロ・オリゾンテ） チリ：イキケ，アントファガスタ キュラソー インド：バンガロール
フラポート	フランクフルト	ブルガリア：ブルガス，ヴァルナ，プルコヴァ ドイツ：ハノーファー スロベニア：リュブリャナ

		トルコ：アンタルヤ
		インド：デリー
		中国：西安咸陽
		ペルー：リマ
		ギリシャ：14の地方空港
		ロシア：サンクトペテルブルク
		セネガル：ダカール
マレーシア空港持株会社（MAHB）	マレーシアの空港	トルコ：サビハ・ギョクチェン・イスタンブール
		インド：ハイデラバード
スキポール・グループ	アムステルダム	オランダ：ロッテルダム，ハーグ，レリスタット，アイントホーフェン空港
		オーストラリア：ブリスベン
		アメリカ：JFK第4ターミナル
		AdPの株式の8％
バンテージ空港グループ	バンクーバー国際空港公団の50％所有	カナダ：ハミルトン
		ジャマイカ：モンテゴ・ベイ
		キプロス：ラルナカ／パフォス

出所：各種資料より筆者作成。

表8.7　その他の国際的な空港の運営者／投資機関

運営者／投資機関	本社	関与している空港（経営委託は除く）
アヴィ・アライアンス（旧ホッホティーフ・エアポート）	ドイツ	ギリシャ：アテネ
		ハンガリー：ブダペスト
		ドイツ：デュッセルドルフ，ハンブルク
		アルバニア：ティラナ
フェロビアル	スペイン	イギリス：ロンドン・ヒースロー，サザンプトン，グラスゴー，アバディーン
		スペイン：AENA
グローバル・インフラストラクチャー・パートナーズ（GIP）	アメリカ	イギリス：ロンドン・シティ，ガトウィック，エディンバラ
GMRグループ	インド	インド：デリー，ハイデラバード
		フィリピン：マクタン・セブ

GVK	インド	インド:ムンバイ,バンガロール
インダストリー・ファンズ・マネジメント(IFM)	オーストラリア	イギリス:マンチェスター空港グループ(MAG) オーストリア:ウィーン オーストラリア:ブリスベン,メルボルン,アデレード
オンタリオ州教職員年金基金	カナダ	イギリス:バーミンガム,ブリストル ベルギー:ブリュッセル デンマーク:コペンハーゲン
TAVエアポーツ・ホールディング	トルコ	トルコ:イズミル,アンカラ,アラニヤ・ガジパシャ,イスタンブール・アタテュルク,ボドルム ジョージア:トビリシ,バトゥミ マケドニア:スコピエ,オフリド クロアチア:ザグレブ チュニジア:エンフィダ,モナスティル サウジアラビア:マディーナ
ヴァンシ・エアポーツ	フランス	ドミニカ共和国:ドミニカン・エアロドム フランス:ナント,トゥーロン 日本:関西 カンボジア:プノンペン,シェムリアップ,シアヌークビル ポルトガル:ANAポルトガル空港 チリ:サンティアゴ AdPの株式の8%

出所:各種資料より筆者作成。

年では,空港に対する直接的な投資を開始しており,こうした進展の主要な担い手となっている(Rikty et al., 2014; CAPA, 2015e; Condie, 2016)。その結果,空港民営化では,インフラファンド,年金基金,政府系の投資ファンドなどの国際的なファンドがますます支配的になってきた。こうした種類のファンドについては,第7章で議論した。空港に関与するインフラファンドの事例としては,マッコーリーとグローバル・インフラストラクチャー・パートナーズ(GIP)を挙げることができる。イギリスの事例は,表8.3で確認することができる。マッコーリーは,グラスゴー,アバディーン,サザンプトン空港に関与をして

おり，一方で，GIPは，ロンドン・ガトウィック，ロンドン・シティ，エディンバラ空港に関与をしている。イギリスに関連する年金ファンドとしては，インダストリー・ファンズ・マネジメント（MAG），オンタリオ州教職員年金基金（バーミンガム，ブリストル空港），イギリスの大学退職年金基金，すなわちUSS（ロンドン・ヒースロー）が含まれており，一方で，アーディアンは，ロンドン・ルートン空港のコンセッションに関与する保険ファンドである。政府系の投資ファンドとしては，ロンドン・ヒースロー（中国投資有限責任公司，カタール投資庁，シンガポール政府投資公社）とロンドン・ガトウィック（アブダビ投資庁，韓国国民年金公団，未来基金局）の双方に関連するものが挙げられる。

これらのファンドの大部分は，単に空港だけではなく，ほとんどの種類のインフラ資産に関心を持っている。したがって，これまでの空港民営化におけるいくつかの投資機関と同程度には空港ビジネスに対する忠誠心は有していない傾向がある。その結果，こうしたファンドは，空港に対する金銭的なリターンについて，非常に重視することになる。したがって，こうしたファンドが主として関心を寄せるのは大規模空港となり，小規模な地域空港は魅力に乏しく，よりリスクが高いものと捉えられることになる。政府系の投資ファンドは，むしろ特別なケースであり，大規模で質の高い空港の少数株式にのみ関心を持つ傾向にあることに留意する必要がある（Condie, 2016）。

こうした国際的なファンドによる支配が増加してきた一方で，同時に，従来の投資機関のいくつかは，こうした部門から撤退するか，関与の程度を縮小してきた。これには，ヒースロー（以前はBAAの一部分）やコペンハーゲンのような，そのコアビジネスに重点的に取り組んでいる既存の空港運営会社の多くが含まれている。同様に，スペインのインフラ企業であるアベルティスは，有料道路や他の陸上交通に関心を移行するために，空港に対するすべての関与から撤退した。ドイツの建設企業であるホッホティーフもまた，2013年に，その空港部門（現在の「アヴィ・アライアンス」）をカナダの公務員年金投資委員会（PSP）に売却した。

その他の空港で非常に一般的な投資機関の構造は，運営上の専門知識を有する組織と，資金調達におけるプロバイダーとの組み合わせであろう。例えば，

MAGとIFM，オンタリオ州公務員年金基金（OMERS）傘下のエアポーツ・ワールドワイドとヒューストン空港システム（HAS），以前のホッホティーフ・エアポーツの専門知識とPSPが組み合わさったアヴィ・アライアンスが挙げられる。さらには，トレードセールとコンセッション契約では，さまざまな専門知識と資金調達能力をもたらし，かつリスクを分担することができる，いくつかの異なるパートナーでコンソーシアムを構築することが一般的な方法である（Feldman, 2008）。ある程度の大規模な資本投資が必要な場合，すなわち，一般的にはBOTプロジェクトのようなケースでは，建設企業によるパートナーが，しばしば強みを持つであろう。例えば，世界最大の建設企業の1つであるヴァンシは，こうした事例である。さらには，国際的なパートナーと組むことで，グローバルな取引先，供給者，金融市場に関する知識や経験がコンソーシアムにもたらされるのに対して，地元のパートナーと組むことにより，コンソーシアムが地域の事情や状況（そして，おそらくは政治的な要素）を理解する手助けとなる。民営化における入札では，どのようなタイプのパートナーが必要とされるかということが，その条件として要求されるであろう。

8.7 要約

本章では，空港民営化の起源や進展について述べてきた。主に，株式公開，トレードセール，コンセッション／BOTといった実際に存在するさまざまな民営化モデルや，さまざまな種類の運営者や投資機関について確認をしてきた。空港民営化では，政府系の投資ファンド，インフラファンド，年金ファンドのような国際的なファンドが次第に支配的となってきている。イギリスのような国では，その初期における民営化の議論のいくつかは，政府の関与を縮小したり，空港の効率性を拡大したりというイデオロギー的な意義を表明するものであったが，今日の空港民営化における論理的根拠は，投資の必要性，経営や運営上の専門知識の取得，もしくは政府の大規模な財政赤字を縮小する手段としての売却益の活用といった，より現実的な側面について，もっぱら着目するものである。

少なくとも日本では一定の変化が起こりつつあるものの、全面的な民営化に対する大きな障壁が存在する日本とアメリカを除いて、ほとんどの大規模な航空市場では、少なくともある程度の空港民営化を経験してきていることが明らかである。将来的には、最も多くの民営化を経験するのは、航空輸送量における最大の成長が予想される新興市場であると考えられる。これには、成長が幾分か減速してきたものの、インドやブラジルなどの主要国におけるさらなる発展が含まれるであろう。第1章で議論したように、中国はまた、航空サービスを拡大して、多くの新しい空港を建設することが予想されるものの、同国の今日までの民営化の経験は、相対的に成功とは言えない状況である。なぜなら、AdPやヴァンシやコペンハーゲンといった運営会社は中国の空港に対する関与を終了しており、1カ所の空港で主要な株式所有を行うフラポートが唯一の国際的な空港運営会社として残されるのみだからである。

その一方で、その他の多くの新興市場では、政治的・経済的なリスクが、現在では空港に民間部門の関心を引き付けることの大きな障壁となっている。すでに民間部門による著しい関与がみられるヨーロッパの他の国々や、その他の地域では、民営化に関する活動のほとんどは、セカンダリーセールを通じたものとなっているようである。地方空港や小規模な空港は、市場が限定されており、かつ固有の経済的な不利益を伴っていることから、近年のギリシャにおける地域空港の民営化のように、グループ単位で民営化をしないかぎり、今日の投資機関にとっては最小限の興味対象でしかないであろう。

ここまで、空港民営化に関する多くの複雑な論点を検討してきたので、最後の2つの章では、空港間競争と空港に対する経済的規制を取り扱っていく。これらの2つの領域における知見は、民営化を実施している空港に関するすべての試みを完全に理解するためだけでなく、これらの領域が空港財務に与えうる主要な影響を詳細に評価するための基礎となる。

【注】
1) 訳者注：原文は "Federal Aviation Authority" と記載されているが、"Federal Aviation Administration" の誤植と考えられる。

コラム　日本の空港におけるコンセッション

　わが国の空港で，初めて民間部門による関与が行われたのは，1994年に供用が開始された関西国際空港である。当時は，政府の「民活（民間活力）」という方針のもとで，主として国と地元自治体が出資する国内の空港で初めてとなる株式会社として設立された。これにつづいて，民間部門による関与が実施された2番目の事例が，2005年に供用が開始された中部国際空港である。同空港はPFI方式により民間資金を活用することで建設され，PFIが空港整備に適用された初めてのケースとなった。

　本書でも指摘されているように，もはや新興国においても数多くの空港民営化が実施されている近年において，わが国では，長きにわたり空港に対する民間部門による関与は，上記の2空港のみに留まる状況であった。

　その潮目が変わったのが，2011年におけるPFI法の改正である。この改正により，新たに「公共施設等運営権」が創設された。これは，いわゆるコンセッションのことであり，インフラ等の公共施設を対象に，国や地方自治体が所有権を保持したままで運営権を民間事業者に長期間にわたり付与（売却）する手法である。

　これを受けて，空港におけるコンセッションの第1号として，仙台空港が民営化された。2015年11月に東急グループを中心とする「仙台国際空港株式会社」が設立され，30年間（最長65年間）を事業期間として，2016年2月に空港ビル施設が先行する形で運営が開始された。

　つづいて，大規模空港としては初めてとなるコンセッションによる民営化が関西国際空港で実施された。わが国で初めての海上空港である関西国際空港は，海面の埋め立てによる多額の用地造成費用により，1兆円を超える膨大な有利子負債に慢性的に経営を圧迫されつづけてきた。こうした状況を解決するために，まずは事業価値の向上を目的とした大阪国際空港との経営統合を経たうえで，2015年12月に，オリックスとバンシの企業連合を中心とした「関西エアポート株式会社」が設立された。コンセッションの総額は約2兆2,000億円，契約期間は44年間であり，2016年4月に運営が開始された。

　これらの事例を契機として，今後も，新千歳空港（北海道内7空港の一括民営化），富士山静岡空港，神戸空港（「関西エアポート神戸株式会社」の設立による3空港の一体運営），南紀白浜空港，鳥取空港，広島空港，高松空港，福岡空港，熊本空港（ターミナルビル）など，数多くの空港でコンセッションによる民営化が次々と計画されている（2018年2月現在）。

　このように，ようやくわが国でも本格的な空港民営化が加速しようとする中，基本的に長期を基本とするコンセッション契約において，空港運営の成否については，短期的な視点にとらわれることなく注視していく必要がある。

（横見宗樹）

第9章 空港間競争

9.1 はじめに

　この何十年間の間に，空港を取り巻く環境が大きく変化したことは，すでに第1章で触れた。劇的な変化を遂げた1つの領域が，立在する空港間の競争水準である。これまで空港は交通インフラストラクチャーの完全供給者として認識されていたことから，しばしばそれは独占的供給者としてみなされてきた。旅客需要は後背地によって決まり，航空会社の空港選択は制限的な互恵合意によって厳しく制約されていた。しかしながら，世界の多くの地域において航空規制緩和や自由化が広まるとともに，これまでよりもずっと激しい航空会社間の潜在的，あるいは実質的な競争が展開されるまでに市場が開放された結果，空港間でも同様な競争が発生している。これによって，航空会社は競争戦略の一部として空港のビジネスモデルを活用しつつ，グローバルアライアンスの形成や低費用部門の出現をはじめ，さまざまな形で進化を遂げるに至っている。さらに，空港産業の商業化と民営化の進展（第8章参照）により，空港運営者は新規，もしくは継続，既存の顧客を取り扱う際，今にも増して競争的，かつ，ビジネスライクな視点で取り組むようになっている。

　空港間競争の程度は，空港の財務や投資状況に多大な影響を与える。競争圧力は空港使用料に反映されて，より柔軟性の高い価格付けや空港のさらなる効率化を促進する。言うまでもなく，競争環境の向上は，第5章で議論した空港のベンチマーキングにおいて関心が高まっている理由の中の1つである。その一方で，競争の不在もまた重大な帰結を及ぼし，最終的には市場の失敗を是正するために政府の介入を必要とするという結果をもたらす。これには，国家援助または国家補助のように議論の余地が存在する領域も含まれるかもしれな

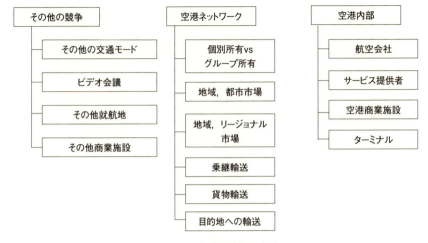

図9.1　空港間競争の水準

い。さらに，経済的規制は潜在的な市場支配力の濫用をコントロールすることが主な目的であるが，これも議論に含まれる可能性がある。このような政府政策のうち，後者については空港の財務マネジメントにおいて欠かすことができないため，次章（第10章）では空港の経済的規制に関係する数多くの複雑な問題について議論の大部分を割くことにする。

　本章では空港間競争に焦点をあてることにするが，それ自体は実在する競争の水準が各々異なるため，極めて複雑である（図9.1参照）。幅広いレベルで，空港はその他のサービスや施設と競合しうる。例えば，航空系分野では高速鉄道がそうであるし，非航空系分野ではショッピングモール，インターネットショッピング，ビデオ会議が該当し，休日や小休暇に対する観光地間競争はまた空港の競争的地位に影響を与える。それから，空港が個々の組織で運営されるとき，ならびに，共通のグループあるいはグループ所有が行われているとき，それらの空港の間には潜在的な競争が発生している。次章ではまた，このことを詳細に考察し，空港の拡張や競争に関連する問題について検討する。このほか，サービスの供給をめぐる競争や，あるいは空港ターミナル間の競争のような空港内部における競争も存在する。これは次の章で検証される。最後

に，国家援助や国家補助は潜在的に競争を歪める役割を果たすことから，本章ではこの議論にまで拡大し，結びとする．

9.2　空港間の競争

9.2.1　空港間競争の源泉

現実の世界において空港間にはある程度の競争が存在し，数多くの議論がなされてきた一方で，そこにはいくつか共通の主張がみられる．第1に，旅客の観点が認識された場合，空港における航空会社間競争や空港間競争を避けることは極めて困難である（Morrell, 2010）．航空会社間の過当競争によってしばしば，空港間においても熾烈な競争圧力が生み出される．実際のところ，いったん立地上およびアクセシビリティ上の要素が決まってしまえば，旅客の空港選択は運賃，就航地，機上サービスをはじめとした航空会社の対応によって決定される．例えば，2013年におけるワシントンDC地域の3空港（ボルティモア・ダラス・レーガンナショナル）で，利用者の空港選択に影響を与える第1の理由は，アクセシビリティ（各空港それぞれ60％, 49％, 70％）で，次いで航空サービスの品質／価格であった（各空港それぞれ37％, 48％, 27％）（Mohammed and Roisman, 2014）．

第2の要素は，空港が重複する後背地を抱えているか否かである．空港が特有の後背地，とりわけ離島や遠隔地域を拠点としている場合に最も弱い競争が存在する傾向がある．第1章で定義したように，ディスティネーション空港とは，アリス・スプリンス，シャーム・エル・シェキ，ラスベガスのように，各々の目的地にアクセスを提供する空港が1つしか存在しない空港を指している．しかしながら，例外的なケースとしてバルセロナ（バルセロナ，ジローナ，または，レウス）やベニス（マルコポーロ，あるいはトレヴィーゾ）のように大多数の旅行者に魅力を提供する空港が1つ以上存在し，その結果，さらなる競争圧力が生じている地域もある．

後背地の重複はロンドン（ヒースロー，ガトウィック，スタンステッド，シティ，およびルートン），パリ（シャルルドゴール，オルリー），ワシントン（ダレス，レーガン

国際，およびボルチモア），ニューヨーク（JFK，ラーガディア，およびニューワーク），モスクワ（ドモジェドボとシェレメティボ），および上海（浦東と虹橋）のようないわゆる都市，または都会において発生する。こうした都市に空港が1つ以上存在する場合，空港は異なった役割を果たす可能性があると言える。第1章では空港のモデルについて，ハブ空港，ディスティネーション空港，ビジネス空港，ローコスト空港，貨物空港，および空港ネットワークという6つのモデルを示した。都市の文脈からは，ビジネス空港，ローコスト空港，および貨物空港がより2次的な，特殊な役割を果たすことがある。その一方で，それらの空港は都市間のトラフィックにおいてかなりの程度，競争を展開している。ローコスト空港のような空港そのものをマーケット化する空港は，おそらくこの分野の競争において最も顕著な事例である。例えば，欧州ではそうした空港が数多く存在し，フランクフルト・ハーン空港，ミラノ・ベルガモ空港，およびデュッセルドルフ・ヴェーツェ空港のように，以前は軍事的に利用されていた空港がある。北米でもまたボストンのプロビデンス空港・マンチェスター空港，ロサンゼルスのバーバンク空港・オンタリオ空港，オーランド・サンフォード空港，フィラデルフィアのアトランティックシティ空港，およびトロント・ハミルトン空港のように，LCC輸送に特化した数多くの2次的空港が存在する。このほか，ドバイのシャルージャ空港，メルボルンのアバロン空港のような例外も存在する。

　大都市あるいは都市地域に立地する空港が1つ以上存在する場合，それは通常，複数空港システム（MAS）と呼ばれている。ボンフォイ他（2008）は世界の59のMASについて，空港数が地域における航空輸送の成熟度に影響を受けている点を明らかにしている。アジア・太平洋，ラテンアメリカ，中東の3地域では急速な輸送量の成長がみられ，近年，若干状況が変化しつつあるが，ここで彼らは欧州25空港，北アメリカ18空港，アジア・太平洋8空港，ラテンアメリカ5空港，中東3空港を取り上げている。MASの最も一般的な形態は，例えば，シカゴ，フランクフルト，メルボルンのように1次的空港と2次的空港から構成されているが，それだけでなく，マイアミや上海のように1次的空港が2つ存在するケースもある。ロンドン，ロサンゼルス，ニューヨークの

MASは最も複雑な例として示される。

　後背地の重複はまた地方空港，特に地域政府や地方政府が空港を所有，もしくは空港運営に責任を持つ場合に発生する。このような所有形態は，空港整備の目的が，商業的，あるいは経済的な認識のもとで決定されるというよりはむしろ，政治的，かつ地域の経済発展のためという理由で決定されることから，容量過多になりやすく，過剰投資をもたらす。日本は全国に100以上もの空港が存在するが，こうした例の1つである。これらの地方空港が，例えば欧州のようにお互いに自由競争を行えば，過少利用となっている施設，トラフィック量が不足している非航空系施設との連携や航空会社からの航空系収入減免および他の空港への就航にかかる圧力など，空港運営者にとって極めてチャレンジングな状況が生み出される可能性がある。

　後背地が直接重複しない場合，ならびに，国が拠点空港を所有し，短距離および長距離サービスの多くをそこに集約している場合，その国に属する他の空港が当該空港と競争することは困難である。しかしながら，こうした拠点空港はプライマリーハブ，またはメガハブとして，グローバルなネットワークとの接続や乗換旅客の効率性を高め，国際的な競争を展開するかもしれない。第1章で議論したように，ロンドン・ヒースロー，パリ・シャルルドゴール，フランクフルト，アムステルダムをはじめとするヨーロッパの空港ではかねてからこうした競争が推進されており，現在，競争者の数はイスタンブール・アタチュルク，中東の各空港を含め，確実に拡大しつつある。図9.2ではこれらの空港の結節性が相対的に変化してきたのかが明らかに示されている（週当たり接続数にウェイト付けして計測）。アジアではソウル・仁川，香港，およびシンガポールのような注目に値するプライマリーハブが数多く存在し，香港，ドバイのような主要貨物ハブも存在する。さらに，ジャカルタ・スカルノハッタ，コペンハーゲン，またはアブダビのように限定的ながらも競争を展開するセカンダリーハブもある。結果として，これらのハブ空港の多くはかなりの程度，航空会社の運営戦略とネットワーク計画，およびグローバルアライアンスの展開に依存しているが，言うまでもなく，乗換客に対する空港使用料の減免やその他の特典措置等の財務戦略も空港発展のための一助となりうる。例えば，

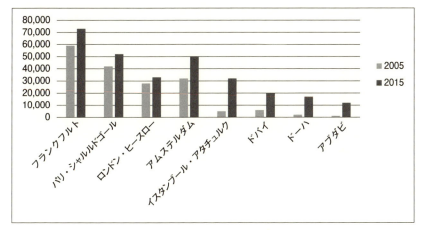

図9.2 2005年と2015年における欧州および中東の主要ハブ空港におけるハブ接続性
(注) ハブ接続性はウェイト付けされた週間スケジュールで計測。
出所：ACI-Europe (2015).

2015年のシンガポール・チャンギ空港はシンガポールハブの競争力を強化するため，このイニシャティブを拡大しているが，その中には乗換旅客に対する手数料，大型機材の着陸料，フライトケータリングやグランドハンドリングサービスのフランチャイズフィーの減免，航空会社やグランドハンドリング事業の効率性を推進するための戦略的サポート指標も含まれている（Changi Airport Group, 2015）。

　市場シェア，価格，サービス品質，提供キャパシティ，代替可能性など複雑な要素が混在する結果，各空港形態別で競争の程度が異なるにもかかわらず，競争圧力は高まっており，空港財務やマーケティングを含む空港ビジネスの多くの局面にそれが多大な影響を与えているという広い共通認識が存在する（Forsyth et al., 2010；Halpern and Graham, 2013）。実際のところ，コペンハーゲン・エコノミックス（2012）によれば，ヨーロッパの航空会社はより束縛がなく自由になり，もし空港と折り合いがつかなければ，就航先を変更することが可能で，彼らは現実的にそうした意向を持っている。航空会社の就航先の変更がかなりの程度試みられた結果，多くの路線が開設され，廃止されてきた。例

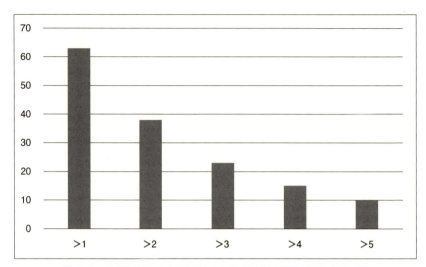

図 9.3 欧州において自家用車で 2 時間以内に到達可能な空港の数
（2011年ベースで旅客取扱数100万人以上の空港）

出所：Copenhagen Economics (2012)。

えば，2011年には約2,500の新規路線が開設しているが，その一方で，2,000路線が廃止され，毎年全路線の約20％が開設し，15％が廃止に至っている。また，コペンハーゲン・エコノミックスは，旅客の選択肢が高まり，欧州居住者の約3分の2が自家用車で2時間以内にアクセス可能な空港を複数持っている点を指摘している（図9.3参照）。地方における出発と乗換について選択肢が広がっていることが実証的に示されている。

しかしながら，ACI Europe により報告されたコペンハーゲン・エコノミックスのレポートに対し，別の研究結果が IATA (2013) によって出版されている。ここでは，ネットワーク航空会社はポイント・ツー・ポイント輸送と比べて就航先の変更を行う機会が限定されており，コペンハーゲン・エコノミックスの研究はこの点を見落としているとの指摘を行っている。これに対して欧州国際空港評議会 (2014) は，欧州の空港は将来に向けてますますポイント・ツー・ポイント輸送に依存しつつあると反論している。他方，IATA (2013) では，旅客は選択可能な空港を利用するというよりはむしろ，近隣の空港を利

用する傾向が強く，このことはポイント・ツー・ポイントの旅客をめぐる空港間競争が制限される理由になりうるとしている（この点について欧州国際空港評議会（2014）はさらなる反証を繰り返したが）。こうした主導的な役割を果たす産業主体間での活発な議論は，空港間競争の考え方が複雑化し，一貫した見解が導出できていない要因ともなっている。

9.2.2　空港グループ内の競争

　第1章で先に議論したように，数多くの空港が一括所有のもと空港ネットワーク，あるいはグループとして運営されている。おそらくそうした運営モデルは地域の経営革新を妨げ，競争を抑制するが，ネットワークとして運営することによる潜在的な便益，例えば資源や専門性の共有，規模の効果による費用縮減，空港開発に向けた戦略的かつ調和的なアプローチをとる能力とバランスをとっていく必要がある。一括所有によって財務上，空港間の内部相互補助が発生し，それは空港運営者を救うことにつながるが，すべての利用者の支持が得られるわけではない。

　第8章で言及したように，空港民営化が実施された際にこれらは特に問題となり，この領域の経験が多様化しつつある。例えば，アメリカ大陸では，アルゼンチンの30以上に及ぶ空港がグループとして民営化された一方，ブラジルでは拠点空港が個別に民営化されている。他方，メキシコでは空港が4つの異なるグループに分けられ，各グループに小規模空港と大規模空港が混在している。このほか，オーストラリアでは，4つの大規模国際空港の民営化の決定について政府が個別空港ごとの民営化を実行する旨を決定した。アイルランドでは，何年もの間，ダブリン，シャノン，コークの主要3空港がエール・リアンタという公社によってネットワークとして運営されてきた。2004年には，選択肢の向上と空港間競争強化の目的から，エール・リアンタに代わってなおも政府所有のダブリン空港公団（DAA）が創設され，シャノンとコークについては別々の取締役会により管轄することとし，自主性を高めている。しかしながら，数多くの議論が積み重ねられた後，2012年度末を待たずにシャノン空港に関してはDAAから分離され，シャノン空港公社と呼ばれる別の公社として自

由競争下に置かれることになった。

　対照的に，ごくわずかではあるが，反競争的行為が生じる恐れがあるとの理由で，空港民営化が先送りされたケースもある。このことは例えば，英国のベルファスト国際空港とベルファストシティ空港，およびブリストル空港と近隣のエクセター空港の一括所有の可能性を議論する際の争点となった。同じように，ウィーン空港は近郊のブラチスラバ空港との合併が認められなかった。また別の場合，一括所有は各空港の輸送形態に何らかの影響を及ぼす手法としてみなされる。例えば，2009年までフラポートはフランクフルト空港とLCC専用のフランクフルト・ハーン空港を所有し，LCCを直接ハーン空港に向かわせることができた。同様に，スキポール・グループはアムステルダム空港のほか，ロッテルダム空港とレリスタット空港を所有し，アイントホーヘン空港における株式の大多数を持っていた。これは，航空事業で言えば，例えばジェネラルアビエーション，リージョナル，チャーター，LCCのような補完事業の1つとしてみなせる。ローマ空港もまたフィウミチーノ空港とチャンピーノ空港を所有し，後者をLCCおよびジェネラルアビエーション空港として区別している。

　ロンドン空港については，疑いなく継続的，かつ長期的視点での議論が交わされてきた。BAAグループの主要3空港（ヒースロー，ガトウィック，スタンステッド）はIPOを通じ，1987年に民営化された（第8章参照）。同時に，グループ運営を好意的にとらえる支持者らは，3空港間で市場がそれぞれ異なり，ヒースローについては極めて独占的であることから，3空港における競争上の圧力はごくわずかに止まると主張した。その一方で反対派は，ガトウィックとスタンステッドはチャーター輸送分野で競争関係にあり，前者はヒースローの代替空港として発展してきたと反論した。しかしながら，こうした競争によって生じる潜在的な便益は，グループ事業がもたらすその他戦略，財務，運営上の利得によって相殺された。この20年間，ヨーロッパ全土に自由，かつ競争的な市場環境が広まるに従い，BAAの分割案について，改めて数多くの有益な研究が試みられてきたが，最終的には初期の民営化から20年以上経過した2009年にBAAの構造は変化の必要性に迫られた。イギリスにおける以前の競争機関（競争委員会）による長期のレビュー後，この可能性が検証され，（英国南東部

における唯一の主要ハブ空港としてのヒースロー空港の立場，経済的規制のシステム，および計画レジームをはじめとするその他数多くの要因もまた明示されたが）ロンドン空港の一括所有は反競争的効果をもたらすと結論付けられた（Competition Commission, 2009）。ガトウィックとスタンステッドは売却されなければならなくなった。実際に，ガトウィックは最終決定が下される前の2009年に売却され，スタンステッドは2013年にマンチェスター空港グループ（MAG）に売却された。さらに，競争委員会は，スコットランドのグラスゴー空港とエジンバラ空港におけるBAAの一括所有は競争を荒廃させるため，両者を分割する必要があるとした。その結果，BAAは2012年にエジンバラ空港を売却した。

9.2.3　競争と空港の拡張

　空港間競争と財務について鍵となる問題の1つは，新たなキャパシティを提供する際の影響である。極めて基本的なレベルではあるが，空港拡張には典型的に3つの選択肢があり，それらはお互いに分離，あるいは結合しつつ利用される（図9.4）。これらは既存空港の拡張，新規空港の建設，MASにおける輸送容量拡大の際に適用できる。需要の増加に合わせる形で，プライマリー空港単体で拡張した事例が世界には数多く存在する（例えば，アトランタ，デリー，リマ）。このケースでは，拡張を許容するに足る十分な土地とその他物理的な条件の提示が求められており，周辺地域に与える環境面の影響とのトレードオフが認識された。このこと自体は，もし多くの航空会社がアクセス可能な程度に発着枠が増加すれば，空港における航空会社間競争を向上させるかもしれないが，必ずしも空港間競争を高めるとは言えない。また，空港への旅客のアクセシビリティも空港を拡張する際に道路，あるいは公共交通システムが同時に改善されない場合は，このケースと同様である。しかしながら，財務的見地からは，これが最も安価な投資オプションとして機能し，拡張をすすめることで，空港の規模の便益の享受に結びつけることができる。

　対照的に，新規空港の整備については，もし新たな陸上交通インフラの整備が考慮された場合には最も浪費的な選択肢となることがあり，これを主導するための長期の複雑な計画プロセスが存在する。現在，北京の第2空港やドバイ

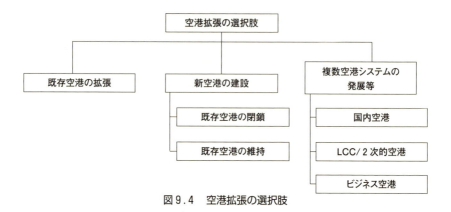

図9.4　空港拡張の選択肢

のように，建設中の大規模空港が数多く存在する。これは，土地が利用可能でない場合や既存空港での環境上の影響が許容範囲を超えている場合の唯一の選択肢となりうる。新たな立地場所には新規の旅客グループを呼び込めるが，いくつかの既存旅客のアクセシビリティはこれまで以上に失われる。

　この場合，既存空港についてはたいてい2つのシナリオが想定される。第1に既存空港を閉鎖することである。この例としてはミュンヘン（1992），デンバー（1995），香港（1998），オスロ（1998），アテネ（2001），ドーハ（2014）が含まれる。これによって，既存空港では雇用と所得の損失が明らかに発生するが，新空港で新たな機会が創出されることにより，これらは相殺されうる。既存空港の再開発の可能性もまた存在する。例えば，以前オスロ空港があったフォーネブには，オフィスや軽工業，住宅，公園が幅広く立ち並んでいる。航空会社はすべて新空港に移行しているため，オスロ全体として長期の交通量配分の問題は存在しないが，移動費用の増加や利便性の欠如の問題が存在する。さらに，後背地における空港開発が認められなかったアテネ新空港のように，新たな空港間競争が生じる機会はなく，それが生じる見込みもない。

　イスタンブールは興味深い事例である。現在，イスタンブールには2つの空港があるが，両空港ともに民間事業者によって運営されている。イスタンブール・アタチュルクはトルコ最大の空港であるが，同国の空港オペレーターTAVによって運営され，2014年の取扱旅客数は5,700万人に上る。これは，主

にフルサービス航空会社の輸送によるものである。もう1つの空港はサビハ・ギョクチェン空港であるが，これはマレーシアの空港オペレーター，マレーシア空港ホールディング・ブルハド（MAHB）によって運営されており，容量制約が生じているアタチュルク空港からトルコ航空が何便か移転しているほか，LCCの2次的空港（特にトルコの空港会社ペガサスのベース）として，幅広いサービスを提供しながら発展し続けている。2014年の取扱旅客数は2,400万人である。これらの2空港ではさらなる成長を遂げる見込みがないため，ジェンギス－コーリン－ライマック－マーパ－カリヨンというトルコのジョイント・ヴェンチャーコンソーシアムが落札した契約のもと，3番目の空港が新たに建設中である。この空港の開設は，現在のところアタチュルク空港が閉鎖される2017年を予定しており，これによって9,000万人の旅客処理能力が整備されることになっている。しかしながら，TAVは2021年までアタチュルク空港の運営契約を結んでおり，この部分についてはいくつかの未公開の方法で埋め合わせていかなければならないであろう。

　もう1つの選択肢は，既存空港を残すことである。ここでの例としてはモントリオールのトルドー・ミラベル（1975），東京の羽田・成田（1978），大阪の伊丹・関西（1994），ミラノのリナーテ・マルペンサ（1998），ソウルの金浦・仁川（2001），バンコクのドンムアン・スワンナブーム（2006）が含まれる。旧空港はしばしば国内／短距離輸送か，もしくは，LCC空港として運用される（例えば，米国のシカゴ・ミッドウェイ，ダラス・ラブフィールド，ヒューストン・ホビー空港）。この選択肢では，空港は同一，または異なったオペレーターによって運営されるが，後者の場合，空港間競争の機会が提供されることは言うまでもない。しかしながら，新空港はしばしば不便な土地に建設されることがあるため，魅力的には映らないかもしれないし，航空会社も制度上そうした必要性がなければ，移転を推進することが困難である。また，もし乗換旅客が同一地域内で，ある空港から別の空港へ移動を余儀なくされる場合は，接続の利便性が損なわれる。このことから，現在も供用中にある数多くの旧空港の役割は，完全な国内専用空港という立場からは変容している。例えば，金浦，ドンムアン，および羽田空港は今でも何便かの国際線を扱っている。このことによって，デュア

ル・ハブシステムが成功をもたらすか，ハブの分割がダメージを生じさせるかといった問題が提起される。欧州では，実際にBA（ブリティッシュ・エアウェイズ）がガトウィック空港におけるセカンドハブのコンセプトを放棄し，同じようにイベリア航空もバルセロナにおけるコンセプトを手放したが，これは挑戦的な戦略としてみなされる。

さらに，プライマリー空港の整備や新空港の建設に加わる，あるいはそれらに代わる第3の選択肢はMAS周辺にトラフィックを拡大させるか，さまざまなニーズを汲み取り，（国内，LCC，ビジネス等の）ニッチ市場を発展させるための2次的空港ネットワークを発展させることである。これは既存インフラの利用可能性にかなり依存し，近年では先に議論したように，2次的空港の発展がしばしばLCC輸送によってもたらされている。

これらの選択肢を選択する際には，多くの複雑な問題を認識しなければならないことは明らかであるし，そのうち，ごくいくつかは空港間の競争圧力に関わる問題が含まれている。一般的に，アメリカやヨーロッパでは，環境面に対する激しい反発と同様，（土地の利用可能性やコスト高といった面で）新空港に障壁が存在するため，既存空港インフラの拡張が好意的にとらえられる。実際のところ，ロンドン空港の拡張に関し，テムズ川河口に新空港を建設する案では地域に700～900億のコストが発生すると予測され，その数字はヒースロー，またはガトウィック拡張の場合の推定費用よりずっと高い値を示していた（Airports Commission, 2014）。現在，空港数を縮小しつつあるそれ以外の場所では，高い成長によってもたらされる便益と若干の反対が新空港の建設を促進することもある。もし，既存空港を維持し，MASとして継続することで，1カ所以上の空港に輸送量を拡張すれば，その際の輸送配分は規制を通じて実施すべきか，あるいは市場圧力に任せるべきかといった重要な問題が存在する。

9.3　空港内の競争

9.3.1　空港サービスに対する競争

第2章で議論したように，空港管制，セキュリティ，グランドハンドリン

グ，および商業施設をはじめとする多くの空港サービスは，空港オペレーターか第三者によって提供されている。これは空港の財務パフォーマンスに影響を与えるばかりでなく，サービス提供の方法やそのサービスに競争が存在するか否かが，価格，サービス品質の分野両面における空港の競争的立場に大きな影響を及ぼす。

最も競争が存在する領域は，言うまでもなく商業施設や小売関連サービス，飲食（F&B），レンタカー，ならびに外貨両替である。いくつかの空港では，ホテルや駐車場のようなその他の施設にも競争が存在する。しかしながら，議論の余地がある領域の1つがグランドハンドリングである。基本的にこれらのサービスは，空港オペレーター，またはスイスポートやメンジーズのような独立のハンドリング代理店，あるいは航空会社自身（セルフハンドリング），その他航空会社によって提供されている。各空港で方法は異なるが，その国のナショナルフラッグキャリアや空港オペレーターが独占，または独占に近い状態でサービスの提供にあたっている。これらのサービスは競争ベースで提供されないがゆえに，結果として割高な使用料や品質の低いサービスの提供につながっている可能性がある。

どのように空港オペレーターがグランドハンドリングサービスを提供するか，プロバイダー間でどの程度，競争を発揮させるかについて時には法的措置や規制の必要性が存在する。例えば，欧州域内では，1996年に通過した欧州委員会指令96/67によって，グランドハンドリングサービスの段階的自由化がなされた（EC, 1996）。長期の目標は，航空会社のセルフハンドリングの権限を認め，グランドハンドリングサービスの供給について航空会社に最低限の選択肢を保証しつつ，第三者に対し市場を開放することで，すべてのグランドハンドリングサービスにかかる独占および寡占を排除することにある。すべての空港におけるセルフハンドリングについて，航空会社には旅客サービスにかかるセルフハンドリングを認めるが，取扱旅客数100万人以上，貨物取扱量25,000トン以上の空港と特定の制限的サービス（バゲージハンドリング，ランプハンドリング，燃料・給油ハンドリング，貨物・郵便ハンドリング）に対しては，2社以上のサプライヤーを確保しなければならないという制限がある。取扱旅客数200万人以

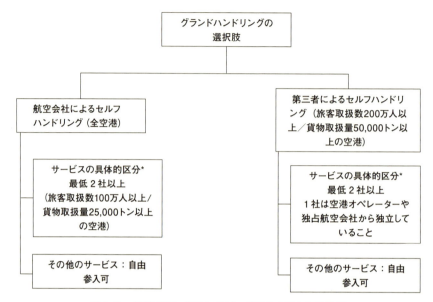

図9.5　欧州グランドハンドリング指令の鍵となる特徴

＊具体的区分＝バゲージハンドリング，ランプハンドリング，燃料・給油ハンドリング
　　　　　　　貨物・郵便ハンドリング
出所：EC（1996）。

上，貨物取扱量50,000トン以上の空港については，制限的サービスに対し最低2社以上の参入を容認し，これらのサプライヤーのうち，1社は空港や当該空港での輸送の25％を取り扱う独占的な航空会社とは独立的な事業者であることといった条件が存在するが，第三者による自由なアクセスを認めている。

エアポートリサーチセンター（2009）によれば，1996年の指令開始から2007年にかけて，セルフハンドラーと第三者のハンドラーの数が著しく増加したとしている。同じように，欧州国際空港評議会（2011）は，1996～2010年の間，空港オペレーターのグランドハンドリングの市場シェアが25％から16％に，航空会社については68％から39％に減少し，独立ハンドラーは7％から45％に市場シェアを拡大したと報告している。しかしながら，これらの検証結果ではまた，競争が激化する一方で，サービスの効率性や提供されるサービスの品質に

ついては改善の余地があると指摘されている（Airport Research Center, 2009；Steer Davies Gleave, 2010）。欧州委員会は，2011年に改正されたいわゆる「ベター・エアポート・パッケージ」のもと，この分野の改善に向けた取り組みを導入する計画を立案した。これらの提案は合意がなされなかったため，2015年に廃案となったが，欧州委員会は，市場の機能と指令の適用をどのように改善していくかについて議論を行っている最中であると述べている。

9.3.2 ターミナル間の競争

　言うまでもなく，空港内部における競争の最大化は，さまざまな価格やサービス品質を提供するターミナル間の競争によって達成されうる。異なる航空会社セグメント（例えばLCCとアライアンスメンバー），あるいは旅客セグメント（長距離と短距離，またはレジャーとビジネス）に訴えるため，品質基準や施設が変化し，このようにターミナルが特殊化すればするほど，ターミナル間競争の範囲が縮小される。また，航空会社が特定のターミナルを管理している場合，彼らは反競争的な行動をとり，競合他社のアクセスを制限する。さらに，こうした状況によって規模の経済性が発揮されなくなれば，キャパシティの最適利用が実現せず，戦略的計画は1社独占の場合以上に複雑なものとなる。

　しかしながら，実際のところターミナル間の競争はほとんど実証事例がない。価格および各ターミナルで提供されるサービス水準に違いが存在することもあるが，主な例としてLCCターミナルにみられるように，これらは常に空港オペレーターによって運営されているとは限らない。それぞれの事業についていくつかの歴史的事例を取り上げれば，トロント空港の第3ターミナル，または，バーミンガム空港のユーロハブなどがあるが，これらの戦略は長期でみると成功に結びつかず，ターミナルは当該空港の他のターミナルと同様，通常の運営形態に戻された。例えば，ニューヨークのJFK空港における空港会社のケースがそうであるが，異なるオペレーターによるターミナル運営を最も経験しているのはアメリカである。また，オーストラリアにもごく限られた類似のケースが存在する。しかしながら，そうした独立的なターミナル運営は，空港利用者の空港選択という見地からは現実として競争を生じさせないし，彼ら

は航空会社が自身の施設を利用する際により多くの規制を課そうとする。

ターミナル間の競争が議論されているもう1つの地域は，例えばBAAの構造が競争委員会(2009)によって見直されたイギリスで，ここではターミナル間競争が航空会社や利用者に潜在的な便益を及ぼすことが認識されている。しかしながら，競争委員会は，こうした便益を生み出すには不確実性が伴い，同時に追加的な費用がほぼ確実に発生するとしている。アイルランドでは，2002年にアイルランド政府がダブリン空港の独立的，競争的ターミナル化を推進するため，関係各組織から意見の聴取を求めた (McLay and Reynolds-Feighan, 2006)。国際的な空港グループや航空会社を含む13社がこれに応じた。政府はこれらの提案を検討するために独自に委員団を任命し，この実行可能性について助言を求め，2003年に委員団は独立的ターミナル化が望ましいと決定した。ここでは，キャパシティの増加とサービス品質の強化を通し，ダブリン空港における有効な競争をもたらすことが可能であるとの結論が導出された。しかしながら，2005年にDAAは新ターミナル整備計画を発表し，新たなオペレーターの選出にあたっては入札プロセスを経ることが決定したが，2010年に政府はターミナル運営者としてDAAを選出した。その結果，独立的ターミナル化は実現されなかった。

9.4　競争と国家補助

すでに第3章で議論したように，世界には数多くの公的所有の不採算空港が存在し，これらの空港では運営の維持，あるいは施設の拡張にあたって，国家による直接的な補助に依存する。さらに，メンテナンスのような特殊なサービスでは，政府によって無償あるいはごくわずかな費用でサービスが受けられるケースもいくつかみられる。これらは特に大きな収益の回収が見込めない国所有の小規模な空港で散見されるが，その一方で，後背地の経済発展上，必要不可欠ともみなされている。しかしながら，このような直接，あるいは間接的な補助は，それが補助対象空港の収益向上につながれば，空港間競争を大きく歪める可能性がある。例えば，空港に拠出される国家補助が航空会社誘致の目的

で，空港使用料を意図的に低く抑えるために使われることがある。

とりわけヨーロッパでは，空港開発を目的とした公的助成の活用について，空港間競争および航空会社両方の立場から数多くの議論が行われている。空港インフラに対する国家補助は地域開発やアクセシビリティに正の効果をもたらすが，同一地域に複数の空港が存在するという事態を生み出すし，数多くの不採算空港間で輸送が分散してしまい，容量過多の状態を生じさせる。このほかに補助は営業損失を補てんする，あるいは，空港使用料にインセンティブを含み，差別化された料金体系でマーケティングサポート，または長期の契約を結び，LCCのような価格に敏感な航空会社を誘致するために利用されることもある。

欧州委員会は2005年に，空港の公的補助に対する欧州競争ルールの適用基準，ならびに航空会社と地方空港に対するスタートアップ補助の導入を表明した（EC, 2005）。これらのガイドラインでは，空港と航空会社に対し域内市場で適用可能な国家補助の区分と条件が具体的に示されており，ライアンエアとブリュッセル・サウスシャルルロワ空港のケースに対する2004年の欧州委員会決定を基本とした原則（ただし，2008年に取消）が確認されている（EC, 2004）。しかしながら，このガイドラインでは明確な法的フレームワークが提示されておらず，その結果，欧州委員会による約100もの調査の結果，違法や疑惑の伴った政府補助など数多くの問題点が生じている。特に，インフラの公的資金投入に対しては明確な基準が存在しない。ライプチヒ・ハレ空港の南側滑走路整備に対する国家補助において長期にわたって議論されたことであるが（EC, 2011），実際のところ空港インフラに対する公的補助が一般的に欧州国家補助ルールに従うべきか否かについては明確に示されていない。さらに，このガイドラインは航空会社や空港のビジネスモデルとは無関係に極めて複雑で，彼らに一定のレベルの活動ベースを保証していないと認識されている。

これらのことから，2014年に新たなガイドラインが導入された。第1章および表9.1で触れられているように，新ガイドラインでは，どのように小規模の空港が運営費と資本費を賄うことが可能かについて，現時点での欧州委員会による見通しが明示されている。

表9.1 小規模空港の収益可能性に関する欧州委員会の視点

空港規模（年間旅客取扱数）	回収可能な空港費用
20万人以下	資本費および運営費ともに大部分が回収不能に至る可能性
20～100万人	資本費の大部分は回収できないが，運営費の一部は回収可
100～300万人	運営費の大部分が回収可能で，資本費も一部回収可
300～500万人	すべての費用がほぼ回収可
500万人以上	すべての費用が回収可能で，収益の計上がたいてい可能

出所：EC（2014a）。

　旧ガイドラインの不透明性を解決するため，空港規模にリンクした新たなルールが規定され，最も規模が小さい空港に対し総事業費の75％を超える補助は認められない（表9.2）。ただし，過疎・遠隔地は例外で，ここにはより高い柔軟性が確保されている。また，具体的な投資目標を明確に規定するため，これらの空港に対する補助は，真の交通ニーズが存在し，交通が正の影響を及ぼす場合のみ認められる。空港の重複や不必要なキャパシティの構築を助長する公的投資は望まれない。旅客取扱数500万人以上の空港では，市場の失敗の発生をはじめ例外的な現象がなければ，補助が認められない。

　新ガイドラインでは，旅客取扱数300万人以下の小規模空港に対する運営費補助について，欠損額（2009～2013年の収支差）の50～80％を最大とする旨が記されている。これによって空港は自身で費用を賄い，利益を計上しなければならないが，旅客取扱数70万人以下の空港については，空港業界の激しい反発があり，5年後に再評価されることになった。この規定は小規模空港に，例えばビジネスモデルの差別化，新規利用者の獲得，合理化指標の導入，空港使用料の賦課，収入源の多様化等，新たな市場創出や財務パフォーマンス改善のための十分な時間を与えるために策定されている。ガイドラインの他の箇所では，新規航空会社に対するスタートアップ補助のルールについて，年間旅客取扱数300万人以下の空港に限り，3年間限定で新規就航地にかかる空港使用料の50％を補助できるように統一化されている。また，遠隔地の空港に対してはより柔軟性の高い条件が存在し，300～500万人の空港に対してのみ例外的にインセンティブの導入が認められている。

表9.2 小規模空港の収益可能性に関する欧州委員会の視点

補助の形態	詳細
資本費補助	・取扱旅客数300〜500万人は25%まで
	・取扱旅客数100〜300万人は50%まで
	・取扱旅客数100万人以下は75%まで
運営費補助	・10年間の過渡期補助でその後の自主運営を促進するもの 取扱旅客数300万人以下の空港で，営業収支ギャップの50%まで
	・取扱旅客数70万人以下の空港は80%までで4年後再評価
インセンティブ補助	取扱旅客数300万人以下の空港は3年間，空港使用料の50%をスタートアップ補助として航空会社に助成可
航空会社－空港の合意	市場投資家原則が採用

出所：EC（2014a）。

　第10章で議論するが，欧州における数多くの空港オペレーターは現在，航空会社と長期の契約締結に向けて交渉を行っている。これらの契約は，航空会社に就航機材数や就航便数を保証させる代わりに，空港使用料の水準やサービスのターゲットのようなその他の条件について合意を取り付けるものである。このように，これらの交渉では空港が航空便不在のリスクを回避し，長期の計画が策定できる一方で，航空会社にとって長期にわたる費用をあらかじめ固定できるメリットが存在する。2005年のガイドラインではこうした合意を十分に認識していなかったが，2014年のルールでは一般的な市場条件のもとで民間投資家なら同じように行動しているならば，自由な補助を認めることが明記されている。言い換えれば，航空系部門および非航空系部門両方の総収入によって，航空会社に生じる増分費用を賄うことを意味している。もしこのことが反証された場合，取り付けられた合意は国家補助とみなされる。

　欧州委員会は新ガイドラインの影響評価を行い，もし財務パフォーマンスが改善しなければ，いくつかの小規模空港は将来閉鎖に追い込まれるかもしれないが，年間旅客取扱数50万人以上の空港はそうならないであろうと結論付けている。図9.6は効率性の確保に向けた欧州委員会の指針を示しており，非航空系収入の増加が国家補助の禁止に伴う費用増加を埋め合わせるとしている。

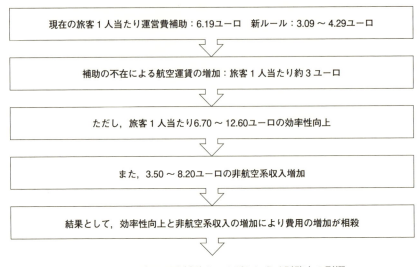

図 9.6　2014年の国家補助ルールがもたらす財務上の影響
出所：EC（2014b）。

　2014年のガイドライン導入以降，欧州委員会は数多くの案件を処理してきた。同年10月までにドイツのツヴァイブリュッケン空港とベルギーのシャルルロワ空港が欧州ルールに反する国家補助を受け取っており，それを改善するための措置を取らなければならなくなった。後に，ツヴァイブリュッケン空港の経営者により航空会社との正当な合意が証明されたが，アルゲーロ空港については航空会社に対し不当な経済便益を与えていることから，補助の返還を求めた。その一方で，ヴェステロース，フランクフルト・ハーン，アングレーム，ニームをはじめとする空港の合意は，航空会社に対し不当な便益を与えるとは認められなかった（EC, 2014c, 2014d）。イギリスのような一部の国には地域航空連絡基金と呼ばれるスタートアップ補助が創設され，2015〜2018年の間，年間旅客取扱数500万人以下の小規模空港に5,600万ポンドの資金が拠出される予定である。この補助は欧州のガイドラインに従わなければならない。2015年12月に，カーライル，デリー，ニューキー，ノーウィッチ，オックスフォード，サザンプトン空港が2016年のサービス開設のための助成を受け取った（Department for Transport, 2015)。

　世界のその他の地域では，空港に対するインセンティブの付与は政府によって規制されている。例えば，アメリカでは航空会社に空港でのサービス向上を促進するため，空港から航空会社，あるいは航空会社の財，サービスのプロバイダーに対する直接補助が認められていない。しかしながら，空港使用料の軽減や無料化，空港でのサービス向上を促進するようなプロモーション費用の補助などのインセンティブは容認されている。さらに，空港のサービス，あるいは施設に関連し，地域振興，地域の魅力度向上，ビジネスの発展に寄与する補助は認められていないが，航空会社のサービス推進や輸送量増加のための機会創出を目的に補助を利用することが容認されている（FAA, 2010）。

9.5　要　約

　本章では，空港間競争の極めて複雑で，かつ頻繁に議論される領域について考察した。空港間競争は空港形態によってかなり捉え方が変わってくるため複雑である。競争の程度は，航空系収入や非航空系収入に多大な影響を及ぼし，費用の抑制や経営効率化に大きな圧力をもたらす。また，空港グループ内の競争は，空港オペレーターの財政健全化，空港民営化，空港の拡張計画に重要な示唆を与える。最後に，競争の要因は，現実のサービスについて有効的な競争が生じているかどうか，これは実際のところまだ認識されていない概念ではあるが，ターミナル間で競争が発生しているかどうかといったように，空港内におけるマネジメントの文脈から把握していくことが必要である。

　航空産業においてさらなる規制緩和がすすむに従い，空港間での競争圧力はさらに高まるものと考えられる。しかしながら，とりわけ空港補助に関連する問題など，政府レベルで取り組むべき政策的課題が今もなお数多く存在する。さらに，完全競争市場が存在せず，市場の失敗が潜在的に生み出される場合，経済的規制が必要になる。これについては次章で詳細に議論する。

コラム　地方空港と航空会社の契約と垂直的統合

　欧州では1997年の単一航空市場の完成以後，地域的な偏向が生じているとはいえ，総じてLCCの躍進やLCCと大手航空会社間の事業者間競争によって，航空利用者には運賃の低下やサービス選択肢の多様化などの便益がもたらされている。大手航空会社はLCCとの事業者間競争に対応するため，ハブ空港への集約化をすすめるほか，経営効率の改善や労働生産性の向上を目的とし，従業員のリストラクチャリング，サービスの外注化，系列LCC会社の創設，リージョナル航空会社へのフランチャイジングなどの対策を講じている。その一方で，LCCは大手航空会社が撤退した2次的空港や地方空港をベースに高収益路線に参入し，大手航空会社と競争を展開している。ここでは，空港がLCCに対して空港使用料の引き下げや拠点基地の提供（専用駐機スペース，整備場，専用カウンター，各種運行補助金の提供等）などの優遇措置を与える一方で，LCCはこれらの空港を拠点にネットワークを拡大し，地域における利用者便益の向上をはかっている。

　しかしながら，以上のようなLCCと空港の契約関係は，航空会社と空港の垂直的統合とも言い換えられ，航空市場の独占や価格スクイズを引き起こすことから，競争体系の歪みもたらすとの指摘がなされている。2001年にライアンエアとシャルルロワ空港，およびワロン広域圏の間で締結された契約は，競争政策の視点から問題視される事項を数多く含んでいた。具体的な内容としては次のようである。

（1）ワロン広域圏とライアンエアとの契約による優遇措置
　・乗客1人当たりの着陸料を法令に定められている基準のおよそ50%（1ユーロ）まで割り引くこと
　・以上の措置はライアンエアのみに与えられること

（2）シャルルロワ空港とライアンエアとの契約による優遇措置
　・ライアンエアのプロモーション＆PR活動推進のために航空利用者1人当たり4ユーロ補填すること
　・1路線開設につき，160,000ユーロを補填すること
　・パイロットの訓練費として768,000ユーロ，客室乗務員の宿泊代について250,000ユーロを補填すること
　・ハンドリング料を航空利用者1人当たり1ユーロ割り引くこと（通常料金は8〜13ユーロ）
　・以上の措置はライアンエアのみに与えられること

　EC条約第87条第1項（Article 87 (1) of EC Treaty）では，事業の適正な実施や財の生産にあたって，競争を妨げる，あるいはその恐れがある国家補助金（State Aid）は，EU単一市場のルールの中においてはいかなる場合であっても正当化されないとの規定が設けられている。この制度を背景にブリティッシュ・エア

ウェィズは，以上のシャルルロワ空港とワロン広域圏がライアンエアに対して与えていた特典措置については同項に抵触するとした告発を欧州委員会に出した。欧州委員会はEC条約第87条第1項との整合性を審査するために，市場経済投資家原則（Market Economy Investor Principle: MEIP）の考え方を採用した。MEIPでは，もしシャルルロワ空港が民間空港であれば，同じ環境のもとで同一の助成措置を講じるか否かが審査の焦点となる。2004年，欧州委員会はライアンエアに対して2001～2003年までにシャルルロワ空港とワロン広域圏から受領した助成措置の一部（＝400万ユーロ）の返還を求めた。2004年にライアンエアは欧州委員会の決定を不服とし，直ちに欧州裁判所へ上告を行った。その後，2008年11月17日に欧州司法裁判所（European Union's Court）は，2004年にライアンエアから出された告訴内容ついて同社の訴えを全面的に認めるとの最終判決を下した。

　空港やその関係自治体が空港使用料の免除，ならびに補助金を通して航空会社の就航を支援する措置は決して珍しいことではない。ところが，航空自由化が進展し，航空のみならず空港においても民営化や商業化の必要性が指摘されている現在において，特定の航空会社に限定した助成措置は航空産業の競争体系そのものを歪めかねない。特に，シャルルロワ空港のように空港と航空会社の契約事項の中に，特定の航空会社を対象とした長期運航契約や空港使用料の大幅な割引，および非航空系収入のシェアリングなど，空港と航空会社の垂直的統合を強化する事項が含まれている場合には，競合航空会社の締め出し（Foreclosure）や独占を引き起こす可能性がある。シャルルロワ空港のケースは競争基盤の公平性の確保という視点から問題視される条項を数多く含んでいたために，航空産業界を中心に数多くの批判的な意見が寄せられた。

　しかし，シャルルロワ空港はライアンエアが就航する以前は，年間利用者数2万人，1日平均54人，累積債務も350万ユーロの典型的な不採算空港の1つであった。そのため，競合航空会社と競争が展開されるほどの需要はなく，統合を通して航空便の誘致を進展させたほうが後背地の振興や空港の利用促進に寄与するとの指摘もみられる。垂直的統合によって地域にもたらされる便益と競争基盤の公平性の確保はトレードオフの関係になりうる。政策当局は両者を比較した上で，いずれの便益が高いのかを判断し，適切な対策を講じることが必要である。

（小熊　仁）

第10章 空港の経済的規制とスロット配分

10.1 はじめに

　この章の最初の主要な部分は，重要性が増している経済的規制のトピックスを考察している。空港は，異なるタイプの規制，例えば，安全，セキュリティ，環境に関する規制に服しているが，ここでの焦点は規制の経済的側面のみである。また，ここでは，政府の援助規制は取り扱わない。なぜなら，EU域内での政府支援を，第9章で考察してきたからである。この章は，第9章で考察してきた空港の競争問題と関連させながら，空港規制の合理性について検討することから始める。次に，各種のレベルで存在する規制のフレームワークを紹介する。これは，経済的規制の主要なタイプとこれらに関係するメカニズムへの検討に導く。さらに，世界の各地域での規制の経験との関連について述べる。

　本章の第2節と残りの部分は，スロットの規制，もしくは，多くの空港にとって大きな重要性を持つ別の経済的問題であるスロット配分を検討する。すなわち，なぜスロット配分の手続きの必要性があるかについて検討している。そして，現状についての批判的評価を行い，考えられうる代替的スロット配分システムについて考察する。

10.2 経済的規制の合理性

　経済学の理論的表現では，競争市場が数多くの供給者と消費者を伴っていれば，いかなる供給者も消費者も，単一では価格あるいは市場のいかなる他の局面にも影響を与えることができず，結果として，誰も市場統制力を持たないことになる。この場合，競争市場は，価格メカニズムを通して効率的な資源配分

を生み出す。もし,市場価格で過剰な需要,供給が存在し,供給者と消費者が反応し自らの行動を変化すると,市場の供給と需要の相互作用で価格が設定される。

しかしながら,これは,いつもそのような状態ではなく,市場が不効率な資源配分のような望ましくない結果を生むような市場の失敗が起こりうる。市場の失敗は,市場の欠落,不完全・不安定な市場,デメリットな財・公共財・ネガティブな外部性の存在,不完全な情報,資源の不移動性や偏りのような多くの理由で生じる。しかしながら,市場の失敗の大きな理由の1つは,価格とサービス水準が市場力によって方向づけられることよりも,一供給者がそれらに影響を与える市場力の存在と誤った市場構造にある。この場合,コストよりずっと高い過度の価格が設定される。

政府の介入は,不効率な資源配分から生じる市場の失敗を修正するために用いられる。これには,間接的な課税,補助,汚染認可の使用が包含される。政府は,サプライヤーとしての所有者と運営者によってなされる直接統制をも伴う。しかしながら,特に,市場力の統制に対処する経済的にポピュラーな方法は,経済的規制である。これは,市場における独占的地位の濫用,サプライヤー間の反競争的協定を防止できる一般的競争政策に代えて,あるいは,これに加えて導入することができる。

経済学的表現では,規制は最も効率的な方法で,諸資源を配分することによって,経済的厚生を最大化するように意図している。換言すれば,経済的規制は,経済的効率の達成を究極的な目的としている。第5章で論じたように,経済効率には,技術的/生産的効率,配分効率,動態的効率の3つの型がある。理想的には,経済的規制は,適正な需要と供給の配分・投資を促し,生産とイノベーションの改善を促すように,コスト効率にインセンティブを持たせることによって,これらすべての領域にまたがるよう意図されるべきである。

しかしながら,経済的規制は,経済的効率を改善するのに,必ずしも効果的ではない。規制は,直接的管理コストを伴う。これらは,規制機関,被規制主体,その他の関連のステークホルダーによって生じる。この極めて膨大になるコストは,もし外部の専門家を求め,その意思決定が挑戦的であれば,規制のプロセスに希少資源を割り当てる機会費用とみなすことができる。また,通常の市場インセン

ティブを歪める(あるいは,それをまったく除去する)ことに結びついた間接費用にもなりうる。これは,例えば,投資の誤ったインセンティブ,イノベーションの欠如,他の重要な経営領域にとって有害なものになるビジネスの規制領域への過剰な照準と資源投入を招く結果となろう。この場合,政府の介入が規制を通して,ベネフィット以上にコストを課し,究極的には経済的厚生が純粋に失われるので,政府の失敗が発生する。それ故に,ユーザーにとって,ベネフィットがコストを上回り,消費者からのいかなる市場力の乱用も防止する十分な競争法がまだ存在していない時のみ,空港の経済的規制を課すべきである。

それはまた,自然独占の証拠が存在するときでさえ,必ずしもこれが経済的規制を正当化しないことに言及している。ここでの重要ポイントは,コンテスタブルマーケットの理論によれば,参入障壁がなければ,独占といえども市場力を乱用できないであろうということである。すなわち,競争上の脅威があると,実際の競争以上に独占の行動に影響を与えるというものである。さらに,需要の価格弾力性,消費者の拮抗力,供給が制限される範囲のような他の要素を考慮に入れなければならない。それ故に,サプライヤーはかなりの市場支配力を持っているが,実際上,これの濫用を求めようとしないであろう。

10.3 空港の経済的規制のフレームワーク

10.3.1 グローバル・レベル

経済的規制の一般的合理性を確証したからには,今や,その概念は空港産業に関連するに至る。事実,ICAOが決めたグローバル原則から,国家的あるいは地方固有の条件でさえ及ぶものまで,異なったレベルで存在する規制のフレームワークがある。

国際航空輸送システムの創設の基礎をなす1944年のシカゴ会議は,空港の課金の基礎を構築した。空港と空港管制サービスに対する課金に関連した政策資料は連続して出されているが(最新のものは,9版である),ICAO (2012a) は,非差別化,コスト関連性,透明性,ユーザーとの協議といった4つの原則を示している。経済的規制(換言すれば,経済的監視)に関して,ICAOは,この課金

が，それらの空港が有しているいかなる独占力をも乱用するリスクを減少させ，非差別と透明性を確保し，コスト効率的な方法で適正な投資を促し，旅客とその他のエンド・ユーザーの利益を保護することによって，空港の利益と公共政策目的のバランスをとることを主要目的とみていた。

しかしながら，ICAOのそれらの原則はガイドラインだけであり，長い間にわたって，多様な異なった解釈がなされてきた。その上，ICAOは，固有の規制システムを推奨し，空港が必ず経済的規制に服するべきと述べることもなかった。これについては，ICAOは，競争の程度，異なる規制システムのコストとベネフィット，制度とガバナンスのフレームワークを含む各国の固有の状況に依存すべきと述べている。さらに，地域的あるいはネットワークのアプローチを，もし個々の国が自ら経済的規制の責任を果たす能力を有しないなら，考慮に入れうると述べている。

10.3.2 地域レベル

EU内では，2009年のヨーロッパ課金指令（2011年以降，適用可能になった）に関連した異なるレベルの規制が存在する（EC, 2009）。これは，500万人を越える年間取扱旅客数を持つ空港，あるいは，もしその規模の空港が存在しないなら，最も高い旅客数を持つすべての空港に適用される。その指令は，非差別（課金は，環境問題を含む公共的一般的利害によって調整される），透明性，ユーザー間の協議といったICAOの原則を採用している。空港のオペレーターは，課金の基本を詳細に提示しなければならず，ユーザーは予測と開発計画に従うことを求められる。しかしながら，空港の課金は，サービスの質と範囲に差異があれば変動する。ユーザーとの協議は，少なくとも年1回，課金の水準，サービスの質に関して行わねばならず，空港オペレーターは，新しいインフラ計画が終了する前に，ユーザーとさらに協議しなければならない。

しかしながら，ICAOのコスト関連性の原則に関しては，これを参照するには若干注意を要する。そして，それは，おそらく内部補助を伴う共通の課金システムを空港ネットワークに持たせることで，部分的に矛盾が存在する。サービスの質に関して，その指令は，空港とユーザー間のサービス・レベルについ

ての合意を許容しているが，これは特定の必要な要求条件ではない。最後に，これらの条件の遂行を確実にするために，諸国は協議を監視し，何らかの紛争と訴えを取り扱い，課金を決定し承認する独立の監督権限を持つよう求められている。もっとも，できる限り，課金は空港オペレーターとユーザー間で合意されるべきと指令は述べているが。

共通の規制システムをすべての国に課すのが EC の目的ではなく，むしろ，EU のメンバー諸国に同一な共通の原則を確立するのがその目的である。さらに，その法律は，規制というより指令であるので，それぞれの国は，その解釈と方法に多くの弾力性を帯びていた。重要なことに，それは，評価されるものとして空港の競争状況あるいは市場力の存在を必要とせず，その代わり，指令の諸条件の適用が必要かどうか決める，より簡便で基本的な空港規模基準を用いたことである。2013年の指令（Steer Davies Gleave, 2013）を検討してみると，この非弾力的な規模基準が大きな弱点であることがわかり，これを変えることは現実的に難しいことが立証された。また，検討によって，指令が導入されて以来，協議の過程が改善されてきており，情報の透明性が増していることがわかったが，それまで，その空港の課金の構造と水準にほとんど影響を与えてこなかったことが判明した。さらに，指令は一貫してすべての空港に適用されておらず，その結果，全体的に，これらの初期の影響は成否が判別しないことがわかった。

10.3.3 国家レベル

そのような国際的規制や地域的規制は，空港課金の政策やフレームワークの原則の確立に重要であるが，すでに述べたように，それらは共通の規制のフレームワークを課そうとしているのではない。そのような決定は，国家レベルでなされる（図10.1）。ここで，経済規制の議論の残りの部分は，国家政策や国家の運用に当てられている。

第8章に述べているように，1980年代までに，事実上，すべての空港は国家所有主体によって直接的に所有され，運営されてきた。同時に，アメリカ以外のほとんどの航空会社も，公的所有のもとにあった。この結果，経済的規制は，一般に不必要であると考えられた。なぜなら，市場の失敗に関するいかな

る問題も，政府によって，この産業内のサプライヤーとして自らの役割において直接的に取り扱い可能だと考えられてきたからである。しかしながら，1987年に主要な空港グループ（BAA）の最初の民営化があり，同時に，新しいフォーマルな経済的規制システムが導入された。続いて，民営化が，空港産業内でポピュラーなトレンドとなってきた。同時に，世界の航空会社の多くが，全面的，あるいは，少なくとも部分的に，民間所有に変わっていった。ここで，以前，密接に政府によって統制されていた伝統的なサプライヤーと消費者関係は，基本的に変容した。その結果，一部のケースでは，政府は経済的規制を使用することによって，市場の失敗を是正するために介入する必要を感じて

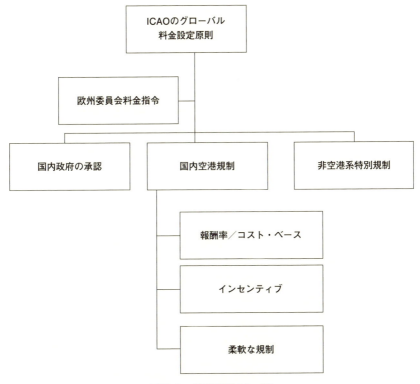

図10.1　航空規制のレベル

（注）国によっては，リージョナル／ローカルレベルも加わりうる。

きた。しかしながら、規制の型はかなり多様になっており、これらの異なるシステムの利点と欠点に関し、かなりの論議を引き起こしてきた。

10.4　経済的規制のタイプ

規制のレジームには、多くの異なるタイプがある（ACI, 2013; Niemeier, 2009）が、それらは、広義には次の3つに分類される。
1　報酬率（ROR）あるいはコストに基づく規制
2　インセンティブあるいはプラス・キャップ規制
3　価格・モニタリングあるいは柔軟な規制

10.4.1　RORとコストに基づく規制

ROR規制は、空港オペレーターに、コストをカバーするのに十分な収入の獲得を許容し、資産ベースでの程良い報酬率をもたらす利潤を獲得させる。こうして、オペレーターは、報酬率がとても高くて受け入れられないようになる、実際のコスト以上の極めて高い価格を設定できない。それ故に、理論上は、どの空港もいかなる市場力も乱用することができない。このメカニズムの型は、他の開発にかかわらず報酬率を保証し、資本投資が多いほど利潤が大きくなり、一方で、全体の収益を生み出すように、空港に十分に投資を促すことができる。しかしながら、この方法は、価格のコストへの関連づけは確保できるが、技術的効率を促し、コストを削減する何らのインセンティブも与えず、コスト効率は価格の増加を通してユーザーに転嫁することが起こりうる。それはまた、高い資産ベースでの報酬を達成し、ユーザーに帰属する資産投資のリスク（同様に、コスト増加のリスク）を伴う過大投資（いわゆるゴールド・プレート問題あるいは、アバーチ・ジョンソン効果）のインセンティブをももたらす。

実際、この制度はやっかいであり、どの資産がこの資産ベースに包括されるべきか、どの程度の報酬率が「適正」であるかについて合意に到達するのが困難であるので、実施するのが問題になりうる。また、コスト非効率と過大投資を回避するために、極めて詳細で、かつ、説得的レベルまで財務データを精査

する必要があり，これらには毎回，財務状況やその他の要素に変化を生じ，イノベーションやダイナミックな効率の達成に何が有害になりうるかについて考慮しなければならない。それ故に，このメカニズムは，例えば，アメリカやオーストラリアで自然独占を規制するのに広範囲に使用されてきた伝統的アプローチであったけれども，今日，これらの空港では一般的でない。コスト・ベースの規制（あるいは，サービスコスト規制，サービス補償規制）と呼ばれる別の類似の制度がある。この場合，焦点は，（投資よりも）サービスを提供すること，あるいは，そのコストに置かれる。そこで，より単純な方法であるが，依然として，コスト削減に何らのインセンティブもなく，ユーザーにすべてのリスクが転嫁され，実施するのにやっかいになっている。

10.4.2　インセンティブ規制あるいはプライス・キャップ規制

　これらのROR，あるいはコスト・ベースの方法に結びついた短所を克服するために，その代替的システムが追求された。重要な展開は「インセンティブ」規制として最も広く用いられている型のプライス・キャップの使用であった。それは，ガスや電気のような州の公益事業の民営化の結果として，1980年代に導入された。このメカニズムの目的は，生産性を増加させコストを削減し，同時に価格上昇を統制するためのインセンティブを与えることである。それは，インフレーションを考慮に入れた後，上限の価格増加を許容する公式を使用する。インフレーション率と価格増加の上限との差異は，効率要素（「X」要素と呼ばれることが多い）である。それは，規制者が空港コストに影響を与えると考えるあらゆる要素を考慮に入れている。もし，空港のオペレーターが，予想以上に大きな生産性の獲得とコストの削減を達成したら，価格は現状のままで，規制されている利潤以上に追加的利潤が得られる。このことから，この方法は技術効率を促し，「インセンティブ」規制と呼ばれる理由となっている。

　プライス・キャップは，通常，RPI＋／－X（ここで，RPIは小売物価指数）あるいは，CPI＋／－X（ここで，CPIは消費者物価指数）と表記される。「価格」価値は，通常，旅客数当たり収入，あるいは，加重平均価格（10.5を参照）に関連している。加えて，空港の統制が及ばないコスト（例えば，セキュリティ・コスト）は，次の公式：RPI

＋／－X＋Y（ここで，Yは外部費用）で規制からはずされる。Xの係数は，例えば，生産性の増加を考慮に入れるとマイナスでありうる，あるいは，例えば，新資本投資をカバーするために価格の引き上げの必要があれば，プラスになりうる。典型的には，「ビルディング・ブロック（積み上げ）」という方式が，価格統制あるいは規制の期間のスタート時点で規制される資産ベース（RAB）の評価と定義づけの初期段階に適用される。これは，次いで，計画された資本支出，資本の加重平均コスト（WACC）と減価償却引当金にまで拡大される。これは，運営コストの計画レベル（ありうるコストと生産性の変化を考慮に入れた）で追加されるが，必要な総収入を生み出すためであり，輸送量の予測を考慮しながらプライス・キャップを決める際に使用される。

　ROR規制の価格上限の利点は，価格公式を設定するために，定期的に，典型的には3－5年ごとに，各空港の運営費，資産ベース，報酬率のみを点検するだけですむということである。また，この期間内でのインフレーションについて，何ら考慮しなくてよいことである。さらに，空港は，規制者にとって必要な何らの調整なしにプライス・キャップにそのまま従う限り，価格水準もしくは価格構造を変化できるので，この方法は，管理者にとって，これ以上，簡素なものはない。通常，RORシステムでは，このようなことは認められていない。結局，空港は，規制期間内の予測されないコスト効率のベネフィットを維持できる。そして，それは，プライス・キャップをリセットすることで次の期間のユーザーに転嫁される。

　経済理論では，「純粋な」プライス・キャップのメカニズムは，当然ながら，空港のRAB，資本投資，運営費から独立したXファクターを用い，潜在的生産性の獲得により注目する。しかしながら，実際上，このことは，空港ではケースに当てはまってこなかった（ほとんどの他の産業でもそうである）し，その代わりに，通常，大多数のステークホルダーの参加を伴い，時間を浪費し，コストがかかる積み上げ規制プロセスが存在している。RABの評価とWACCの推定は，プライス・キャップの決定の際に極めて重要になってきており，ここから規制のプロセスは，予想以上により複雑になってきた。結果として，実際上，この規制のタイプはROR規制と異なることなく，詳細で冗漫な検討プ

ロセスや,金めっきされた潜在的で誤った投資決定という問題がある。

　しかしながら,他方,プライス・キャップ規制は,事実上,各価格統制期間内に,短期的運営効率の獲得に照準を当てることがあり,然るに,空港投資は長期意思決定を伴うので,投資に不十分なインセンティブを与えると考えることができる。さらに,長期的インフラ投資が,単一の規制期間を越えて問題にされることから,投資の意思決定は,規制者が将来,いかに投資を組み入れるかについての空港のオペレーターの解釈に依存している。かくて,これは,投資のインセンティブを減少させ,不十分な施設と混雑問題をもたらしうる。ここから,空港産業内で,プライス・キャップは過小投資と過大投資のいずれを招いてきたかについて,多くの議論の対象になってきた。スターキー（Starkie）(2006) は,イギリスとアイルランドの空港の分析に基づいて,過大投資の可能性が高いと結論づけているが,過小・過大投資の議論を支持する経験的証拠はほとんどない。

10.4.3　柔軟性のある規制

　RORとプライス・キャップ規制はともに,一般的には,情報収集プロセスに介入する性格と規制要件の厳密性のために,「柔軟性のない」モデルとして定義されている。その代替的なものは,より柔軟性のあるアプローチである。このケースに,「トリガー」,「リザーブ」,「シャドウ」「コンダクト」,「フォールバック」規制や,価格モニタリングのようなさまざまな多くのメカニズムが存在する。これらの技術的定義はいささか異なっているが,一般的原則は,空港のオペレーターの市場における力が,実際の規制よりも規制の脅威により制約されるということである。ここから,この脅威は,反競争的慣行に対する効果的なセーフガードを提供し,空港の行動を取り締まるのに用いられる。この制度に関しては,柔軟性のあるアプローチは,他の方法と同様,公式に定義される必要がある。信用される脅威になるために,トリガー基準は,市場力の乱用に関連づけ,規制者が直接介入するようになることを明確にすることが必要であり,その結果,規制者が直接,介入しなければならないことは明白である。もし,その基準がこれに対応しないと,規制者の権限は行使できない。このシステムを働かせるために,規制を導入する権限は迅速に用いなければならず,

いかなる導入の結果も知られないようにしなければならない。その結果，いかなる利害関係者も，規制に対する政治的ロビー活動を開始させる誘因がない。

　ACIヨーロッパ(2014)によれば，これは，現代のより競争的な空港産業を取り扱うのに，より見合ったアプローチであると論じられてきた。柔軟的なアプローチは，はるかに介入性が低く，要するコストが比較的低く，複雑な政治的議論に影響されることがかなり低い傾向がある。その代わり，革新するにはより柔軟性を持ち込み，この産業内の変化と予期しない発展に対応しなければならない。しかしながら，価格のプロセスやその他のサービスの質のような領域をモニタリングするにはコストを伴うし，それは，どんな要件がある特定の空港に求められているかに依存する。さらに，適切なトリガー基準の構築は，挑戦的でありうる。

　柔軟であれそうでないものであれ，経済的規制のいかなる種類のものを採用する以外の別の選択肢は，一般的競争法を空港に適用することであって，その目的は，反競争的行為を禁じることによって，市場における競争を増強させるか，維持することにある。これはまた，航空会社と空港オペレーター間で交渉された何らかの商業契約を伴うことがありうる。これらの契約は，価格のモニタリングやトリガー規制に用いることができる。伝統的に，両当事者の権利と義務を確証する，そういったフォーマルな関係を持つための空港の一般的な慣行は存在しなかった。それどころか，空港は，空港料金の設定と引き換えに提供されるサービスを述べただけの「使用条件」を刊行してきた。しかしながら，もし，課金の範囲，課金が設定される方法について詳細な法的かつ執行可能な契約があれば，これはフォーマルな経済的規制に取って代わりうるし，かなりの程度，低いコストにするのにより効果的である。商業的契約の別の利点は，それらが，空港料金や関連する期間や条件の点で，個々の航空会社の個々のニーズに応じることができることにある。また，そのような契約により，航空会社と空港オペレーター間でリスクを負担しうる―もし，輸送量の増加見込みと引き換えに料金の削減を保証する取り決めがあれば，公式化された形となる。それらは，いくつかの他の規制モデルに伴う何らの不必要なゆがみなしに，必要となるサービスの質の水準に関する共通合意を支持し，イノベーションを潜在的に促すこともできる。これらすべての特徴は，技術的かつダイナ

ミックに効率性を改善するためのインセンティブを提供することができる。

　このタイプのフレームワーク，したがって，フォーマルな規制のないタイプの重要な特徴は，規制に費用がかかり潜在的に政治性を帯びたアピールのプロセスを使用しなければならないものよりも，契約そのものが，仲裁や調停のような論争を解決する方法と手段を提供できる点にある。さらに，規制者もなく，ベストの産出を達成する規制のゲームをやる必要もなく，航空会社と空港のオペレーターは，双方にベネフィットを与える良好な仕事関係をもたらす立場になる。このタイプの契約は，少数の航空会社である時にベストに働くが，いくつかの航空会社がコペンハーゲン空港でのように合意に達しようと共同して参加するときに使用されてきた。全体として，効率は，空港のオペレーターと航空会社の相対的交渉力に，その多くが依存している。さらに，もし契約が，新しい航空会社の犠牲によって，既存の航空会社の市場力を増加させる潜在力を持てば，配分上の効率に関して懸念が生じ，ここから，既存の航空会社が自己利益のために空港政策に多大な影響を与えうる。

　航空会社と空港の間で協定が次第に増加する中で，空港，特に複数のLCCが就航している空港では，市場力の問題ゆえに，規制がない傾向にあったことが注目される（Starkie, 2012）。その協定の商業的性格のために，内容を詳細に把握することは難しいが，一般的には，料金は価格インフレーション指数にリンクして課される傾向があり，大きな割引が存在しうる。他の空港の義務は，サービスの質（最低限の折り返し時間），マーケティングの支援，計画化された投資に関連しているようである。その見返りに，航空会社は，その空港に一定の数の飛行機を駐めることを保証する（これらの空港は，将来は増加するであろう）。また，おそらくは，最低限の旅客数をも保証する。この場合，協定は，オフィシャルで柔軟な規制でないとはいえ，ある程度の強制力を持つ。とはいえ，調査を必要とするような契約問題については破棄しうる。

　要するに，産業が変化し，市場動態が展開するにつれ，多くの異なる規制システムが使われてきた。しかしながら，多くの政府所有の空港が，今なお，何らフォーマルなメカニズムを有していないことは注目するに値する。これらのケースでは，空港は，通常，料金の水準や構造を変える前に承認を求める。ある場

合には，政府はかなりの影響力を有しているかもしれないが，単に形式的だけでありうる。全体では，ACI（2015b）によれば，空港の66％（旅客数で55％に相当する）で何らのフォーマルな規制システムもなく，そのかわりに，料金は政府の承認に服している。報酬率，コスト・リカバリー率は，空港の15％（旅客数で21％に相当）で導入されており，価格キャップあるいは収入キャップの規制は，空港の12％（旅客数で15％に相当）で存在する。さらに，8％の空港（旅客数で9％に相当）で，何らの特定の規制も，その代わりの柔軟な規制も存在しない。

10.5　空港の規制の仕組み

10.5.1　規制の仕組みとしてのティル

　いったん意思決定が規制の全体タイプにわたってなされると，選択されたフレームワークの精密な仕組みが構築されなければならない。最も重要で議論の的となる選択の1つは，採用されるべき規制のティル[1]に関するものである。これは，航空関連の料金を考えるとき，どんな空港の施設やサービスが対象となるかという問題である。それには，基本的には2つの方法，すなわち，シングル・ティルかデュアル・ティルかがあり，その間に，多くのハイブリッド・アプローチが存在する。

　シングル・ティルではすべての収入が，航空系であれ非航空系であれ，空港料金を設定する際に考慮される。現実にこれは，商業的活動から得る利潤が通常，航空収入を減少させるのに使用され，それゆえ，一部の内部補助が起こることを意味する。シングル・ティルの主要な理論的根拠は，空港活動なしでは，商業的運営にほとんど市場がないので，この方法で空港料金を相殺して航空会社にベネフィットを与えるのが適正とすることにある（空港の用地から，特に，航空活動に関連しない多くの非航空の流れが増加傾向で生まれるけれども）。そのようなアプローチは通常，実際の料金が航空会社にとって最低水準になる傾向にあることから航空会社に好まれるが，空港のオペレーターは新規の商業的事業から得るベネフィットを制限されることがあるため，空港の投資家にとって人気が低いことがある。

シングル・ティルは多くの利点を持っているが，かなり多くの批判の対象になってきた（例えば，Starkie, 2008b を参照）。主要な論点は，成長しつつある賑やかな空港は，商業収入を拡大し，空港料金を低下させるシングル・ティルを使用するのに都合がいい状況にあるかもしれない。しかしながら，これは，空港がより混雑し，その希少資源を運営するのがより困難になると，何らの経済的意味がない。さらに，空港が商業的運営から期待以上の利潤を得るのは各規制期間内のみであることから，ベネフィットはほんの短期的なものである。長期的には，航空系料金の埋め合わせをしようとすると，一層の非航空収入の拡大や，この分野の経営イノベーションを意図するインセンティブの低下を招くことがある。

それに反して，デュアル・ティルの航空と非航空の分野は，別の実体として取り扱われる。明らかに，これについての主要な問題の１つは，これら２つの分野の多くの共通費，結合費を配賦することにある—この点で，シングル・ティルははるかに簡単な概念である。しかしながら，デュアル・ティル・アプローチの場合，空港は自由に商業施設を展開させるインセンティブを持つ。というのも，規制によって統制を要する空港やその他のどこでも（例えば，航空会社，道路，インターネット），それらの中で競争が存在するために独占的サービスは提供されない（航空関連サイドと異なって）からである。さらに投資に関して，デュアル・ティルは，より多くの投資によって追加的空港使用料を生み出すことができる。そして，輸送量増大によって，より多くの規制されない商業収入を生み出すことができるので，航空系分野にとって，よりよいインセンティブをもたらすと理論づけることができる。他方，このアプローチはおそらく，航空系サービスの犠牲のもとに，商業施設に関する空港投資へともっぱら重点を置くことになろう。デュアル・ティルはまた，第１章で述べたような両面的なマーケットを持つ空港の概念に従って，商業収入の最大化を目的として，輸送量を引きつけるために，空港の料金を低く維持しうるといえる。かくて空港は，それが有するいかなる市場力も活用しにくい傾向がある（Starkie, 2001）。実際上，シングル・ティルを備えたいくつかの空港（目立ったところでは，ヒースローとダブリン）において，シングルからデュアル・ティルに転換すべきかとい

う論議がなされてきたが，これによるベネフィットをあげるのは，特に航空会社の観点からすると困難であるとされ，これまで何の変化も生じていない。

しかしながら，多くの空港が，シングルとデュアル・ティルのアプローチの中間に位置するハイブリッドを採用している。そこでは，一定の非航空収入，あるいは特定の収入部分が航空収入を内部補助する形態がとられてきた (Sharp, 2012)。例えば，デーリーとモンバイの空港では，非航空系の収入の30％が航空系の中に含まれ，ブリュッセルとパリの空港は純粋なシングル・ティルから離れつつある—パリ空港では，小売りと非航空不動産収入を非規制にして—。全体では，ACI (2015b) によれば，45％の空港（旅客で40％にあたる）がシングル・ティルを用い，これと対照的に，37％の空港（旅客で40％にあたる）がデュアル・ティルを採用してきた。残り18％がハイブリッド・ティルである。

10.5.2　価格の定義と料金設定の基礎

合意が必要な別の問題として，特にインセンティブ規制が考慮される場合に，「価格」の定義の問題がある。その最も一般的なアプローチは，タリフ・バスケット（tariff basket）か，収入イールド（revenue yield）の価値を用いる。タリフ・バスケットによる価格は，特定のタリフか料金のバスケットの加重平均価格であり，一方，収入イールドによる価格は，産出単位（通常，旅客）当たりの収入と定義される。タリフ・バスケット・アプローチは，もし課金が追加されたり撤廃されたとき，すべての課金とその変更の必要性に関する情報を要するために，ある程度，複雑になる。しかしながら，他方では，それは直接に料金に基づいて運営され，将来の収入イールド価値の計算のために予測する必要がある旅客数などの他の可変要素に依存しないので，より単純ともいえる。タリフ・バスケットの方法は，空港のオペレーターに，そのバスケットに重いウェイトをかけない料金を作り出す工夫を促すことがあるが，一方，収入イールド・アプローチは，ある空港に，分母を膨らませ，全体でイールドを減少させるように，その旅客数を増加させる（例えば，貨物を犠牲にして）ことに集中を促すことになろう。さらにタリフ・アプローチは，サービスのいろいろな面で多様な価格がありうるので，サービスの質を向上させうるが，一方，イール

ド・システムは，純粋に輸送量に影響を与えるとの議論がなされている。現実には，そのやり方は多様である。ある調査（数年前のものであるが）によれば，欧州の空港の59％はタリフ・バスケット方法を使用していた。これに対して，41％が収入イールド・アプローチを採用していた（SH&E, 2006）。

考察されるべきさらに重要な規制の側面は，規制者によって設定される利潤，コストあるいは最も一般的には，価格条件を設定するための根拠となるベースである。典型的に，この多くは，空港の何らかの予定されている投資計画，資本コスト，潜在的効率の利得，サービスの質の改善に関連したコストを考察したものを含む平均費用に基づいている。いくつかのケースでは，例えばイギリスで増加傾向にあるが，規制者は，他の空港や類似の組織の特定領域のパフォーマンスと比較してきた。この比較ベンチマーク・アプローチをとることは，究極には，規制力のあるベンチマーキング，あるいは，「ヤードスティック」規制まで拡張される。そこでは，産業のベストなやり方が規制条件を設定する際の実際のコスト評価に代替し，その結果，規制によるコントロールは，主要な可変要素に影響を与えるいかなる空港内部の行動とも関係なく行われることになる。しかしながら，データ問題と空港の異質的性格から，空港産業内では，ヤードスティック規制の例はまだみられない（第5章を参照）。

規制制度を設定する際には，料金設定のための全体の基礎を含む別の範囲の問題も考察する必要（例として，ライセンスの必要性）があろう（図10.2を参照）。コストや価格に対する厳密な規制は，空港に，ただ単にサービス基準を落とし，結果として多くの空港が，公式に規制のフレームワーク内でサービス基準を確立（例えば，ロンドン，ダブリン，パリ，デーリー）し，あるいは規制のフレームワーク内で，適切な質の維持をはかるためにモニタリング・システムを必要としてきた（例えば，オーストラリア空港，ハンブルグ空港）ことを述べておかなければならない。

規制期間の長さは，一般的に，3－4年で確立する必要がある。また，ユーザーとの協議の必要要件と範囲について，情報公開の量とともに詳細に定める必要がある。さらに，資本投資のトリガー・ポイントに関連した財務的インセンティブとペナルティ，事前の資金調達の認可に関する条件といった課題が存在する。

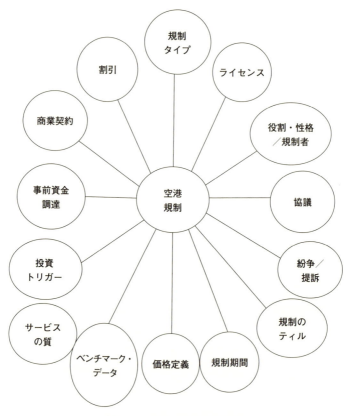

図10.2　空港規制の主要な姿

10.5.3　事前の資金調達

　空港の課す料金を通して将来の空港インフラの事前の資金調達を行うのは，特に難しい問題である。料金を支払う航空会社が，新しいインフラからベネフィットを受ける航空会社と実際のところ同一である何らの保証もなく，空港の課す料金が，新しい施設を提供するために効率的に支出されることが不確実かもしれないことに，大部分よっている。空港側の反論は，一定の状況での事前の資金調達というものは，追加の資金のための安全策としてだけでなく，借金と株式に加えて投資の資金を賄う1つの有益で安価な源泉となりうるし，新

しいインフラが流行になっているときに，課金の大きな上昇を避けることもできるというものである。おそらく，事前の資金調達の最も典型的な例は，旅客施設料金（FTCs）が将来の開発プロジェクトに向けられるアメリカであるが，カナダの空港の場合も類似している。イギリスではいつも，ある程度の事前の資金調達がこれまでなされてきたが，ヒースロー空港では現在，支払っている航空会社が将来の施設からベネフィットを受ける何らの保証もないことがありうるので，事前の資金調達については高度に争点となっており，第三滑走路のための事前調達については承認を得るべきである。このことは，特にEUのスロット配分（後述）に関して，新規スロットが利用可能なときに，新規参入者を優遇する場合にも当てはまる（CAA, 2015; Humphreys, 2015）。別の最近の例としては，ダブリンと新ターミナル2であり，そこでは投資のほとんどが事前の資金調達はなく，別の方法が採用された。

10.5.4 遂 行

最終的に決定されるべき重要な詳細事項は，実際上，いかにして規制のシステムが遂行されるべきかということである。ICAO（2013）は，空港一般と当該の空港が政府によって運営されるとき，規制プロセスは機能的に空港サービスの運営から分離すべきと助言している。それは，国は，空港経営について意義ある対話に従事し，一定の規制を提言する準フォーマルな独立した監督主体，あるいは第3者委員会での諮問委員会（航空会社，ゼネラル・アビエーション，軍部，エンド・ユーザー，その他の主要な関係者からなる）を確立することを望むことを意味する。欧州料金指令は，「独立監督当局」が存在すべきと規定しているが，欧州での状況は複雑である（Steer Davies Gleave, 2013）。訴えと論争の手続きも，確かめる必要がある。

10.6　空港の経済的規制の経験

この節では，空港の経済的規制の主要な特徴を紹介した後に，規制の経験とこれが空港パフォーマンスに与える影響について論じる。表10.1は，2つの

詳細な点，すなわち，規制のタイプと規制のティル，選定された国際空港の数について示している。表の中でほんの少数の空港だけが，コスト・ベースのアプローチを用いている。もっとも，フォーマルな規制よりも課金について政府の認可のみを必要とするのであれば，よりポピュラーなアプローチになるが，ドイツでは政府の規制権限が16のドイツ諸州に分散して，多くの異なる規制アプローチが存在しており，興味深い事例である。ハンブルグ空港は，輸送量に基礎を置くスライディング・スケールを伴うデュアル・ティルとプライス・キャップを採用している。これに反して，フランクフルトとデュッセルドルフの空港では，規制者がコスト・ベースの原則で料金を設定するのに不一致があったときのみ長期的収入シェア協定をとるという，より柔軟なアプローチを用いている。他のほとんどのドイツの空港は，コスト・ベースでのデュアル・ティルによる規制である（Littlechaild, 2012）。

　アメリカでは，空港収入に関して，「適正な」料金が報酬率またはコスト・ベースの原則に従って課せられるか，空港収入は他の地方自治体のサービスに対して内部補助をするといった非空港目的で使用されるべきではないという，運輸省の連邦航空局（FAA）によって発行される多くの法的要件と政策声明に服している。また，空港改善プログラム（AIP）の補助金交付には一定の条件がある（第7章参照）。何らフォーマルな経済規制はなく，その代わり，法的システムが，料金原則に抗議したり強制を強いる手段を提供している。別のユニークなアメリカの特徴は，航空会社と空港オペレーター間で署名される法的拘束力のある契約に関連するものである。すなわち，「使用とリース協定」というものであり，支払うべき料金とレンタル料，それらを計算する方法，空港施設の使用の諸条件を明示している（Faulhaber et al., 2010）。アメリカにおいて，主要な意思決定と投資能力に影響を与えるこの協定は，空港―航空会社間でよく確立された協定であり，ヨーロッパやその他の地域の航空会社―空港間の契約とは異なっている。

　アメリカの空港は，シングル・ティルやデュアル・ティルではなく，残余アプローチとか補償アプローチといった別のコスト配分方式を用いている（Richardson et al., 2014）。残余法は，商業とその他の非航空系の収入を考慮した後に，

表10.1

アルゼンチン（アルゼンチン空港 2000）	プライス・キャップ	シングル・ティル
オーストラリア（アデレード，ブリスベーン，メルボルン，パース，シドニー）	プライス・モニタリング	デュアル・ティル
オーストリア（ウィーン）	プライス・キャップ	デュアル・ティル
ベルギー（ブリュッセル）	航空会社との契約（コスト・ベース）	ハイブリッド
ブラジル（サンパウロ；グアルーリョス，ヴィラコッポス，ブラジリア，リオ；リオデジャネイロ，ベロオリゾンテ）	プライス・キャップ	ハイブリッド
デンマーク（コペンハーゲン）	航空会社との契約（プライス・キャップ）	デュアル・ティル
フランス（パリ空港）	プライス・キャップ	ハイブリッド
ドイツ（フランクフルト）	航空会社との契約（コスト・ベース）	デュアル・ティル
ドイツ（ハンブルグ）	プライス・キャップ	デュアル・ティル
ハンガリー（ブダペスト）	プライス・キャップ	デュアル・ティル
インド（デーリー，モンバイ）	プライス・キャップ	ハイブリッド
アイルランド（ダブリン）	プライス・キャップ	シングル・ティル
オランダ（アムステルダム）	コスト・ベース	デュアル・ティル
ニュージーランド（オークランド，クライストチャーチ，ウェリントン）	プライス・モニタリング	デュアル・ティル
メキシコ（GAP, OMA, ASUR）	プライス・キャップ	デュアル・ティル
ペルー（リマ）	プライス・キャップ	デュアル・ティル
ポルトガル（リスボン）	プライス・キャップ	シングル・ティル
南アフリカ（ACSA）	プライス・キャップ	シングル・ティル
UK（ロンドン　ガトウィック）	プライス・モニタリング（プライス・キャップ）	シングル・ティル
UK（ロンドン　ヒースロー）	プライス・キャップ	シングル・ティル
US（全空港）	コスト・ベース	残余か補償ティル

出所：各種データを著者が整理。

航空会社は空港の運営の純コストを支払うよう保証するものである。それゆえに、これは、空港運営の事実上のすべてのリスクが、航空会社とその他の航空系ユーザーに転嫁されるシングル・ティルのいささか極端なものであるともいえる。これに反して、補償法は、空港の運営のリスクはもっぱら空港のオペレーターが負担し、航空会社は使用してきた施設とサービスに関連するコストの回収に関して、一定の合意を得た料金だけを支払うというものである。これはデュアル・アプローチに近い。シングルとデュアル・アプローチのように、アメリカの妥協的ハイブリッドのメカニズムも、空港と航空会社の増加する多様なニーズに対応して発達してきたといえる。

　表中の空港にとって最もポピュラーなアプローチは、プライス・キャップである。すでに述べたように、1987年までプライス・キャップとシングル・ティルによって正式に規制されてきた最初の空港は、イギリスではブリティッシュ・エアウェイズのロンドン空港（ヒースロー、ガトウィック、スタンステッド）とマンチェスター空港であった（もっとも、2019年に、マンチェスターでは規制をやめた）。このシステムは、新しい制度が導入される2014年まで採用された。この新しいフレームワークは、各空港へのより弾力的な個別の許認可制度の導入である。2013年の市場力についての検討の結果、ヒースローとガトウィックのみに許認可制度が導入された。ヒースローの許認可は、プライス・キャップの統制であり、一方、ガトウィックでは価格モニタリングが初めて導入された（CAA, 2014b, 2014c; Cheong, 2015）。これは部分的に、価格、サービス条件、投資について、航空会社との一連の責任の合意内容を示す「契約と責任に関する構想」に対応したものである。少数の主要な航空会社（イージージェット、トンプソン航空、モナーク航空、ノルウェー航空）については、これらの責任を個々の正式な契約の中に組み入れた。2014年まで、ロンドンのスタンステッドは、プライス・キャップにも服していたが、規制者（CAA）は、その空港がもはや大きな市場支配力を持たないと判断した（CAA, 2014d）。影響を与えた要因の1つは、顧客である主要な航空会社3社、すなわちライアンエア、イージージェット、トーマスクック航空との間で長期契約が再び合意されたことである。

　プライス・キャップのある他の空港は、ダブリン、南米の一部の空港（ヨハ

ネスブルグ，ケープタウン，ダーバンの主要空港を運営する南米の空港会社—ACSA）とインド（デーリーとモンバイ）の一部の空港である。ウィーンの空港は，料金・バスケットのある料金に直接，適用されるデュアル・ティルに基づくプライス・キャップを採用している。これは，輸送量の増加が十分でないときには収入を保護し，輸送量の増加が高い時には生産性の増加を求めるスライディング・スケールによって，インフレーション率と輸送量の増加のパターンを考慮に入れている。パリの空港も，当初はシングル・ティルによる価格規制がなされていたが，現在では，ハイブリッド・ティルに移行している。メキシコの3つの主要な民営化したグループ（パシフィコの空港グループ—GAP；中央部と北部の中北の空港グループ—OMA；南東の空港グループ（メキシコのシュレステ空港）—ASUR）は，デュアル・ティル・システムを用いたプライス・キャップを有している。プライス・キャップは，ティルの形態は多様であるが，ブラジル，アルゼンチン（2000年には33の空港がアルゼンチン空港によって運営されている），ペルー（リマ）のような国のその他の民営化された南米の空港で存在する。

オーストラリアの主要な空港（シドニーは除く）は，以前，空港が1990年代末に民営化された時，デュアル・ティルに基づくプライス・キャップで規制されていた。しかしながら，投資のインセンティブが弱いこと，利潤の不安定性，煩わしい規制条件といったフレームワークに伴う多くの問題があった。その結果，このプライス・キャップは，より柔軟性がある価格モニタリング・システムに取って代わった（Arblaster, 2014）。続いて，いくつかの政府が，この最新システムの適合性を検討し，それは中止すべきと判断した（Productivity Commission, 2011）。その結果，多くの空港が，航空会社との商業契約を交わすようになった。それに反して，1998年にオークランドやウェリントンが部分的に民営化されたニュージーランドでは，これらの空港（それと，政府運営のクライストチャーチ空港）で柔軟なアプローチが存在している。再度，定期的調査がなされ，特にオークランド空港での料金水準については懸念があったにもかかわらず，状況はそのままで変わらなかった。もっとも，2011年以降，これらの空港は，より拡大した会計検査，認可，検査基準に従い，より多くの情報公開を求められている。

コペンハーゲン空港は，民営化されて以来，空港—航空会社間の協定を持っ

た別の空港である。料金水準は，空港オペレーター，デンマークの空港，IATA（外国航空会社を代表して）間の4年間にわたるプライス・キャップ・デュアル・ティルに基づいて決定される。もし協定が合意に達しないと，仲介だけする規制者（デンマークの民間航空局）によって認可される。ブリュッセルの空港もまた，規制者による批准を必要とするハイブリッド・ティルに基づく5年間の航空会社協定を持っている。

　要約すると，空港では，使用されている規制制度にかなりの差異があり，最も効率的な方法とそれに伴う論点が，多くの異なる観点から激しい議論の対象となっている（例　ACI, 2013；Biggar, 2012；Charlton, 2009；Forsyth et al., 2000；Niemeoer, 2009；Oxera, 2013を参照のこと）。ACIの経済規制に関する主要な勧告は，次の通りである（ACI, 2013, pp.20-21）。
・規制より，競争を求めよ。
・規制の必要性は，ケース・バイ・ケースの基準で決めなければならない。
・理解力がある規制は，総意のある解決を求めねばならない。
・規制は，低コストで，煩わしいものでないものを求めなければならない。
・規制は，動態的で，弾力的でなければならない。
・規制者は，独立的でなければならない。
・規制は，空港がいかなる利用可能な市場力を乱用するよりも，商業収入を最大化するよう，輸送量を拡大する内的な力を持つようなものでなければならない。
・厳密な価格統制が適用されるとすれば，その形態は，プライス・キャップでなければならない。

　近年，競争環境が増してきていることもあり，特に空港の視点から，例えば，トリガー規制や航空会社の契約を含む，より柔軟なアプローチに対する関心が増してきている（Copenhagen Economics, 2012；ACI Europe, 2014）。実際，ブッシュとスターキー（Bush and Starkie, 2014）は，競争の増大と空港・航空会社間の商業関係の発展を妨げる経済規制のリスクに，より多くの関心を向けることが必要であると論じてきた。

航空会社は，全体としてより慎重になっており，次のような見解を述べてきた (IATA, 2013, p.29)：

> 規制者は，価格とサービスの質に関し，旅客と他の空港ユーザーにとって，よい結果をもたらすと思われる空港競争を当てにしないよう注意を払う必要がある。効果的で適切な経済的規制は，消費者にとって，公正な分配を確保するために必要である。

航空会社との契約と商業的交渉（通常，規制の介入の減少を伴っている）は，多くの規制制度の中でより重要なものになっており，ほとんどの識者が，伝統的な「包括的」システムに，より弾力的なケース・バイ・ケース・アプローチへの道を開く必要性があることに賛成している。

異なる規制モデルの影響を評価する問題の1つは，ほんの限られた事実の存在であり，いくつかのケースでは相互に矛盾する事実が存在していることである。こうした困難は，異なる分析ツールの使用によってより複雑になっている。60のグローバルな空港を対象に，全体の要素生産性を1つの指標としたオム他の比較的初期の研究（2004）によると，デュアル・ティルのプライス・キャップ・モデルは，シングル・ティルのプライス・キャップ，または，シングル・ティルの収益率に比べて，よりよいパフォーマンスをあげているとする。アドラーとリベルト（Adler and Liebert, 2014）も，ヨーロッパとオーストラリアの51空港でデータ・包括分析（DEA）を用いて，デュアル・ティルのプライス・キャップ規制が，あまり競争的でない環境では，最も効率的な規制の形態であるが，空港の競争が強い場合，効率的でないとしている。アサッフとギレン（Assaf and Gillen, 2012）は，SFAとDEAのアプローチを組み合わせて，73のグローバルな空港を対象に，ガバナンスと規制の複合効果を検討し，価格モニタリングを持った十分に民営化された空港は，ベストのパフォーマンスをあげたと析出している。料金の実際の水準への影響に関して，ベルとファゲダ（Bel and Fageda, 2012）は，ヨーロッパの100空港の調査を行い，異なる規制のメカニズムについて，何ら大きな差異はないとしているが，一方，ビィオロタッチ他（Bilotkach, 2012）は，ヨーロッパの61空港の調査を行い，シングル・ティル規制と柔軟な規制の双方で相対的に料金が低いとしている。

経済的規制と関連している最後の実際上の問題は，市場支配力の計測に関するものである。第9章では，空港の競争の範囲を決定する重要な要素のいくつかを紹介しているが，空港の市場における力の存在を計測するためには，すべての空港に関係する市場（例えば，旅客対貨物，ターミナル対乗り換え，航空系対非航空系）についての詳細な経済的分析を要するとしている。もし，これらの制約が強ければ，関連する市場における力の存在は弱い。これらの制約は，市場のシェア，スイッチングコスト，キャパシティ，混雑，購買力，価格の影響のような要素を評価することによって計測することができる。これらの概念は，理論的にはよく議論されているが，経験的証拠を使用して適用するには発展性が極めて限られている。しかし，これには，アムステルダムの市場における力を考慮したビィオロタッチとミューラー（Bilotkach and Mueller, 2012）と，ハブ空港の市場における力を評価したポークとビィオロタッチ（Polk and Bilotkach, 2013）の2つの注目される例外がある。さらに，ヨーロッパの空港で広範囲に使用された適切で詳細な方法に関して見解の一致がないため，ミィターン（Maertens, 2012）は，ヨーロッパの空港で広範囲に使用する1つの共通アプローチを開発しようとした。イギリスのように，より詳細な市場力分析を試みた国でさえ，2007-2008年にCAAと交通省によって並行的分析が試みられており，CAAの分析では，スタンステッドは市場において大きな力を持たず，交通省はそれと反対の結論を出す結果になっている（CAA, 2007；Department for Transport, 2008）。

10.7　スロット配分のプロセス

10.7.1　現在の運営

　前の章では，空港に関してより大きな競争機会が増していることを論じてきた。そして，この章では，厳しい経済的規制の必要性は減少しているが，競争の制約によって，空港を真に商業的競争的手法で運営しようとする空港の能力を妨げる大きな障害が残っているかどうかを論じてきた。疑いもなく，これらのうち最もやっかいなものの1つが，空港のスロット配分プロセスである。ほ

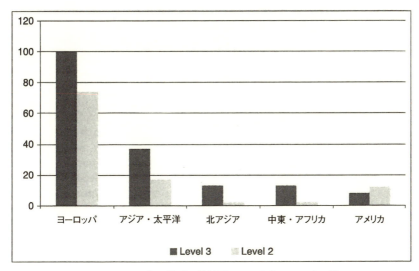

図10.3　2015年の世界の地域別 Level 3 と Level 2 の数
出所：IATA（2015）．

とんどの商業ビジネスの中で，価格メカニズム（そして，それと関連したいかなる経済規制も）は，供給と需要を均衡させるのに利用されるが，その役割を遂行するために空港産業の場合には何らかの追加的対策を必要とする。

　スロットの配分は，すべての航空会社が計画しスケジュールする目的に先んじて，出発・到着時間のスロットを空港に割り当てるプロセスである。供給が需要を越える空港（いわゆる「レベル１」の空港）では，通常，航空会社が自ら望むスロットを得るには問題がない。需要が，ピーク期の一部でキャパシティに近づく可能性がある他の「レベル２」の空港では，スロット配分は自発的なスケジュール調整によって解決できるかもしれない。しかしながら，残りのレベル３空港では，需要が供給を追い越し，この場合にはフォーマルな手続きによってスロットを配分しなければならない。全体では，約170のレベル３の世界規模空港と，これに加えて，約120のレベル２の空港がある（IATA, 2015c）。

　図10.3 からわかるように，これらの空港の大部分がヨーロッパ内のものであるが，これは，ほとんどのアメリカの空港（後に議論する）が国際的な標準配

表10.2　IATAのスロット配分のガイドライン

主要な基準	・第一に重視することは歴史的優先権（グランド・ファーザー・ライト） ・残りのスロットをスロット・プールに投入 ・プールされたスロットの50％を新規参入へ ・プールでの優先権は，1年周期で付与し，事後，「追加的基準」を適用
追加的基準	・効果的運営期間 ・サービスと市場のタイプ ・競争 ・カーフュー ・旅客とその他のユーザーの要件 ・運営の頻度 ・ローカルなガイドライン
スロット保持のルール （U/Lルール）	スロットは，シーズンの80％が使用されねばならない。

出所：IATA.

分プロセスに参加していないので，アメリカ内のキャパシティ不足状態を過小評価している。レベル3の空港のスロット配分は，IATAのスケジュール委員会と，夏季と冬季のシーズンに1年に2回開催されるスロット会議で取り扱われる。これは，一連のガイドライン（表10.2）を持った管理プロセスである。最も重要な原則は，歴史的優先権（あるいは，いわゆる「グランド・ファーザー・ライト（grandfather rights）」）であり，これは，ある航空会社が前のシーズンでスロットを使用すると，再びそれを使用する権利を有することを意味する。これは，一定期間内のスロットの80％を使用するという保持要件に見合う限り，そうである（いわゆる「ユーズ・イット・オア・ルーズ・イット（use-it-or-lose-it：U/L）」ルール）。スロットは，歴史的優先権を使用しないで配分するか，新規のスロットは，新規参入者にそれらの半分を渡すためにプールされる。プールされたスロットを配分するには多くの追加的基準がある。

　IATAの協調プロセスは自発的なものであり，世界のほとんどの地域で採用

されてきた。顕著な例外は，収奪的行為と反トラスト行動を防止するアメリカの反トラスト法と相入れないアメリカである。ここでは，ほとんどのケースで，スロットのシステムは，予想されるいかなる遅れも考慮に入れて，独自に航空会社が自らのスケジュールを計画する「ファースト・カム，ファースト・サーブド（first come, first served）」を基礎として考案されている。EU 内では，スロット配分は，1993年の規制 EU／95／93 によっている（EU, 1993）。この規制とそれに続く改訂は，グランド・ファーザー・ライトや U/L ルールのような IATA システムの主要な原則を採用してきたが，後者のルールは，2001年の 9／11，SARS の勃発，2003年のイラク戦争，2009年の経済危機といった 3 つの例外的状況の下で，一時的に停止されてきた。長年にわたって，EU のルールはこのプロセスの透明化をはかり，ルールがよりよく採用され遂行されることを確保するために，数度にわたって改訂されてきており，そのスロット調整は十分に中立的で，資金的にも独立している。

IATA システム（そして，EU 規制）は，航空会社とほかのステークホルダーに比較的安定的な環境を提供してきたが，将来において増大する混雑状況に対応するベストの方法かどうか，多くの空港で懸念が増している。批判者は，希少キャパシティを最適に使用しておらず，競争を促進することもなく，管理しにくいものとなっていると論じてきた。また，航空会社がスロットを留保し，最も大きな価値評価をする航空会社に配分しようとしないスロットの「抱きこみ」がなされている。

10.7.2 　代替的スロット配分方式

2つの代替的方式が，一般的にこれまで論じられている（Czerny et al., 2008）。第 1 のものは，現在の管理プロセスの拡張にあたるものではあるが，現在のものと異なる優先ルールを備えている。例えば，グランド・ファーザー・ライトの原則は破棄されうるものとして，一定の運営パターンを選好するシステムである。これは，スケジュールにおいて，弾力性が低い長距離運航であったり，新規参入者の場合である。低い優先順位が与えられるのは，すでに高頻度サービスである運航か，陸上の代替交通がある場所での運航に対してである。ス

ロットが部分的に，経済的，社会的，環境目的のために，例えば大型の航空機，あるいは小さな排出量で騒音への影響もより低い航空機に配分されることもある。

　しかしながら，そのような改革でさえ，依然として行政的には煩わしいままであり，スロットに最も高い価値を評価するものにスロットは配分されていない。この後者の目的を達成するために，あるいは，利用可能な供給と需要のバランスをとるために，市場に基礎をおく新しい価格づけやその他の経済的技術的な手段が必要となる。空港料金の現在の水準，少数の空港でのピーク／オフ・ピークでの差別化の存在は，この需要の平準化を達成するために必要な市場調整価格としては十分でない。一般的見解では，航空会社の行動に大きな影響を持たせるために，料金を大きく上げるべきとしている。この主要なスロットの配分方式に対する代替的方式は，料金を上げることよりも，スロット・オークションを利用することであろう。これらのオプションのどちらでも主要な問題は，誰が（例えば，空港オペレーターか政府）生じるお金から便益を得るかということである。また，これらのオプションは，理論的に，滑走路のベターな活用をもたらすが，それらは，財政的に最も強力で最も大規模な航空会社を優遇する傾向があって，航空会社の競争にとって有害になることがあり，他のいかなる広範な諸目的も達成することはほとんどない。

　市場メカニズムの中では，この当初のスロット配分に加え，航空会社が自らの航空会社間で取引できる場合，2次的なスロットの配分を行うことがありうる。スロットの交換は，現在のIATAのガイドラインとEU規制のもとで許容されている。EUの2008年のコミュニケーションでは，透明性のある方法で2次的取引を許容してきた国に対して，違反的行為を追及していないが，スロット取引について，特に許容しているわけでも禁止しているわけでもない（EU，2008）。ヨーロッパでは，広範な2次的取引がヒースローとガトウィックで生じているが，そのやり方は多様である。また，デュッセルドルフ，フランクフルト，ウィーンのような他の空港では，価値のないスロットをより魅力的なスロットとお金で交換する，いささか「まやかし」的な交換が行われている。2010年にヒースロー空港では，週間400以上のスロットが取引されてきて

おり，一組のスロットの価値は，0900便就航以前のスロットは週当たり3,000～4,000万ポンド，0900-1300の到着便のスロットは1,000万ポンドであったと推定される（Steer Davies Gleave, 2011）。EC は，航空会社が，EU 内のどこの空港でも，透明性ある方法で，お互いにスロットを取引することを好んで許容することを提案してきたが，これはまだ規定には取り込まれていない。

　市場に基づくスロットメカニズムの他の主要な経験は，アメリカに存在する。一般に航空会社は，スケジュール調整について議論することを許容されていないが，かなり昔の1969年に例外的に，ニューヨーク，シカゴ，オヘア，ワシントン・レーガン・ナショナルのとても混雑したいわゆる「高密度」空港に許可が与えられており，1985年にはスロット取引に与えられた。しかしながら，地域サービスの水準の削減のみならず，公然としたスロットの販売，あるいは新規参入者のスロットは極めて少なかったので，結果として，既存の航空企業が自らの支配を増加させた（Starkie, 1998）。2002年には，高密度スロット配分ルールがシカゴ・オヘア（ここでは，新規キャパシティの追加がこれまであった）に，2007年には，ニューヨーク空港がこれに次いだ。しかしながら，混雑と遅滞のために，これらの空港で一時的なスロット統制がなされた。それは，臨時的措置としてリースによる 2 次的取引，80％の U/L ルール，利用可能なスロット数にキャップをつけるというものであった。それらの一時的措置は，2009年に，スロットの10％まではオークションに取って代わられたが，航空企業や他のステークホルダーの強い反対のために廃棄された。その代わり，FAA は，アメリカと外国の航空空港会社に対してスロットのコントロールを維持しながら，2 次的市場を確立するというより持続的な解決策（スロットのマネジメントと透明性のルール）を提案している（FAA, 2015c）。

10.8　要　約

　この章では，経済的規制の概念について，なぜ，しばしば必要と考えられるかについて，一般的用語で説明することによって紹介した。空港との関連では，ほとんどの規制は，EU の空港に対する課金指令も適用されているが，

ICAOにより長期にわたって築かれた料金原則の広範なフレームワーク内で，国家レベルでのものである。この章では，なぜ，インセンティブもしくはプライス・キャップ規制が，伝統的な報酬率やコスト・ベースより人気があるかについて述べるとともに，一部の空港ですでに存在しているはるかに柔軟なアプローチについて論じてきた。いったん，ある種の規制の形態が確立すると，規制のティルのタイプ，「価格」の定義，許容されるべき事前の資金調達といった，考慮が必要とされる多くの詳細事項が出てくる。

スロットの規制，あるいはスロットの配分方式だけでなく，現在の問題点や代替的アプローチについても検討してきた。オプションとしては，配分について多様な優先権を持つ現在の管理システムの拡充，あるいは，市場ベースのメカニズムの活用がある。市場ベースのアプローチには大きな利点もあるが，それらを遂行するには大きな障害がある―おそらく，欧州でより受け入れやすくなっているスロットの2次的取引は例外である。経済的規制に加え，最適なスロット配分に関する前向きな議論は，今後も継続するであろう。

全体として，この章では，空港の運営環境に関する重要な側面について詳細に検討することで，民営化に関する第8章，競争に関する第9章を補完している。これは，空港の財務的性格を十分に認識し，これまでの章で議論した財務的パフォーマンスがいかにして計測可能であるかを認識するうえで重要である。

【注】
1）訳者注：ティル（till）の元の意味は金銭の箱。

コラム　羽田空港のスロット配分

　2000年に，受給調整の撤廃によって規制緩和がなされた。これによって，路線付与と参入は切り離され，参入は安全基準を維持している限り自由になった。しかし，羽田空港は「混雑空港」に指定され，離発着枠（スロット）は事前届け出制により政府の許可対象になり規制された。1997年には，懇談会により，大手企業から5-10%の定率と効率評価によってスロットの回収をはかり，競争促進のために新規企業のための優先枠配分を定め，5年に一度，見直し検討することが決められた。評価項目には，整備不良による欠航・遅延件数等を設定した。配分には，オークション，公正配分，くじ引きなどがあるが，これらは退けられた。以後，10回に

対象路線	用途制限の有無	発着枠の種別	根拠制度・法令等	内容
国内線	なし	新規優遇枠	混雑飛行場スロット配分方式懇談会（2000年2月）	東京国際空港において配分を受けている発着枠数が12枠未満の航空会社を対象に，競争の促進を通じた利用者利便の向上を目指す観点から，一定の範囲で優先的に配分される発着枠　【対象航空会社】ADO, SKY, SNA, SFJ
		自由枠		各航空会社が配分された発着枠を用いて自由に路線設定可
	あり	政策枠	羽田空港の発着枠の配分基準検討懇談会（1999年3月）	C滑走路供用開始時に，ローカル線の頻度向上，新規開港路線の運航促進のために配分された発着枠　【対象路線】石見(1枠)，中標津(1枠)，稚内(1枠)，佐賀(1枠)，大館能代(1枠)
		特定路線枠	混雑飛行場スロット配分方式懇談会（2000年2月）	C滑走路の供用開始後，2005年に予定されている発着枠回収＆配分までの間，新規開設が予定される空港に就航する便の路線開設を推進するために配分された発着枠　【対象路線】能登(1枠)，オホーツク紋別(1枠)
		評価枠（航空会社評価枠）	混雑飛行場スロット配分方式懇談会（2000年2月）	航空会社の事業活動について一定の評価項目を設定し，各評価項目による評価を基に配分する発着枠（各航空会社グループ単位でのローカル線ネットワークの充実度＆経営効率改善に向けた取り組みを評価）
		内際乗継枠	アジアゲートウェイ構想（2007年5月）	東京国際⇔関西国際への海外の路線展開と乗り継ぎ利便の改善を推進するため，東京国際⇔関空国際線を運航する航空会社に配分される発着枠（暫定枠として4枠配分）　【対象路線】東京国際⇔関西国際(SFJ)
		地方路線枠	アジアゲートウェイ構想（2007年5月）	航空ネットワークの更なる充実を図る観点から，高速誘導路整備に伴う増枠分について，ローカル線を運航する航空会社に配分される発着枠（暫定枠として2枠配分）　※政策コンテスト枠設置のため2013年度末廃止
		開設枠	羽田空港発着枠の配分基準検討懇談会（2009年7月）	地域が主体となって，航空会社の協力を得つつ，小型機（座席数100席未満の航空機）であれば成立するローカル線の新規開設に向けてパイロット事業として取り組むための発着枠（暫定枠として1枠配分）　※政策コンテスト枠設置のため2013年度末廃止
		政策コンテスト枠	羽田空港発着枠の配分基準検討懇談会（2012年11月）	航空会社の自助努力のみでは維持・充実が困難なローカル線について，地域と航空会社のコラボレーションを軸とした共同提案について評価を行い，優れた提案に配分される発着枠　【対象路線】荻石見(1枠)，鳥取(1枠)，山形(1枠)
国際線	なし	国際線枠		二国間協定の内容に基づき，各航空会社に配分される発着枠
	あり	リレー枠	アジアゲートウェイ構想（2007年5月）	成田国際空港において発着便が設定されていない6時台，22時台に東京国際空港からの発着を可能とし，両空港の国際航空輸送をリレーするために配分される発着枠

図1　東京国際空港における発着枠の配分の推移

出所：塩見英治・小熊仁『国際航空自由化の展開』成山堂，144ページ（国土交通省資料をもとに筆者作成）。

及ぶ配分がなされたが、新滑走路による増枠などが規模で突出している。評価方式は我が国特有のもので、その後の懇談会での低需要路線・少便数路線での1便ルール、3便ルールの設定と相まって、新空港の維持、ネットワーク維持に貢献してきた。新規企業の認定も、6便の維持や12機材の保有が目標とされ、競争の促進の観点から、新規企業への優先枠の配分がなされ、一定の効果がかなったと評価される。羽田には、規制緩和後も、従来の就航の1点集中に加え、幹線へのシフトと機材のダウンサイジングが促進され、混雑度は増している。図1のように、2007年のアジアゲートウェイ構想、次いで2010年のオープンスカイの展開に合わせ、大幅な国際便の配分が加わっている。最近では、このルールに関し、一部、異議がでている。評価方式には、客観性、透明性などで問題があることなどである。配分も、新規企業の認定、政策枠など、裁量性があり、規制緩和が大幅に生かされていないなどである。このことから、大手企業間の競争を生かすためにも、評価方式に代え、希望航空企業と空港の連携による提案コンテスト方式の導入の方針が示された。インセンティブを高める観点から、オークションの変形の一部としての、抱き合わせ、二次的市場での取引の可能性などを含め、検討を深めることが望まれる。

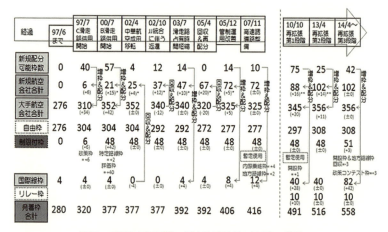

図2　東京国際空港における発着枠の配分の推移

*「新規優遇枠」として配分された発着枠（ADO, SKY, SNA, SFJ が対象）
**「新規優遇枠」として SFJ に対し配分された発着枠（SFJ＝12枠以下）
出所：塩見英治・小熊仁『国際航空自由化の展開』成山堂, 144ページ（国土交通省資料をもとに筆者作成）。

（塩見英治）

引用文献

Abrate, G. and Erbetta, F. (2010), Efficiency and patterns of service mix in airport companies: An input distance function approach, *Transportation Research Part E*, 46 (5), 693-708.
ACI (2006), *Airport Benchmarking to Maximize Efficiency*, Geneva: ACI.
ACI (2012), *Guide to Airport Performance Measures*, Montreal: ACI.
ACI (2013), *ACI Guide to Airport Economic Regulation*, Montreal: ACI.
ACI (2015a), *ACI releases 2014 world airport traffic report*, press release, 31 August.
ACI (2015b), *Airport Economics Survey 2014*, Montreal: ACI.
ACI Europe (2010), *The Ownership of Europe's Airports*, Brussels: ACI Europe.
ACI Europe (2011), *ACI Europe Position on Requirements for a Performing Ground Handling Market*, Brussels: ACI Europe.
ACI Europe (2013), *ACI Position on Aviation Security Technology Roadmap*, Brussels: ACI Europe.
ACI Europe (2014), *Competition in the European Aviation Sector*, Brussels: ACI Europe.
ACI Europe (2015a), *Airport Charges Survey 2014*, Brussels: ACI Europe.
ACI Europe (2015b), *ACI Europe Economics Report 2014*, Brussels: ACI Europe.
ACI Europe (2015c), *Performance Management at European Airports*, Brussels: ACI Europe.
ACI Europe (2015d), *Airport Industry Connectivity Report*, Brussels: ACI Europe.
ACI-North America (NA) (2014), *2014 ACI-NA Concessions Benchmarking Survey Results*, Washington, DC: ACI-NA.
Adler, N. and Liebert, V. (2014), Joint impact of competition, ownership form and economic regulation on airport performance and pricing, *Transportation Research Part A*, 64, 92-109
Adler, A., Oum, T. and Yu, C. (2009), A response to 'Understanding the complexities and challenges of airport performance benchmarking', *Journal of Airport Management*, 3 (2), 159-163.
AENA (2015), *Información Analítica de Cuenta de Resultados Ejercicio 2014 por Aeropuertos de Aena S.A. (Individual, según PGC)*, Madrid: AENA.
Aéroports de Paris (2015), *Annual Report and Financial Statements, year to end December 2014*, Paris: AdP.
Airline Business (2008), Airports global groupings, *Airline Business*, December, 52-54.
Airline Business (2015), Airport group financials, *Airline Business*, November, 40-41.
Airline Leader (2015), Low-cost airports and terminals are changing shape, *Airline Leader*, 26, 22-28.
Airport Research Center (2009), *Study on the Impact of Directive 96/67/EC on Ground Handling Services 1996-2007*, Aachen: Airport Research Center.
Airports Commission (2014), *The Inner Thames estuary airport proposal has not been shortlisted*, press release, 2 September.
Airport World (2012), Outlook 2013, *Airports World*, October-November, 52-53.
Arblaster, M. (2014), The design of light-handed regulation of airports: Lessons from experience in Australia and New Zealand, *Journal of Air Transport Management*, 38, 27-35.
Ashford, N. and Moore, C. (1999), *Airport Finance*, 2nd edition, Loughborough: The Loughborough Airport Consultancy.
Assaf, A. and Gillen, D. (2012), Measuring the joint impact of governance form and economic regulation on airport efficiency, *European Journal of Operational Research*, 220 (1), 187-198.
ATAG (2014), *Aviation Benefits beyond Borders*, Geneva: ATAG.
ATRS (2015), *Global Airport Benchmarking Report*, Vancouver: ATRS.
Aviation Strategy (2006), Air Deccan: IPO struggle reflects Indian overcapacity worries, *Aviation Strategy*, June, 4-7.
Aviation Strategy (2015a), Airport valuations update, *Aviation Strategy*, March, 17-18.
Aviation Strategy (2015b), Airport valuations, *Aviation Strategy*, April, 11.
Aviation Strategy (2015c), Airport pipeline: A round-the-world tour, *Aviation Strategy*, December, 12-13.
Bel, G. and Fageda, X. (2010), Privatization, regulation, and airport pricing: An empirical analysis for Europe, *Journal of Regulatory Economics*, 37 (2), 142-161.
Biggar, D. (2012), Why regulate airports? A re-examination of the rationale for airport regulation,

Journal of Transport Economics and Policy, 46 (3), 367-380.

Bilotkach, V., Clougherty, J., Mueller, J. and Zhang, A. (2012), Regulation, privatization and airport charges: Panel data evidence from European airports, *Economic of Transportation,* 42 (1), 73-94.

Bilotkach, V. and Mueller, J. (2012), Supply side substitutability and potential market power of airports: Case of Amsterdam Schiphol, *Utilities Policy,* 23, 5-12.

Boeing (2015), *Current Market Outlook 2015-2034,* Seattle, WA: Boeing.

Bonnefoy, P., de Neufville, R. and Hansman, J. (2008), Evolution and development of multi-airport systems: A worldwide perspective, *Journal of Transport Engineering,* 136 (11), 1021-1029.

Brutsch, U. (2013), International airport management: The government perspective, *Journal of Airport Management,* 8 (2), 100-104

Bush, H. and Starkie, D. (2014), Competitive drivers towards improved airport/airline relationships, *Journal of Air Transport Management,* 41, 45-49.

CAA (2007), *De-designation of Manchester and Stansted Airports for Price Control Regulation,* London: CAA.

CAA (2013), *Estimating the Cost of Capital: A Technical Appendix to the CAA's Final Proposal for Economic Regulation of Heathrow and Gatwick after April 2014,* CAP 1115, London: CAA.

CAA (2014a), *Estimating the Cost of Capital: A Technical Appendix for the Economic Regulation of Heathrow and Gatwick from 2014,* CAP 1140, London: CAA.

CAA (2014b), *Economic Regulation at Heathrow from April 2014: Notice of the Proposed Licence,* CAP 1138, London: CAA.

CAA (2014c), *Economic Regulation at Gatwick from April 2014: Notice of the Proposed Licence,* CAP 1139, London: CAA.

CAA (2014d), *Notice of Determination under Section 8 of the Civil Aviation Act 2012 - Stansted Airport,* CAP 1135, London: CAA.

CAA (2015), *Economic Regulation at New Runway Capacity,* CAP 1279, London: CAA.

CAPA (2015a), *The world's biggest airport construction projects 2015; total value over USD500 billion, Part 1,* 20 January, available from http://centreforaviation.com/analysis/the-worlds-biggest-airport-construction-projects-2015-total-value-over-usd500-billion-part-1-205200, accessed 1 November 2015.

CAPA (2015b), *Airport construction mid-year review 2015: USD441 billion in airport investment, 2,520 projects,* 21 July, available from http://centreforaviation.com/analysis/airport-construction-mid-year-review-2015-usd441-billion-in-airportinvestment-2520-projects-235518, accessed 1 November 2015.

CAPA (2015c), *CAPA airport finance and privatisation review 2014/15; emerging markets attract investor interest,* 23 March, available from http://centreforaviation.com/analysis/capa-airport-finance-and-privatisation-review-201415-emerging-markets-attract-investor-interest-214953, accessed 2 December 2015.

CAPA (2015d), *The US airport system is lagging badly, but there is still little appetite for private investment,* 15 April, available from http://centreforaviation.com/analysis/the-us-airport-system-is-lagging-badly-but-there-is-still-little-appetite-for-private-investment-219308, accessed 2 December 2015.

CAPA (2015e), *Global airport finance and privatisation: CAPA review 2014. The big funds dominate transactions,* 5 June, available from http://centreforaviation.com/analysis/global-airport-finance-and-privatisation-capa-review-2014-the-big-funds-dominate-transactions-202694, accessed 2 December 2015.

Castillo-Manzano, J. (2010), Determinants of commercial revenues at airports: Lessons learned from Spanish regional airports, *Tourism Management,* 31 (6), 788-796.

Changi Airport Group (2015), *Reductions and rebates of aeronautical fees at Changi Airport,* press release, 24 April.

Charlton, A. (2009), Airport regulation: Does a mature industry have mature regulation? *Journal of Air Transport Management,* 15 (3), 116-120.

Cheong, K. (2015), Aux armes, citoyens! A revolution in airport economic regulation: A regulator's perspeccive, *Journal of Airport Management,* 9 (4), 338-346.

Competition Commission (2009), *BAA Airports Market Investigation,* London: Competition Commis-

sion.
Condie, S. (2016), Airport ownership trends in Europe, *Journal of Airport Management*, 10 (1), 14-23.
Copenhagen Airport (2015), *Annual Report 2014*, Copenhagen: Copenhagen Airport.
Copenhagen Economics (2012), *Airport Competition in Europe*, Copenhagen: Copenhagen Economics.
Czerny, A., Forsyth, P., Gillen, D. and Neimeier, H.-M. (2008), *Airport Slots: International Experiences and Options for Reform*, Farnham: Ashgate.
De Wit, J. G. (2013), Unlevel playing field? Ah yes, you mean protectionism, *Journal of Air Transport Management*, 41, 22-29.
Department for Transport (2008), *Decision on the Regulatory Status of Stansted Airport*, London: Department for Transport.
Department for Transport (2015), *New regional air routes offer fast journeys across UK and Europe*, press release, 2 December.
Department of Transport (2003), *Dublin Airport - Review of Expressions of Interest for an Independent Terminal - Panel Report to Minister for Transport*, Dublin: Department of Transport.
Doganis, R. (2010), *Flying Off Course: Airline Economics and Marketing*, 4th edition, London: Routledge.
Doganis, R. S. and Thompson, G. F. (1973), *The Economics of British airports*, Transport Studies Group Research Report 1, London: University of Westminster (formerly Polytechnic of Central London).
EC (1993), *Regulation (EEC) No 95/93 of European Parliament and of the Council of 18 January 1993 on Common Rules for the Allocation of Slots at Community Airports*, Official Journal L14, 22 January, Brussels: EC.
EC (1996), *Council Directive 96/67/EC of 15 October 1996 on Access to the Groundhandling Market at Community Airports*, Official Journal L272, 25 October.
EC (2004), *Commission's Decision of 12 February 2004 Concerning Advantages Granted by the Walloon Region and Brussels South Charleroi Airport to the Airline Ryanair in Connection with its Establishment at Charleroi*, Official Journal L137, 30 April.
EC (2005), *Community Guidelines on Financing of Airports and Start-Up Aid to Airlines Departing from Regional Airports*, Official Journal C312, 9 December.
EC (2008), *Communication from the Commission to the European Parliament, the Council, the European Economic and Social Committee and the Committee of the Regions on the Application of Regulation (EEC) No 95/93 on Common Rules for the Allocation of Slots at Commumity Airports, as Amended (COM (2008) 227 Final)*, Brussels: EC.
EC (2009), *Directive 2009/12/EC of the European Parliament and of the Council of 11 March 2009 on Airport Charges*, Official Journal L070, 14 March, Brussels: EC.
EC (2011), *State aid: Commission welcomes Court judgment in the Leipzig-Halle airport case*, press release, 23 March.
EC (2014a), *Communication from the Commission: Guidelines on State Aid to Airports and Airlines*, Official Journal C99, 4 April.
EC (2014b), *New State Aid Rules for a Competitive Aviation Industry*, Competition Policy Brief, Issue 2, Brussels: EC.
EC (2014c), *State aid: Commission adopts package of decisions regarding aid to airports and airlines in France and Germany; asks France to recover incompatible aid granted to airlines*, press release, 23 July.
EC (2014d), *Commission adopts package of decisions regarding support to airports and airlines in Belgium, Germany, Italy and Sweden*, press release, 1 October.
EIB (2015), Projects, available from http://www.eib.org/projects/, accessed 2 June 2015.
Enrico, S., Boudreau, B., Reimer, D. and Van Beek, S. (2012), *Considering and Evaluating Airport Privatisation*, ACRP Report 66, Washington, DC: Transportation Research Board.
Eurocontrol (2013), *Challenges of Growth 2013*, Brussels: Eurocontrol.
FAA (2010), *Air Carrier Incentive Program Guidebook: A Reference for Airport Sponsors*, Washington, DC: FAA.
FAA. (2013), *Fact sheet -What is the Airport Privatisation Pilot Program?*, available from http://www.faa.gov/news/fact_sheets/news_story. cfm?newsId=14174, accessed 15 December 2015.

FAA (2015a), *Passenger Facility Charge (PFC) Program*, available from http://www.faa.gov/airports/pfc/, accessed 1 October 2015.

FAA (2015b), *Airport Improvement Program (AIP)*, available from http://www.faa.gov/airports/aip/, accessed 1 October 2015.

FAA (2015c), *Fact sheet - Notice of proposed rulemaking: Slot management and transparency for La Guardia Airport (LGA), John F. Kennedy International Airport (JFK), and Newark Liberty International Airport (EWR)*, available from https://www.faa.gov/news/fact_sheets/news_story.cfm?newsId=18054, accessed 6 June 2015.

Faulhaber, J., Schulthess, J., Eastmond, A., Lewis, S. and Block, R. (2010), *Airport/Airline Agreements—Practices and Characteristics*, ACRP Report 36, Washington, DC: Transportation Research Board.

Feldman, D. (2008), Making airport privatisation consortia work, *Journal of Airport Management*, 3 (1), 48-53.

Feldman, D. (2009), Thinking outside the box, *Airport World*, 15 November.

Forsyth, P., Gillen, D., Knorr, A., Mayer, O., Niemeier, H. and Starkie, D. (eds) (2004), *The Economic Regulation of Airports*, Farnham: Ashgate.

Forsyth, P., Gillen, D., Mueller, J. and Niemeier, H.-M. (eds) (2010), *Airport Competition*, Farnham: Ashgate.

Francis, G., Fidato, A. and Humphreys, I. (2003). Airport – airline interaction: The impact of low-cost carriers on two European airports, *Journal of Air Transport Management*, 9 (4), 267-273.

Fraport (2015), *Visual fact book fill year 2014*, available from http://www.fraport.de/content/fraport/de/misc/binaer/investor-relations/visual_fact_book/visual-fact-book-2014/jcr:content.file/fraport-visual-fact-book-april2015.pdf, accessed 26 June 2015.

Freathy, F. and O'Connell, F. (1998), *European Airport Retailing*, Basingstoke: Macmillan.

GAO (2015), *Airport Finance: Information on Funding Sources and Planned Capital Development*, GAO-15-306, Washington, DC: GAO.

Gillen, D. and Lall, A. (2004), Competitive advantage of low-cost carriers: Some implications for airports, *Journal of Air Transport Management*, 10 (1), 41-50.

Gillen, D. (2011), The evolution of airport ownership and governance, *Journal of Air Transport Management*, 17 (1), 3-13.

Graham, A. (2005), Airport benchmarking: A review of the current Situation, *Benchmarking: An International Journal*, 12 (2), 99-111.

Graham, A. (2009), How important are commercial revenues to today's airports? *Journal of Air Transport Management*, 15 (3), 106-111.

Graham, A. (2011), The objectives and outcomes of airport privatisation, *Research in Transportation Business and Management*, 1 (1), 3-14.

Graham, A. (2013), Understanding the low cost carrier and airport relationship: A critical analysis of the salient issues, *Tourism Management*, 36, 66-76.

Graham, A. (2014), *Managing Airports: An International Perspective*, 4th edition, London: Routledge.

Graham, A., Saito, S. and Nomura, M. (2014), Airport management in Japan: Any lessons learnt from the UK?, *Journal of Airport Management*, 8 (3), 244-263.

Halpern, N. and Graham, A. (2013), *Airport Marketing*, London: Routledge.

Hazel, R., Blais, J., Browne, T. and Benzon, D. (2011), *Resource Guide to Airport Performance Indicators*, ACRP Report 19A, Washington, DC: Transportation Research Board.

Heathrow Airport Holdings (2013), *Annual Report and Financial Statements to End December 2012*, London: HAH.

Heathrow Airport Holdings (2015), *Annual Report and Financial Statements for the Year Ended 31 December 2014*, London: HAH.

Humphreys, B. (2015), Davies Commission exposes pre-funding dilemma, *Aviation Strategy*, July/August, 4-9.

IATA (2013), *Airport Competition*, IATA Economics Briefing No. 11, Geneva: IATA.

IATA (2015a), *IATA air passenger forecast shores dip in long term demand*, press release, 26 November.

IATA (2015b), *Economic Performance of the Industry End Year 2015*, Geneva: IATA.

IATA (2015c), *Worldwide Slot Guidelines*, 6th edition, Geneva: IATA.
ICAO (2012a), *ICAO's Policies on Charges for Airports and Air Navigation Services*, Doc.9082, 9th edition, Montreal: ICAO.
ICAO (2012b), *Manual on Privatisation in the Provision of Airports and Air Navigation Services*, Montreal: ICAO.
ICAO (2013), *Airport Economics Manual*, Doc. 9562, 3rd edition, Montreal: ICAO.
ITF (2015), *Liberalisation of Air Transport, Summary: Policy Insights and Recommendations*, Paris: ITF.
Jones, O., Budd, L. and Pitfield, D. (2013), Aeronautical charging policy incentive schemes for airlines at European airports, *Journal of Air Transport Management*, 33, 43-59.
Jorge-Calderon, D. (2013), Airport valuation: Using passenger generalised cost to measure competitive advantage and pricing power, *Journal of Airport Management*, 7 (3), 255-264.
Jorge-Calderon, D. (2014), *Aviation Investment*, Farnham: Ashgate.
Kalakou, S. and Macario, R. (2013), An innovative framework for the study and structure of airport business models, *Case Studies on Transport Policy*, 1 (1-2), 2-17.
Kamp, V., Niemeier, H.-M. and Mueller, J. (2007), What can be learned from benchmarking studies? Examining the apparent poor performance of German airports, *Journal of Airport Management*, 1 (3), 294-308.
Kasarda, J. (2013), Airport cities: The evolution, *Airport World*, 21 April.
Kim, H.-B. and Shin, J.-H. (2001), A contextual investigation of the operation and management of airport concessions, *Tourism Management*, 22 (2), 149-155.
Lei, Z. and Papatheodorou, A. (2010), Measuring the effect of low-cost carriers on regional airports' commercial revenue, *Research in Transportation Economics*, 26 (1), 37-43.
LeighFisher (2011), *Resource Manual for Airport In-Terminal Concessions*, ACRP Report 54, Washington, DC: Transportation Research Board.
LeighFisher (2012), Brazil: The waking giant seeks a private pilot, in *Finding the Opportunity in Change*, available from https://www.leighfisher.com/sites/default/files/free_files/compendium_opportunity-in-change-march-2012.pdf, accessed 3 June 2016.
LeighFisher (2014), *Airport Performance Indicators 2014*, London: LeighFisher.
Levine, M. (1969), Landing fees and the airport congestion problem, *Journal of Law and Economics*, 12 (1), 79-108.
Liebert, V. and Niemeier, H.-M. (2013), A survey of empirical research on the productivity and efficiency measurement of airports, *Journal of Transport Economics and Policy*, 47 (2), 157-189.
Lin, Z., Choo, Y. Y. and Oum, T. H. (2013), Efficiency benchmarking of North American airports: Comparative results of productivity index, data envelopment analysis and stochastic frontier analysis, *Journal of the Transportation Research Forum*, 52 (1), 47-68.
Littlechild, S. C. (2012), German airport regulation: Framework agreements, civil law and the EU Directive, *Journal of Air Transport Management*, 21, 63-75.
Lobbenberg, A. (2010), *Fraport: would be advancing but for ash*, Equity Note, Royal Bank of Scotland, 19 May.
Lobbenberg, A. (2014a), *Airports: Let me play among the stars*, HSBC Global Research, 19 May.
Lobbenberg, A. (2014b), *Fraport: Momentum ahead but we do not see value*, Equity Note, HSBC, 12 November.
Lobbenberg, A. (2015a), *Company Report: AENA*, HSBC Global Research, 22 April.
Lobbenberg, A. (2015b), *Fraport: Company Report*, HSBC Global Research, 6 November.
Maertens, S. (2012), Estimating the market power of airports in their catchment areas–a Europe-wide approach, *Journal of Transport Geography*, 22, 10-18.
Malina, R., Albers, S. and Kroll, N. (2012), Airport incentive programmes: A European perspective, *Transport Reviews*, 32 (4), 435-453.
Martin, J. and Voltes-Dorta, A. (2011), Scale economies in marginal costs in Spanish airports, *Transportation Research E*, 47 (2), 238-248.
McLay, P. and Reynolds-Feighan, A. (2006), Competition between airport terminals: The issues facing Dublin airport, *Transportation Research Part A*, 40 (2), 181-203.
Merkert, R., Odeck, J., Brathen, S. and Pagliari, R. (2012), A review of different benchmarking meth-

ods in the context of regional airports, *Transport Reviews*, 32 (3), 379-395.

Miyoshi, C. (2015), Airport privatisation in Japan: Unleashing air transport liberalisation, *Journal of Airport Management*, 9 (3), 210-222.

Mohammed, A. and Roisman, R. (2014), *2013 Washington-Baltimore Regional Air Passenger Survey*, Washington, DC: Metropolitan Washington Council of Governments.

Moodie International and the SAP Group (2014), *The Airport Commercial Revenues Study 2014*, Brentford: Moodie International and the SAP Group.

Moody's (2007), *Financial Metrics Key Ratios by Rating and Industry for Global Non-Financial Corporations*, New York: Moody's.

Morrell, P. (2007), *Airline Finance*, 3rd edition, Farnham: Ashgate.

Morrell, P. (2010), Airport competition and network access: A European analysis, in Forsyth, P., Gillen, D., Mueller, J. and Niemeier, H.-M. (eds), *Airport Competition*, Farnham: Ashgate

Morrell, P. and Turner, S. (2003), An evaluation of airline beta values and their application in calculating the cost of equity capital, *Journal of Air Transport Management*, 9 (4), 201-209.

Morrison, S. and Winston, C. (2007), Another look at airport congestion pricing, *American Economic Review*, 97 (5), 1970-1977.

Morrison, W. (2009), Understanding the complexities and challenges of airport performance benchmarking, *Journal of Airport Management*, 3 (2), 145-158.

Mott MacDonald (2015), *Annual Analyses of the EU Air Transport Market 2013*, Brussels: EC.

Niemeier, H.-M. (2009), Regulation of large airports: Status quo and options for reform, *International Transport Forum - Airport Regulation Investment and Development of Aviation*, Paris: ITF.

Njoya, E. and Niemeier, H.-M. (2011), Do dedicated low cost passenger terminals create competitive advantages for airports? *Research in Transportation Business and Management*, 1 (1), 55-61.

Oum, T., Adler, N. and Yu, C. (2006), Privatisation, corporatisation, ownership forms and their effects on the performance of the world's major airports, *Journal of Air Transport Management*, 12 (3), 109-121.

Oum, T., Yan, J. and Yu, C. (2008), Ownership forms matter for airport efficiency: A stochastic frontier investigation of worldwide airports, *Journal of Urban Economics*, 64 (2), 422-435.

Oum, T., Yu, C. and Fu, X. (2003), A comparative analysis of productivity performance of the world's major airports: Summary report of the ATRS global airport benchmarking research report - 2002, *Journal of Air Transport Management*, 9 (5), 285-297.

Oum, T. and Yu, C. (2004), Measuring airports' operating efficiency: A summary of the 2003 ATRS global airport benchmarking report, *Transportation Research Part E*, 40 (6), 515-532.

Oum, T., Zhang, A. and Zhang, Y. (2004), Alternative forms of economic regulation and their efficiency implications for airports, *Journal of Transport Economics and Policy*, 38 (2), 217-246.

Oxera (2010), *Valuation of airport assets*, Expert Report prepared at the request of the New Zealand Airports Association, July 12.

Oxera (2013), *Regulatory Regimes at Airports: An International Comparison*, Gatwick: Gatwick Airport.

Parker, D. (2011), Valuation of airports for financial reporting: Fair value? *Journal of Property Investment and Finance*, 29 (6), 677-692.

Pels, E., Nijkamp, P. and Rietveld, P. (2003), Inefficiencies and scale economies of European airport operations, *Transportation Research Part E*, 39 (5), 341-361.

Peters, T. J. and Waterman, R. H. Jr. (1982), *In Search of Excellence*, London: Harper &Row.

Polk, A. and Bilotkach, V. (2013), The assessment of market power of hub airports, *Transport Policy*, 29, 29-37.

Poole, R. (2015), *Annual Privatization Report 2015: Air Transportation*, Los Angeles, CA: Reason Foundation.

Productivity Commission (2011), *Economic Regulation of Airport Services*, No. 57, Canberra: Productivity Commission.

Redondi, R., Malighetti, P. and Paleri, P. (2012), De-hubbing of airports and their recovery patterns, *Journal of Air Transport Management*, 18 (1), 1-4.

Reinhold, A., Niemeier, H.-M., Kamp, V. and Mueller, J. (2010), An evaluation of yardstick regulation for European airports, *Journal of Air Transport Management*, 16 (2), 74-80.

Richardson, C., Budd, L. and Pitfield, D. (2014), The impact of airline lease agreements on the financial performance of US hub airports, *Journal of Air Transport Management*, 40, 1-15.

Rikhy, H., Roberts, J. and Cheung, S. (2014), Global airport privatisation: Trends, recent developments and challenges ahead, *Journal of Airport Management*, 8 (4), 300-304.

Salazar de la Cruz, F. (1999), A DEA approach to the airport production function, *International Journal of Transport Economics*, 26 (2), 255-270.

Sevcik, T. (2014), The end of retail, the future of retail, *Journal of Airport Management*, 8 (4), 308-311.

Sharp, R. (2012), In praise of hybrids, *Journal of Airport Management*, 7 (1), 36-44.

SH&E (2006), *Capital Needs and Regulatory Oversight Arrangement: A Survey of European Airports*, London: SH&E.

SITA (2015), *Airport IT Trends Survey 2015*, Geneva: SITA/ACI.

Starkie, D. (1998), Allocating airport slots: A role for the market? *Journal of Air Transport Management*, 4 (2), 111-116.

Starkie, D. (2001), Reforming UK airport regulation, *Journal of Transport Economics and Policy*, 35 (1), 119-135.

Starkie, D. (2006), Investment incentives and airport regulation, *Utilities Policy*, 14 (4), 262-265.

Starkie, D. (2008a), *The Airport Industry in a Competitive Environment: A United Kingdom Perspective*, Discussion paper no. 2008-15, Paris: ITF.

Starkie, D. (2008b), A critique of the single-till, in Starkie, D., *Aviation Markets*, Aldershot: Ashgate.

Starkie, D. (2012), European airports and airlines: Evolving relationships and the regulatory implications, *Journal of Air Transport Management*, 21, 40-49.

Steer Davies Gleave (2010), *Possible Revision of Directive 96/67/EC on Access to the Ground Handling Market at Community Airports*, London: SDG.

Steer Davies Gleave (2011), *Impact Assessment of Revisions to Regulation 95/93*, London: SDG.

Steer Davies Gleave (2012), *Review of Operating Expenditure and Investment*, London: SDG.

Steer Davies Gleave (2013), *Evaluation of Directive 2009/12/EC on Airport Charges*, London: SDG.

The Economist (2015), Flying high: Why buying airports has taken off, *The Economist*, 6 June, 64.

Thomas, J., Lobbenberg, A., Winarso, J. and Khoja, M. (2013), *After the storm: Back to port*, HSBC Global Research, 3 April.

Tovar, B. and Martin-Cejas, R. (2009), Are outsourcing and non-aeronautical revenues important drivers in the efficiency of Spanish airports? *Journal of Air Transport Management*, 15 (5), 217-220.

Tretheway, M. and Markhvida, K. (2013), *Airports in the Aviation Value Chain*, Discussion paper no.2 013-15, Paris: ITF.

Vasigh, B., Erfani, G. and Sherman, B. (2014), Airport performance and ownership structure: Evidence from the United Kingdom, United States, and Latin America, *Journal of Aviation Technology and Engineering*, 4 (1), 40-49.

Vasigh, B. and Gorjidooz, J. (2006), Productivity analysis of public and private airports: A causal investigation, *Journal of Air Transportation*, 11 (3), 144-163.

Vogel, H.-A. (2006), Impact of privatisation on the financial and economic performance of European airports, *The Aeronautical Journal*, 110 (1106), 197-213.

Vogel, H.-A. and Graham, A. (2010), Driver based approach to airport valuation, *Journal of Air Transport Studies*, 1 (1), 20-47.

Vogel, H.-A. and Graham, A. (2013), Devising airport groupings for financial benchmarking, *Journal of Air Transport Management*, 30, 32-38.

World Bank (2015), *Private participation in infrastructure database*, available from http://ppi.worldbank.org/snapshots/sector/airports, accessed 2 December 2015.

Wright, S., Mason, R. and Miles, D. (2003), *A Study into Certain Aspects of the Cost of Capital for Certain Regulated Industries in the UK*, a report for UK economic regulators and the UK Office of Fair Trading, February 13.

《訳者紹介》（執筆順）

木谷直俊（きだに・なおとし）担当：第1～3章
※監訳者紹介参照。

橘　洋介（たちばな・ようすけ）担当：第4章
1979年生まれ。
2009年　早稲田大学大学院商学研究科博士後期課程単位取得後退学・博士（商学）。
現　在　広島修道大学商学部准教授。
主要業績：「ナッシュ遂行可能な線形費用関数を用いた混雑モデルの現実応用性」『交通学研究』第60号。

小熊　仁（おぐま・ひとし）担当：第5章，第9章
1978年生まれ。
2009年　中央大学大学院経済学研究科博士課程修了・博士（経済学）。
現　在　高崎経済大学地域政策学部准教授。
主要業績：「ネットワークDEAを用いた空港運営の効率性評価と要因分析」『交通学研究』日本交通学会，2016年度研究年報，63-70ページ。

西藤真一（さいとう・しんいち）担当：第6章
1977年生まれ。
2005年　関西学院大学大学院経済学研究科博士課程後期課程単位取得満期退学。
現　在　島根県立大学総合政策学部准教授。
主要業績：『交通インフラの多様性』（共著）日本評論社，2017年。

高橋豊治（たかはし・とよはる）担当：第7章
1959年生まれ。
1988年　一橋大学大学院商学研究科博士課程単位取得。
現　在　中央大学商学部教授。
主要業績："An Empirical Analysis of Pricing in the Japanese Bond Markets", *24th Australasian Finance and Banking Conference 2011 Paper.*
http://dx.doi.org/10.2139/ssrn.1914113

横見宗樹（よこみ・むねき）担当：第8章
1973年生まれ。
2003年　関西大学大学院商学研究科博士課程後期課程修了・博士（商学）。
現　在　大阪商業大学公共学部教授。
主要業績：『エアライン／エアポート・ビジネス入門〔第2版〕：観光交流時代のダイナミズムと戦略』（共著）法律文化社，2016年。

塩見英治（しおみ・えいじ）担当：第10章
※監訳者紹介参照。

《監訳者紹介》

木谷直俊（きだに・なおとし）担当：第1～3章
1944年生まれ。
1976年　慶應義塾大学大学院商学研究科博士課程単位修得退学。
現　在　広島修道大学名誉教授。
主要業績：リーガス・ドガニス著，木谷直俊訳『エアポートビジネス』成山堂，1994年。
　　　　『都市交通政策概論』九州大学出版会，2012年。
　　　　『観光ビジネスの基礎』創成社，2013年。

塩見英治（しおみ・えいじ）担当：第10章
1947年生まれ。
九州大学大学院経済学研究科博士前期課程中退・商学博士（神戸大学）。
現　在　中央大学名誉教授。
主要業績：『米国航空政策の研究』文眞堂，2006年（日本交通学会賞，交通図書賞受賞）。
　　　　『国際航空自由化研究序説』中央大学出版部，2016年。
　　　　『国際航空自由化の制度的展開』（小熊仁と共著）文眞堂，2016年。
　　　　『国際航空貨物輸送』（ピーター・モレル著，木谷直俊氏と監訳）成山堂，2016年。
　　　　『自由化時代のネットワーク産業と社会資本』（監修）八千代出版，2016年。
　　　　『観光交通ビジネス』（編著）成山堂，2017年。

（検印省略）

2018年7月5日　初版発行　　　　　　　　　略称－空港ファイナンス

グローバル経済における
空港のファイナンスと投資

著　者　アン・グラハム
　　　　ピーター・モレル
監訳者　木　谷　直　俊
　　　　塩　見　英　治
発行者　塚　田　尚　寛

発行所　東京都文京区　株式会社　創　成　社
　　　　春日2-13-1
　　　　電　話　03（3868）3867　　FAX　03（5802）6802
　　　　出版部　03（3868）3857　　FAX　03（5802）6801
　　　　http://www.books-sosei.com　振　替　00150-9-191261

定価はカバーに表示してあります。

©2018 Naotoshi Kidani, Eiji Shiomi　組版：亜細亜印刷　印刷：エーヴィスシステムズ
ISBN978-4-7944-3192-9 C3033　　　　製本：宮製本所
Printed in Japan　　　　　　　　　　　落丁・乱丁本はお取り替えいたします。

―― 経済学選書 ――

グローバル経済における空港のファイナンスと投資	アン・グラハム／ピーター・モレル 著 木谷直俊／塩見英治 監訳		3,000円
日本・台湾産業連携とイノベーション	佐土井有里	編著	3,000円
環境経済学入門講義	浜本光紹	著	1,900円
環境学への誘い	浜本光紹／獨協大学環境共生研究所	監修／編	3,000円
中国企業対外直接投資のフロンティア ―「後発国型多国籍企業」の対アジア進出と展開―	苑志佳	著	2,800円
地域発展の経済政策 ― 日本経済再生へむけて ―	安田信之助	編著	3,200円
マクロ経済分析 ― ケインズの経済学 ―	佐々木浩二	著	1,900円
マクロ経済学	石橋春男／関谷喜三郎	著	2,200円
ミクロ経済学	関谷喜三郎	著	2,500円
福祉の総合政策	駒村康平	著	3,000円
グローバル化時代の社会保障 ― 福祉領域における国際貢献 ―	岡伸一	著	2,200円
入門経済学	飯田幸裕／岩田幸訓	著	1,700円
マクロ経済学のエッセンス	大野裕之	著	2,000円
国際公共経済学 ― 国際公共財の理論と実際 ―	飯田幸裕／大野裕之／寺崎克志	著	2,000円
国際経済学の基礎「100項目」	多和田眞／近藤健児	編著	2,500円
ファーストステップ経済数学	近藤健児	著	1,600円
財政学	望月正光／篠原正博／栗林隆／半谷俊彦	編著	3,100円

（本体価格）

創成社